頌曰

不求名利不求儒頹樂空門捨俗徒煩

時愁火滅恩情斷處愛河粘六根定慧香風

念才生慧力扶為報北堂休悵望其如死了

無

娘回書

吾與汝鳳有因緣始結母子恩愛情分自從懷孕

禱神佛天顏生男子胞胎日痛命呂縣絲得遂

顧心如珠實惜糞穢不嫌於臭惡乳哺不倦於辛

勤稍自成人送令君學或暫逾時不歸便作倚門

之望來書堅要出家父亡母老吾尅薄弟寒吾何

依賴子有拋毋之意娘無捨子之心一自波往他

무비 스님

직지
강설 下

무비 스님

직지 강설 下

ⓒ 무비(無比), 2011

2011년 7월 21일 초판 1쇄 발행
2025년 6월 25일 초판 7쇄 발행

지은이 무비
발행인 박상근(至弘) · 편집인 류지호 · 편집이사 양동민
편집 김재호, 양민호, 김소영, 최호승, 정유리, 이란희, 이진우 · 디자인 쿠담디자인
제작 김명환 · 마케팅 김대현, 김대우, 이선호, 류지수 · 관리 윤정안
콘텐츠국 유권준, 김희준
펴낸 곳 불광출판사 (03169) 서울시 종로구 사직로10길 17 인왕빌딩 301호
　　　대표전화 02) 420-3200　편집부 02) 420-3300　팩시밀리 02) 420-3400
　　　출판등록 제300-2009-130호(1979. 10. 10.)

ISBN 978-89-7479-645-7
ISBN 978-89-7479-643-3 (세트)

값 26,000원

잘못된 책은 구입하신 서점에서 바꾸어 드립니다.
독자의 의견을 기다립니다. www.bulkwang.co.kr
불광출판사는 (주)불광미디어의 단행본 브랜드입니다.

무비 스님

직지 강설 下

백운화상초록 불조직지심체요절
白雲和尙抄錄佛祖直指心體要節

불광출판사

선불교 최고의 교과서
직지(直指)

석가모니 부처님께서는 2천 6백여 년 전 납월(음력 12월) 8일 도(道)를 이루시고 나서 만천하의 사람들에게 널리 전하고자 강렬한 햇빛을 마다하지 않으시고 인도의 전역을 누비셨다. 반열반에 드시기 직전까지 전법의 길을 걸으시다가 일생을 마치셨다.

우리는 석가모니 부처님께서 전하신 진리의 가르침을 불교라고 한다. 그러나 진리의 가르침인 불교도 세월의 흐름에 따라 또는 지역과 민족의 풍습에 따라 여러 가지 형태로 변화하고 발전하였다. 그 변화의 과정을 초기불교, 부파불교, 소승불교, 대승불교 등으로 분류하기도 한다. 그 외에도 밀교, 선불교, 호국불교, 심지어 기복불교, 기도불교에까지 이르렀다. 오늘날에도 이렇듯 다양한 불교가 세계 각국에서, 동시에 같은 지역에서 불교라는 이름으로 공존하고 있다.

　나라마다 시대마다 각기 다른 형태의 불교가 뿌리내렸고, 또 동시에 다양한 불교 형태가 공존하고 있기에 석가모니 부처님께서 깨달으신 진리를 바르게 제대로 이해하기가 쉽지 않다. 어떻게 하면 부처님께서 깨달으신 진리를 바르게 이해할 수 있을까?

　나는 여러 가지 불교를 접함으로써 갈팡질팡하는 사람들이 부처님의 진리를 바르게 이해하는 길, 아울러 인생의 가치관이 심하게 혼미하여진 인류의 정신을 구제하고 가치관을 바로 세울 마지막 보루가 선불교라고 생각한다.

　인도에서의 대승불교가 중국으로 건너오면서 기존의 도교와 만나 선불교(禪佛教)를 탄생시켰다. 선불교는 중국이라는 토양에 심어지면서 불교의 완성작이 된 셈인데, 선불교 초기에는 중국뿐만 아니라 한국, 일본 등 동아시아에 전해져 매우 독특하고 특별한 사상과 생활방식의 바탕이 되었으며, 오늘날에는 전 세계직으로 긱광을 받고 있다.

　그렇다면 미래 인류의 정신적 대안으로 손꼽히는 선불교를 어떻게 이해하고 전할 것인가?

　다행히 우리에게 『직지』가 있다. 방편을 조금도 빌리지 않고 부처님과 조사들의 깨달음을 바로 가리킨 『직지(直指)』에서 선불교의 모범을 찾을 수 있다. 그 이름처럼 『직지』야말로 현금 인류의 가치관을 바로 세우고 정신을 구제할 선불교의 최고의 교과서라고 생각한다.

『직지』서기 1352년에 스승 석옥(石屋) 선사로부터 당신이 손수 쓰신 작은 책자를 전법(傳法)의 신표로 받아서 다시 제자 법린(法隣)에게 전하면서 대폭 보강하고 부연하여 역시 전법의 신표로 가사와 발우 대신 전해 준 데서 비롯되었다. 이 어찌 가사와 발우에 비교하겠는가. 청출어람(靑出於藍)이라, 훌륭한 스승에게 훌륭한 제자가 있었기에 금속활자로 주조하여 책을 만들고 다시 목판본을 제작하여 당시 선불교의 교과서처럼 유포되었다. 그러나 무슨 시절인연인지 『직지』는 오랫동안 빛을 보지 못하였다.

시대의 부름에 응한 것인가. 이 귀중한 책이 1972년에 파리의 국립도서관에 근무하던 박병선 씨의 눈에 띄었고, 그녀가 파리에서 열린「책의 역사 종합전시회」에 가장 오래된 금속활자본이라는 의미에서 출품함으로써 근세에 다시 세상에 알려지게 된 인연이 되었다. 하지만 세상 사람들이 『직지』의 내용이 팔만대장경과 수많은 조사 어록의 요점을 집약한 만고의 보물인 점에는 주목하지 않고 단지 인쇄문화유산으로서의 가치만 보고 있으니 안타깝기 그지없었다. 이에 인쇄문화적 가치보다 천만 배 이상의 가치가 있는 인류의 정신을 구제할 소중한 가르침이라는 사실을 알리고 싶은 마음에서 부족하나마 강설을 시도해 보았다.

 무비 스님 직지 강설 ●

강설에는 각성 스님과 용학 스님, 역경원의 번역을 참고하였다. 심심한 감사의 뜻을 전한다. 특히 다음 카페 염화실 법우님들의 성원과 평소에 말없이 물심양면으로 도움을 주신 많은 분들의 따뜻한 마음에 깊이 감사를 드린다.

이 자리를 빌려 그 은혜를 다 갚고 싶으나 어찌 만에 하나인들 말로 보답이 되겠는가. 남은 힘과 원력이 있는 동안 여래의 심부름꾼이 되어 백방으로 부처님의 법을 널리 전하는 것으로써 부처님과 모든 사람의 은혜에 보답하는 뜻으로 삼을까 한다.

끝으로 부처님과 조사들의 주옥같은 법어를 잘못 번역하고 그릇 강설한 경우도 많으리라 생각한다. 부디 눈 밝은 뒷사람들이 바로 잡아주기를 기다리면서 『직지(直指)』와 인연한 모든 분들이 혜안이 통투(通透)하여 지혜로운 삶을 누리며 나아가 보다 많은 사람들에게 전법의 원력을 세워 세상이 좀 더 평화로워지는 데 일조하기를 간절히 바랄 뿐이다.

2011년 봄날
금정산 범어사 화엄전에서
여천무비(如天 無比) 삼가 쓰다

차례

과거 칠불

過去 七佛

무비 스님 직지 강설

무비 스님 직지 강설

중국의 선사

中國 禪師

무비 스님 직지 강설

1
직지란 무엇인가

『직지(直指)』는 원래의 이름이 『백운화상초록 불조직지심체요절(白雲和尙抄錄佛祖直指心體要節)』이다. 줄여서 『직지심경(直指心經)』, 또는 『불조직지심체요절(佛祖直指心體要節)』이라고도 부른다.

고려 말엽 백운(白雲, 1299~1375) 화상은 1352년경에 스승 석옥(石屋) 선사로부터 손수 쓰신 『불조직지심체요절(佛祖直指心體要節)』이라는 작은 책자를 하나 물려받았다. 아마 전법의 신표였을 것이다. 지금의 『직지(直指)』와는 비교할 수 없이 간략한 내용이었다. 백운 화상의 제자 중에 법린(法隣)이라는 스님이 있었다.

법린 스님이 백운 화상에게 정성을 다하여 법을 청하였다. 백운 화상은 할(喝)이나 방(棒)으로 가르치지 않고 스승 석옥 선사가 물려주신 작은 『불조직지심체요절』에다 한층 더 고구정녕하게 불조의 혈맥(血脈)인 법어(法語)의 정수들을 낱낱이 가려 뽑아 기록하고 다시 세세하게 일러주었다. 그 내용은 제목과 같이 "부처님과 조사들이 마음의 본체를 바로 가리켜 보인 설법의 중요한 절목만을 집어내어 기록한 것"이다. 그러므로 곧 직지인심 견성성불(直指人心 見性成佛)의 요긴한 지침서가 되는 셈이다. 달리 말하면 선불교에 있어서 제일의 교과서라 할 수 있다.

전체는 상하 두 권으로 구성되어 있는데 과거 7불의 가르침과 인도의 28 조사님의 가르침과 중국의 110 선사들의 가르침을 모아서 모두 145가(家)가 된다. 모두가 조금씩 중요한 부분만을 짚어 왔으나 특별히 지공(誌公) 화상에게서는 대승찬송(大乘讚頌) 전문과 십사과송(十四科頌) 전문을 남김없이 이끌어 왔다. 아마도 그의 사상과 삶이 백운 화상의 마음에 가장 잘 계합되었으며 큰 감동을 주었다는 것을 짐작할 수 있다.

2

인쇄문화적 가치

『직지(直指)』는 세상에 알려진 것으로는 두 가지의 본이 있다.

첫째는 백운(白雲, 1299~1374) 화상이 열반하시고 3년 뒤인 서기 1377년에 충청북도 청주의 흥덕사에서 백운 화상의 문인인 석찬(釋

璨) 스님과 달담(達湛) 스님에 의해서 간행된 금속활자본이다. 상권은 아직 찾지 못하였고 하권만 프랑스 국립도서관에 소장되어 있다.

둘째는 그 이듬해인 서기 1378년에 경기도 여주의 취암사에서 제자 법린(法隣) 스님과 자명(自明) 스님과 혜전(惠全) 스님에 의하여 목판본으로 간행된 것이다. 현재 국립중앙도서관과 정신문화연구원에 각각 상·하 두 권이 모두 소장되어 있다.

이번 강설서에는 동국대학교에서 출판한 한국불교전서를 저본으로 사용하였으며, 한국불교전서의 『직지(直指)』는 취암사판 목판본을 저본으로 삼은 것이다.

『직지(直指)』가 갑자기 세상 사람들의 주목을 받게 된 것은 1972년에 프랑스 파리 국립도서관의 사서로 일하던 교포 박병선 씨가 처음으로 소개한 것이 인연이 되었다.

사학자 박병선 씨는 1928년 서울에서 태어나 서울대 사대 사회생활학과를 졸업한 뒤 1955년 파리의 소르본 대학에서 종교사를 연구하였다. 그 뒤 1967년 파리 국립도서관에 근무할 때, 세계에서 가장 오래된 금속활자본 『직지(直指)』를 발견했다.

여러 해 연구와 고증을 거친 뒤 1972년 파리에서 열린 「책의 역사 종합전시회」에 출품하였다. 그때 『직지(直指)』가 서양 최초의 금속활자본이라는 구텐베르크의 성경책보다 무려 73년이나 앞선 세계에서 가장 오래된 금속활자본임을 전 세계에 알렸다. 그 후 세계인들의 이목을 끌게 되었으며 한국에서도 연구가 활발하게 이루어지고 있다. 그리고 현존하는 하권 외에 금속활자본의 상권을 마저 찾는 운동과 『직지(直指)』문화축제가 매년 성대하게 행하여지고 있다.

이처럼 『직지(直指)』는 세계에 자랑할 만한 인쇄문화유산이라는 점에서 그 가치가 높이 평가되고 있다. 뿐만 아니라 우리 민족이 최초로 금속활자를 창안하고 발전시킨 문화민족임을 실증하여 민족적 자긍심을 고취시킨 귀중한 문화유산이다. 그 가치를 인정받아 2001년 9월에는 승정원일기와 함께 유네스코에 세계기록유산으로 지정되기도 하였다.

3
백운 화상(白雲和尙)

백운경한 화상은 고려 말 충렬왕 24년(1298)에 지금의 전북 정읍시 고부면에서 출생하여 공민왕 23년(1374)에 77세를 일기로 입적하였다. 스님은 어린 나이에 출가하여 전국의 사찰을 돌아다니면서 수행하다가 50이 넘은 나이인 1351년(공민왕 원년)에 중국 원나라로 법을 구하기 위해 유학하였다. 1년여 동안 중국에 머물면서 고승인 지공(指空) 화상에게 법을 묻고, 다시 임제종맥을 이어받은 석옥청공(石屋淸珙, 1272~1352)의 법을 잇고 돌아왔다. 그래서 전등법계 상으로는 조계선종의 정맥을 이은 선사이다.

1352년에 귀국하여 1354년 황해도 해주 안국사에서 머물다가 1357년 입궐하라는 왕명을 받았으나 사양하였다. 1365년 나옹 선사의 천거로 다시 공민왕의 부름을 받아 신광사의 주지가 되었고, 1368년에는 노국공주의 원당(願堂)인 흥성사의 주지가 되었다. 1372년에 백운화상은 과거 칠불과 인도의 조사, 중국의 선사들의 주요말씀을 초록하여 『직지(直指)』 상·하 2권을 편찬하였으며, 어록도 상·하 2권이 있다.

백운 화상은 임제선법을 이었다. 임제선법이 당시 불교계에서는 새로운 수행법으로서 간화선법으로 자리매김하였으나 오히려 무심선(無心禪)의 길을 지켰다. 무심선이야말로 육조선법과 임제선법의 정통인 조사선의 본질을 밝힌 선이다.

무심선은 어떤 방법이나 노력을 거칠 필요도 없이 있는 그 자리에서 견문각지(見聞覺知)를 통해 삶의 본질을 드러낸 선법(禪法)이다. 무심선법이야말로 여러 선법 가운데 가장 우수하고 고준한 선법이다. 『직지(直指)』에서 지공 화상의 법어를 가장 많이 이끌어 온 것도 무심선법의 사상이 잘 표현되었기 때문이리라 생각한다.

다음은 백운 화상의 임종게송으로 부족하나마 선사의 삶을 대신하고
자 한다.

인생 칠십 년이
고래에 드무나니,
칠십 칠년 전에 와서
칠십 칠년 되어 돌아가도다.
텅 비어 있는 돌아갈 길에
낱낱이 바로 고향이로다.
이 몸 본래 있지 않았고
마음 또한 머문 데 없나니
재로 만들어 시방에 뿌리고
남의 땅 조금도 사용하지 말라.

[人生七十歲 古來亦希有 七十七年來 七十七年去 虛濫皆歸路 頭頭是故鄉 我身
本不有 心亦無所住 作灰散十方 勿占檀那地]

중국의 선사

中國禪師

아호대의 화상

鵝湖大義 和尙

좌선의 지침[坐禪銘] 1

참선하여 도를 배우는 길이 몇 가지 방법인가?
요컨대 참선하는 사람이 선택하는 데 달려 있다.
다만, 몸도 잊고 마음도 죽이지만 말라.
이것은 치료하기 어려운 가장 깊은 병이라네.

參禪學道幾般樣 要在當人能擇上
莫只忘形與死心 此个難醫病最深.

【강설】   아호대의(鵝湖大義, 746~818) 화상이 좌선의 지침을 밝히는 게송이다. 참선하든지 도를 배우든지 그 길은 여러 가지가 있을 수 있다. 반드시 어떤 한 가지 방법으로 수행해야 하는 것은 아니다. 마치 어떤 산의 정상에 이르는 길이 한 길만이 아니고 동서남북의 여러 길이 있는 것과 같다.

좌선의 지침이라고 하여 도를 성취하는 데는 좌선에다 국한하였기 때문에 다른 방법은 말하지 않았지만 여섯 가지 바라밀도 있을 수 있고 간경이나 염불이나 주력이나 기도나 관법 등등 그 길은 실로 많다. 모두 수행하려는 자신이 스스로 선택하는 데 달렸다. 그러나 반드시 주의해야 할 것은 망형사심(忘形死心), 즉 이 육신을 다 잊어버리는 것과 마음을 싸늘한 재처럼 소멸의 상태로 이끌고 가는 것은 반드시 경계해야 한다. 불교를 공부하면서 길을 잘못 들어서면 인생을 무상한 것으로만 생각하여 환멸감, 무상감, 절망감과 같은 상념에 사로잡히는 경우가 있다. 그래서 세월만 보내다가 세상에 아무런 쓸모가 없어진 상태로 죽음만 기다리는 것과 같은 꼴이 되고 만다.

세존은 2천 6백여 년 전에 80생애를 살면서, 당신이 깨달으신 삶의 참다운 이치를 많은 사람에게 가르쳐주기 위해서 한 순간도 헛되이 보내지 않았다. 육신의 생명이 스러진 마지막 날까지 그 뜨거운 인도의 햇빛 아래 노구를 이끌고 다니면서 교화의 열정을 쏟아가며 살았다. 이러한 삶이 모든 불자의 삶의 본보기이다. 그러므로 무상감, 절망감에 젖어 몸도 마음도 활발발하게 활용하지 않고 죽은 듯이 살아가는 그 병이 가장 무섭고 고치기 어려운 몹쓸 병이라고 지적한 것이다.

   아호대의 화상 ◉

바로 모름지기 앉아서 연원을 탐구하라.
이 길은 예나 이제나 천하에 전한 것이다.
바르고 단정하게 앉기를 태산처럼 하여
높고 당당하게 하여 공적하고 한가함을 지키지 말라.

直須坐究探淵源 此道古今天下傳
正坐端然如泰山 巍巍不要守空閑.

【강설】　좌선의 두 번째 지침도 공한(空閑), 즉 공적하고 한가함을 지키지 말라고 하였다. 불교는 일체 존재의 근본과 연원을 탐구하여 존재의 실상을 알고 실상대로 살라는 가르침이다. 이것이 고금에 걸쳐 천하에 전한 것이다.

　　선불교에서 불교의 수많은 수행 방편 중 좌선을 가장 선호하는 것은 사실이다. 그러나 이 육신이 앉아서 요지부동하기를 가르치는 것은 아니다. 좌선을 오인하여 자신의 삶의 가치관과 정신세계는 어떻게 되든지 이 육신만을 한 자리에 고정해 두고 요지부동하게 하는 것으로 지상목표로 삼는 예도 있다. 설사 그렇더라도 하루에 10시간 전후로 앉아 있는 일이다. 그렇다면 그 이외의 삶과 시간은 좌선과는 상관이 없는 삶이 되고 만다.

　　그러므로 6조 혜능 스님은 좌선을 가르치는 『육조단경』 「좌선품」에서 "선지식들이여, 무엇을 좌선이라고 하는가? 이 법문 중에는 아무런 장애가 없다. 밖으로 일체의 선악 경계에 생각을 일으키지 않는

것을 좌(坐)라 한다. 안으로 자성이 움직이지 않음을 보는 것을 선(禪)
이라 한다."라고 말씀하였다.

　즉 이 몸이야 어떤 모습을 하고 있든지 밖에 있는 일체의 선과 악
이라는 온갖 대상을 만나더라도 생각을 일으켜서 그것을 따라가거나
그것에 흔들리지 않는 당당한 삶이 좌(坐)이고, 안으로 사람 사람의
본래의 자성자리는 처음부터 동요하지 않는다는 사실을 꿰뚫어 보는
것이 선(禪)이다. 이렇게 모든 삶을 영위한다면 앉아 있든 서 있든 누
워 있든 걸어 다니든 모습과 관계없이 그대로가 좌선이라는 뜻이다.

◉

좌선의 지침 3

바로 모름지기 취모리검을 세워서
조사서래의 제일의의 도리를 쪼개버려라.
눈을 부릅뜨고 눈썹을 치켜세워서
저것이 무엇인가 반복하여 살피라.

直須提起吹毛利 要剖西來第一義
瞠却眼兮剔起眉 反復看渠渠是誰.

【강설】　선어(禪語)에 "조사[달마]가 서쪽 인도로부터 중국에 오신 뜻
이 무엇인가?"라는 질문을 하였는데 "뜰 앞에 서 있는 잣나무"라고 대
답하였다. 참선은 "조사가 서쪽에서 오신 뜻을 아는 일"이다. 또한 서
쪽에서 오신 뜻을 "뜰 앞의 잣나무"라고 말한 그 뜻을 아는 일이다. 조

아호대의 화상 ◉

사가 서쪽에서 오신 뜻을 알면 뜰 앞의 잣나무라는 뜻도 안다. 이것을 참구하는 일이 좌선이며 참선이라고 한다. 무릇 참선을 하는 데는 두 눈을 부릅뜨고 정신을 바짝 차려서 그 뜻[渠]이 무엇인가를 반복하여 참구하고 또 참구해야 한다는 것이다.

취모리검(吹毛利劍)은 칼날 위에다 머리카락을 얹어놓고 입으로 '훅' 하고 불면 그 바람결에 머리카락이 모두 잘린다는 매우 날카로운 전설의 칼인데, 사람들의 마음이 궁극적 경지에 이르면 그 지혜의 날카로움이 마치 그와 같다는 뜻이다. 즉 그와 같은 지혜의 칼날을 세워서 화두를 참구하고 불법을 참구하라는 뜻이다.

◉

좌선의 지침 4

도적을 잡으면 반드시 장물을 찾아야 하고
도적이 깊은 곳에 숨은 것을 두려워하지 말아야 한다.
지혜로운 사람은 찰나 사이에 도적을 잡고 장물을 찾지만
무지한 사람은 몇 년이 지나도 그림자도 보지 못한다.

還如捉賊須見贓 不怕賊埋深處藏
有智捉獲刹那頃 無智經年不見影.

【강설】 조사가 서쪽에서 온 뜻을 아는 일이 도적을 잡아 장물을 찾는 일과 같다고 하였다. 그리고 도적을 잡는 데는 첫째 두려워하지 말라고 하였다. 당연하다. 출세간의 공부를 하는 사람이 공부를 이룰 수

있을 것인가, 이루지 못할 것인가를 염려한다면 그것은 원력이 약한 것이며 의지 또한 약한 것이다. 이 공부에서 무엇보다 중요한 것이 원력과 의지이다. 만약 성패에 대한 의심이 있어서 고민하게 된다면 그것은 벌써 틀린 것이다.

이 한 생은 이미 죽은 몸과 같다고 생각하고 모든 인생을 완전히 포기하고 정진하여야 한다. 그와 같은 자세라 하더라도 이루고 이루지 못하는 것은 미지수다. 다만, 그러한 자세로 세세생생 살아갈 뿐이라고 생각하여야 한다.

지혜로운 사람은 순식간에 안다. 혹자는 짧으면 3일, 혹 7일, 길어야 90일이라고도 하였다. 공부하는 자세의 문제이지 시간의 문제가 아니다. 그래서 하는 둥 마는 둥 해서는 몇 십 년, 아니 몇 생을 공부하더라도 마칠 날이 없다고 하였다. 참선하는 납자들은 생각하고 또 생각해야 한다.

◉

좌선의 지침 5

슬프다. 오뚝하게 앉은 것이 마치 죽은 사람 같네.
천 년 만 년을 다만 이렇게 하는구나.
만약 이렇게 하는 것을 참선이라고 한다면
염화미소도 한갓 죽은 가풍이리라.

深嗟兀坐常如死 千年萬歲只如此
若將此等當禪宗 拈花微笑喪家風.

 아호대의 화상 ◉

【강설】 참선은 인류가 발명한 최고의 수행법이다. 인류가 계발한 삶의 길 중에서 가장 고귀하고 아름답고 값어치 있게 사는 길이다. 그런데 죽은 사람처럼 오뚝하게 앉아서 세월만 죽인다면 얼토당토않은 일이며 기절초풍할 일이다. 만약 이런 것을 참선이라고 한다면 인간 정신세계의 궁극적 경지라는 선불교의 최고봉인 염화미소도 한갓 생명이 없는 죽은 가풍이라서 아무짝에도 쓸모가 없다는 뜻이다.

인류 역사상 최고의 정신세계에 이르러 그 정수를 유감없이 표현한 것이 염화미소이다. 그런데 그와 같이 앉아만 있는 것을 공부라고 생각하는 참선납자에 이르러 그 가풍이 스러진다면 그 죄가 하늘에 이르고도 남을 것이다.

고요히 앉아 있는 것을 참선이라고 알고 있는 무리를 이렇게 통렬히 비판한 조사도 없을 것이다.

◉

좌선의 지침 6

검은 산 아래에 앉아 있는 것이요, 죽은 물속에 잠기는 일이로다.
대지는 넓고 큰데 어떻게 막을 것인가.
만약 쇠로 된 눈과 구리로 된 눈동자라면
마음에 착수하여 능히 스스로 판단하리라.
곧바로 모름지기 착수하여 깨달음으로써 기약을 삼을지니,
한 번 크게 울부짖는 사자새끼가 되리라.

黑山下坐死水浸 大地漫漫如何禁
若是鐵眼銅睛漢 着手心頭能自判
直須着到惡爲期 哮吼一聲師子兒.

무비 스님의 직지 강설 ◉

【강설】　　덧붙여 설명하면 이렇다. 조용히 앉아서 아무런 생각 없이 시간을 보내는 것을 참선이라고 여긴다면, 그것은 흑산하귀굴리(黑山下鬼窟裏)라고 하여 컴컴한 산속에 자리 잡고 있는 귀신들의 삶이라고 비판한다.

외외(巍巍)하고 당당(堂堂)하고 활발발한 대기대용(大機大用)의 인간 삶을 그렇게 몹쓸 존재로 만들어 놓고 참선이라고 한다면 그것은 큰 오산이며 생사람을 잡는 일이다. 이토록 넓고 넓은 세상에 할 일도 많은데, 이 한 물건의 물건 됨은 한순간도 그냥 있지 않고 탕탕무애하며 자유자재한데 어찌 그것을 가두고 규제하고 제약할 것인가.

살아 있는 눈동자를 가진 사람이라면 스스로 마음의 눈으로 한번 잘 살펴보라. 이러한 존재의 실상에 대한 사실을 깨닫는 것으로써 기약을 삼아 크게 한 번 포효하는 사자새끼가 되도록 하라.

◉

좌선의 지침 7

그대는 보지 못하였는가.
벽돌을 갈아 거울을 만드는 것과 같다는 비유는 까닭이 있는 말이니,
수레가 가지 않을 때는 당연히 소를 때려야 하리라.

君不見
磨甎作鏡喩有由 車不行兮在打牛.

【강설】　　6조 혜능 스님의 제자인 남악회양 스님이 그의 제자 마조도일(馬祖道一) 화상이 앉아서 좌선만 하는 것을 보고 그의 잘못을 깨우쳐 주고자 보인 일화에서 끌어 온 것이다. 하루는 남악회양 스님이 마조도일 화상이 좌선하는 암자 앞에서 소리를 내어 기왓장을 쓱쓱 갈고 있었다. 마조가 물었다.

"스님, 기왓장을 갈아서 무엇을 하려고 하십니까?"

남악 스님이 대답하였다.

"기왓장을 갈아서 거울을 만들려고 한다네."

"기왓장을 간들 어찌 거울이 되겠습니까?"

"기왓장을 갈아서 거울이 되지 못한다면 좌선을 한들 어찌 부처가 되겠는가?"

"그렇다면 어떻게 해야 합니까?"

"예를 들자면, 소가 수레를 끌 때 수레가 가지 않으면 소를 때려야 하는가? 수레를 때려야 하는가?"

수레가 가지 않을 때 소를 때리지 않고 수레를 때리는 바보는 없을 것이다. 그런데도 부처가 되려고 하면서 그 근본을 다스리지 않고 이 육신을 다스려서 부처가 되기 위하여 장좌불와(長坐不臥)를 하거나 굳이 관절염에 걸리면서까지 결가부좌를 고집하는 참선납자가 적지 않았다. 그것은 마치 벽돌을 갈아서 거울을 만들려는 것과 같으며 수레가 가지 않을 때 소를 때리지 않고 수레를 때리는 것과 같은 일이다. 참선자는 깊이 살피고 또 살펴야 할 일이다.

또 보지 못하였는가.
바위 앞의 맑은 물이 만 길이나 맑아서
침침하고 적적하여 아득히 아무런 소리가 없더니,
하루아침에 용이 휘젓고 요동치면
파도가 뒤집히고 물결이 솟구쳐 참으로 굉장하도다.

又不見
嵓前湛水萬丈淸 沈沈寂寂杳無聲
一朝魚龍來攪動 波翻浪湧眞堪重.

【강설】　이 게송의 앞의 두 구절은 오매일여(寤寐一如)와 같은 깊은 선정을 의미하고, 뒤의 두 구절은 그와 같은 선정을 통하여 활발발한 전체작용이 있음을 뜻한다. 선문에서는 대사각활(大死却活)을 높이 산다. 즉 크게 한 번 죽은 뒤에 다시 살아나서 활발발하게 작용하는 삶을 말한다. 달리 말하면 완전부정을 거쳐서 완전긍정, 진공(眞空) 다음에 묘유(妙有)가 있음을 뜻하는 내용이다. 세존께서도 6년 고행을 하시고 큰 깨달음이 있었다. 피나는 노력 끝에 성공이 있고 영광이 있는 세상사와 같은 이치다. 피나는 정진이 없으면 성취도 없다. 사람에 따라서 사선을 넘나드는 병고가 사람에 따라서 정진을 대신하는 예도 있다.

　　"뼛속에 사무치는 매서운 추위가 아니면 어찌 코를 찌르는 매화향기가 있을 수 있겠는가?[不是一番寒徹骨 爭得梅花撲鼻香]"라는 말이 있다. 개인의 인생사나 수행이나 모두가 자신을 완전히 포기하거나 철저히 부정하고 난 뒤에야 비로소 어떤 다른 차원의 세계가 펼쳐지는 것이다.

만일 조용히 앉아서 정성을 쏟지 않는다면
어느 해에 급제하여 마음의 공한 것을 깨달을 것인가.
급히 손을 쓰고 눈을 높이 떠서 철저하게 공부하여
금생에 마치도록 하라.

比如靜坐不用功 何年及第悟心空
急下手兮高着眼 管取今生敎了辦.

【강설】 피나는 정진 끝에 깨달음을 성취하는 일을 세속의 일에 비유하면 장원급제하는 것과 같다고 한다. 그래서 좌선의 지침에서도 마음이 공하여 급제(及第)하는 일이라고 표현하였다. 그렇다. 깨달음이란 어떻게 보면 장원급제하는 일이며 고등고시에 합격하는 일이다. 그런 뜻에서 선원에서는 수행하는 곳을 선불장(選佛場), 즉 고시에 합격한 사람을 뽑듯이 부처를 뽑는 곳이라고 새겨놓은 편액이 많다.

　세속에서 고시공부를 하여 합격한 사람들의 경우 요즘에는 대부분 대학 재학시절에 끝낸다. 혹 졸업 후 공부를 더 하더라도 불과 2, 3년이다. 5년을 넘기고 10년 이상 고시공부를 하는 사람은 드물다. 참선하여 깨달음을 얻는 일도 5년 이상 하면 별다른 진척이 없다. 그날이 그날이다. 그런데도 30년, 40년을 계속하고 있다. 한집안에 10년 이상 고시에 매달리는 사람이 있으면 그 집안은 경제적·정신적 고통으로 피폐해지기 마련이다. 참선도 그와 같다. 만약 선원생활이 좋아서 한다면 모르겠으나 깨닫기 위해서 하는 일이라면 처음 5년의 공부에서 더는 바라볼 것이 없다는 사실을 알아야 한다. 하물며 다음 생을 어찌 기약할 수 있겠는가. 그래서 안목을 높이고 잘 살펴서 빨리 마치라고 하는 것이다.

◉

좌선의 지침 10

만약 묵묵히 하여 그 자세가 어리석은 사람처럼 되면
그대는 공부할 줄 모르는 것을 알아야 하리라.
정신을 바짝 차리고 주시하여 살피라.
형상도 없고 그림자도 없으나 깨달음은 어렵지 않으리라.

若還默默恣如愚 知君未解做功夫 抖擻精神着意看 無形無影悟不難.

【강설】　불교수행은 목석처럼 가만히 앉아 묵묵히 일생을 보내는 것이 아니다. 이 몸을 사찰에 의탁하여 세상에 아무런 보탬도 되지 않고 하는 일 없이 정신장애자처럼 조용히 살아가는 것을 잘 사는 삶으로 생각하는 사람들도 있다.

　　그런데 아호대의 화상은 그렇게 살면 공부를 제대로 하는 것이 아니라고 꾸짖고 있다. 정신을 바짝 차려서 주의를 집중하라고 한다. 화두에 집중하고, 자신의 인생 문제에 집중하고, 수행에 집중하고, 진정으로 가치 있는 삶이 무엇인가에 집중하여 한순간도 그럭저럭 무의미하게 보내지 말라는 뜻이다. 그렇게 생각하는 사람에게는 깨달음이 비록 형상도 없고 그림자도 없지만 그렇게 어려운 것이 아님을 알게 된다는 가르침이다.

이것이 완전하게 생각을 잘 쓰는 일이니
용맹한 대장부는 꼭 기억하라.
가르치는 말만 듣고 참구할 필요가 없다고 하지 마라.
옛 성인들이 애써서 지남을 만들었느니라.

此是十分眞用意 勇猛丈夫却須記 切莫聽道不須參 古聖孜孜爲指南

【강설】   위와 같은 정신자세로 살아간다면 불교수행에서 바람직한 모습이라 할 수 있다. 진정으로 의미 있고 보람된 삶에 뜻이 있고 용기 있는 장부라면 꼭 기억해야 한다. 어떤 경지도 노력 없이 이른 것은 없다. 반드시 참구하고 또 참구하여야 한다. 이 모두가 옛 성인들이 이끌어 가르치신 일이요, 살아온 길이다.

비록 옛집의 쓰지 않는 땅이라고는 하나
한 번 쓰고 버린대서야 하겠는가.
좌선이라는 부동존을 알고자 할진댄
바람 따라 풀이 쏠리는 것을 모두 다 이야기하네.

雖然舊閣閑田地 一度嬴來得也未 要識坐禪不動尊 風行草偃悉皆論.

【 강설 】　부처님의 가르침이나 조사스님들이 남겨 놓으신 어록이나 화두까지도 후대의 사람들은 약에 비유하여 약효가 떨어지는 재탕과 같다고 하는 사람들이 있다. 설령 성인들의 법문이 한때에 사람을 제도하고 난 뒤의 기록이라고 하더라도 그것을 받아들이고 이해하는 사람의 마음가짐에 따라서 그 효과가 클 수도 있고 없을 수도 있다. 어찌 초탕이라 해서 꼭 약효가 많고 재탕 삼탕이라 해서 약효가 적겠는가. 모두가 그 약을 먹는 사람의 자세에 달려 있다.

　인류가 성취한 인간 정신의 최고의 경지로 부동의 자리인 선불교의 위대함은 말로 표현할 수 없다. 그래서 좌선부동존(坐禪不動尊)이라고 한다. 의식 있는 세상 사람들 모두가 그것을 인정한다. 오늘날 서양의 지식인들이 선불교에 매료된 것이 바로 그 이유다. 그야말로 바람이 들판을 쓸고 지나가면 풀이 다 눕는 것과 같은 현상이다. 아마도 아호 화상께서 세상에 계실 때 선불교가 세상을 휩쓸었던 것이리라.

지금은 사해가 거울처럼 맑아서
두두 물물이 다 나를 따르도다.
길고 짧고 모나고 둥근 것을 다만 저절로 아나니
본래부터 터럭 끝만큼도 옮기지 아니하였네.
만약 좌선으로 성취한 사실을 묻는다면,
해가 동쪽에서 떠서 서쪽으로 넘어간다 하리라.

而今四海淸如鏡 頭頭物物皆吾聽 長短方圓只自知 從來絲髮不曾移
若問坐禪成底事 日出東方夜落西.

【강설】　선불교의 정신세계에 이른 아호 화상의 현재 마음을 표현하고 있다. 천지 사방을 돌아보니 어디에도 막히고 어두운 데가 없어서 밝기가 마치 거울에 사물이 비치듯 한다. 하나하나의 사물과 경계도 모두가 자신을 중심으로 이루어진다. 그 사물이 긴지 짧은지 모난 것인지 둥근 것인지 그 무엇도 빠짐없이 다 감지한다. 춘하추동과 성주괴공과 생주이멸 등 세상에서 일어나고 있는 일체 사건도 하나도 남기지 않고 돌아가는 바를 훤히 다 안다.

　누가 만약 자신이 좌선하여 성취한 일에 대해서 묻는다면 "해가 동쪽에서 떠서 서쪽으로 넘어간다 하리라."라고 하였다. 그렇다. 지금 여기서 일어나고 있는 그 모습 그대로다. 언제나 그렇듯이 해는 동쪽에서 떠서 서쪽으로 넘어간다. 만약 깨달음을 얻고 성불을 하였다 하여서 해가 서쪽에서 뜨고 동쪽으로 넘어가거나 기상천외한 일들이 벌어진다면 그것은 삿된 길이며 마(魔)의 삶이다.

　행행본처(行行本處)요, 지지발처(至至發處)라는 말이 있다. 불교의 바른 수행은 아무리 오랜 세월을 수행한다 하더라도 본래의 그곳이어야 하고, 비상비비상처천이나 성불이나 열반이나 깨달음이나 그 어디에 이르렀다 하더라도 진정한 이름은 처음 출발한 바로 그곳이어야 한다는 뜻이다. 만약 달라져 있거나 다른 세계에 산다면 그것은 외도이거나 삿된 길이라는 뜻이다. 그야말로 "해가 동쪽에서 떠서 서쪽으로 넘어간다 하리라."이다. 본래로 사람이다. 그러므로 다만 사람이 있을 뿐이다. 그래서 사람을 부처님이라고 한다.

아호대의 화상 ●

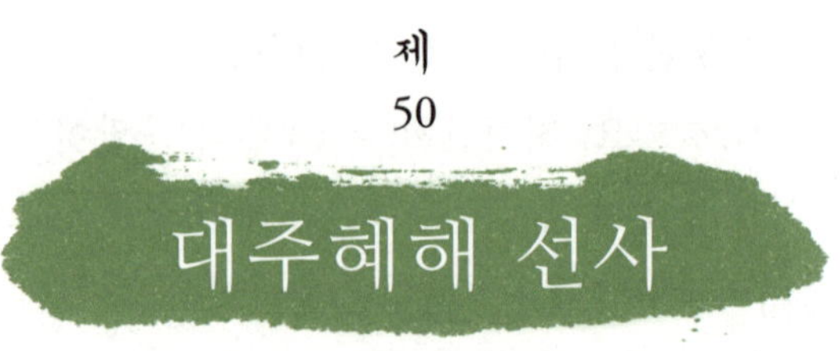

大珠慧海 禪師

불성이란 무엇인가

대주 선사에게 어떤 스님이 물었다.

"일체 중생에게 모두 불성이 있다는 것은 무엇입니까?"

선사가 말씀하였다.

"부처의 행을 하면 부처의 성품이고, 도적의 행을 하면 도적의 성품이고, 중생의 행을 하면 중생의 성품이다. 성품은 형상이 없다. 그 작용하는 것에 따라서 이름이 성립된다. 그러므로 금강경에서 이르기를, '일체 현인과 성인들은 모두가 조작이 없는 이치로써 차별한 것을 만들었느니라.'라고 하였다."

大珠禪師 因僧問 一切衆生 皆有佛性 如何 師云 作佛用 是佛性 作賊
用 是賊性 作衆生用 是衆生性 性無形相 隨用立名 故經云 一切賢聖
皆以無爲法 而有差別.

【 강설 】　　대주혜해(大珠慧海) 선사는 우리나라 선불교에도 널리 알려
진 선사이다. 처음 마조도일(馬祖道一, 709~788) 선사를 친견하고 몇 마
디의 문답을 나눈 뒤 크게 깨달아서 그의 제자가 되었다. 선사의 저서
『돈오입도요문론(頓悟入道要門論)』은 그 견해가 투철하여 선가의 본보
기가 되고 있다. 처음 마조 선사와 만났을 때의 대화는 선불교의 핵심
을 이해하는 데 매우 중요하기 때문에 소개한다.

　　마조 선사가 물었다.
　　"어디서 오는가?"
　　"월주 대운사에서 옵니다."
　　"이곳에 와서 무슨 일을 하려는가?"
　　"불법을 구하려고 합니다."
　　"자기 집의 보물은 돌아보지 않고 돌아다니면서 무엇을 하자
는 것인가? 나에게는 아무것도 없다. 무슨 불법을 구하겠는가?"
　　대주혜해 선사가 드디어 예배하고 물었다.
　　"무엇이 혜해 자신의 보물입니까?"
　　"지금 나에게 묻는 그것이 그대의 보물이다. 모든 것이 구족
하여 조금도 부족함이 없으며 사용하는 데 자유자재하다. 그런데
왜 밖을 향해서 찾는가?"
　　혜해 선사가 그 말에서 스스로 본심을 알았다. 그러나 앎을 말
미암지 않고 깨달아서 뛸 듯이 기뻐하며 감사의 예를 올렸다.

　　　　　　　　　　　　　　　　　　　　대주혜해 선사　◉

위에서 인용한 법어는 『돈오입도요문론』 하권의 「제방문인참문어록(諸方門人參問語錄)」에 있는 내용인데 불성의 존재와 그 작용을 설명하였다. 불성이란 고정된 그 무엇이 아니다. 고정된 것이 아니므로 무엇이든지 될 수 있다. 부처의 작용도 가능하고, 도적의 작용도 가능하고, 중생의 작용도 가능하다. 무엇이나 될 수 있는 그 사실이 불성이다. 선행해야만 불성인 것은 아니다. 보시를 잘하고 계행을 잘 지키고 인욕을 잘 행해야만 꼭 불성인 것은 아니다. 불성은 선행뿐만 아니라 어떤 악행도 할 수 있는 가능성이 곧 불성이다. 그러므로 6조 혜능 대사가 도명이라는 상좌가 가사와 발우를 빼앗기 위해 쫓아왔을 때 그를 향해서 "선도 생각하지 말고 악도 생각하지 말라[不思善 不思惡]."고 하였던 것이다.

존재의 실상에 대해서는 불성은 형상이 없다. 다만, 그 작용에 따라서 이런저런 이름이 붙을 따름이다. 흔히 불성을 선불교에서는 한 물건[一物]이라고 표현하여 "여기에 한 물건이 있으니 이름과 형상은 없으나 고금을 관통하고 있다. 하나의 먼지 속에 있으나 온 우주를 다 에워싸고 있다. 그래서 안으로는 온갖 미묘한 작용을 갈무리하고 있으며 밖으로는 온갖 존재에 다 맞추고 있다. 하늘이나 땅이나 사람에게서 주인 노릇을 하며 온갖 천지 만물에 왕이 된다."라고 표현하기도 하였다.

또 달리 표현하면 불성이란 그냥 사람이다. 사람이 곧 불성이다. 사람이란 무엇인가? 보기도 하고, 듣기도 하고, 느끼기도 하고, 무엇을 알기도 하면서 영위하는 삶 속에 온갖 것이 다 포함되어 있다. 성인과 범부의 행위도 있으며 착하고 악한 행위도 있다. 그 모든 행위를 다 포함하여 사람의 삶이라고 한다. 모든 작용의 근원이 불성이라는 사실을 깊이 인식하여 깨닫는 일이 무엇보다 중요하다. 그 사실을 깨달으면 불성을 가진 모든 존재는 다 존중하고 받들어 섬기게 될 것이다.

 무비 스님의 직지 강설 ●

◉

설할 수 없는 것이 설법이다

또 어떤 스님이 물었다.

"법은 가히 설할 것이 없는데 이름이 설법이라고 하였으니 선사께서는 어떻게 이해하십니까?"

대주 선사가 말씀하였다.

"반야의 자체는 마침내 청정해서 한 물건도 얻을 것이 없다. '법은 가히 설할 것이 없는 것이 이름이 설법이라'는 것이다."

又僧 問 無法可說 是名說法 禪師 如何體會 師曰爲般若體 畢竟 清淨 無有一物可得 是名無法可說 是名說法.

【강설】　대주 선사에게 또 어떤 스님이『금강경』의 일체를 들어서 물었다. 진정한 설법이란 무엇인가? 진정한 설법은 설할 것이 없다. 왜 설할 것이 없는가? 인간의 궁극적 차원인 깨달음의 지혜는 텅 비어서 한 물건도 찾을 길이 없는 자리이기 때문이다. 한 물건도 찾을 길이 없는 자리이면서 온 우주를 다 감싸고 있다. 즉 아무것도 없으면서 모는 것인 까닭에 특별히 무엇이라고 설명할 수가 없다. 만약, 설명하면 오히려 그 자체를 잃게 되며 원만한 본성을 등지게 된다. 그러므로 "법은 가히 설할 것 없는 것의 이름이 설법이라."라고 하였다.

대주혜해 선사 ◉

불감혜근 화상

佛鑑慧懃 和尚

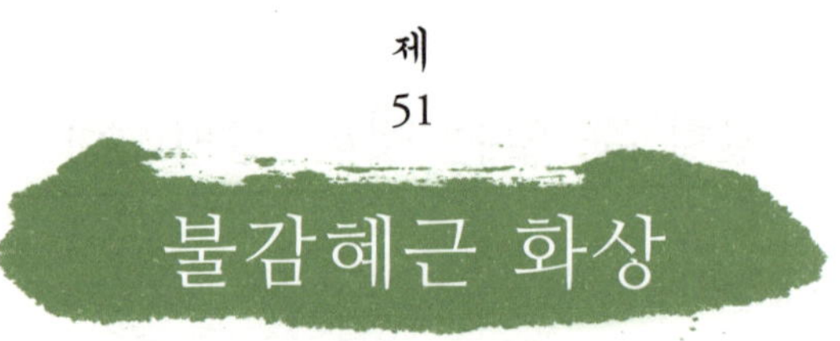

여여부동의 의미

불감 화상이 대중에게 법문하면서 들어 이야기하였다.

"어떤 스님이 조주 선사에게 물었다. '무엇이 옮겨가지 아니하는 이치입니까?' 하니, 조주 선사가 손으로 물이 흘러가는 형상을 지어 보였는데 그 스님이 깨달았다."

"또 어떤 스님이 법안 선사에게 물었다. '상을 취하지 말고 여여 부동한 것이다.'라고 하였는데, 무엇이 상을 취하지 않고 부동함을 본 것입니까?"라고 하였다.

법안 선사가 말하기를 "해는 동쪽에서 떠서 서쪽으로 진다."라고 하였다. 그 스님이 역시 깨달았다. "만약 이 두 화상의 말씀을 이해할 수 있으면 비로소 '회오리바람이 높고 험준한 산을 넘어뜨리더라도 본래는 항상 고요하며, 강과 하천의 물이 다투어 흘러가되 본래 스스로 흐르지 아니한다.'라는 말을 알았다 하리라. 이것이 여여 부동한 이치이다."

佛鑑和尙 示衆 擧 僧 問趙州 如何是不遷義 州 以手 作流水勢 其僧 有
省 又僧 問法眼 不取於相 如如不動 如何不取於相 見不動去 法眼云
日出東方夜落西 其僧 亦有省 若也於此二和尙言句 見得 方知道旋嵐
偃岳 本來常靜 江河競注 元自不流 此是如如不動之義.

【강설】　불감혜근(佛鑑慧懃, 1059~1117) 화상은 중국 송나라 때의 오조
법연(五祖法演) 선사의 제자이다. 법연 선사의 문하에는 이른바 '삼불
(三佛)'로 불리는 불과극근(佛果克勤), 불안청원(佛眼淸遠,) 불감혜근(佛鑑
慧懃)이라는 걸출한 선사가 있었는데 불감혜근 선사는 그 중의 한 분
이다.『종문무고(宗門武庫)』에 의하면, 불감혜근 선사가 어느 날 서주(舒
州)에 있는 태평사(太平寺)의 주지를 맡게 되자 법연사계(法演四戒)라는
유명한 계율을 전해 주었다.

　　"절의 주지는 자신을 위해 조심해야 할 네 가지가 있다.
　　　첫째는 권력을 다 행사해서는 안 되며[勢不可使盡], 둘째는 복
을 다 누려서는 안 되며[福不可受盡], 셋째는 규율을 다 시행해서는
안 되며[規矩不可行盡], 넷째는 좋은 말을 다 해서는 안 된다[好語不
可說盡]. 무엇 때문인가. 좋은 말을 다 하면 사람들이 반드시 쉽게
여기며, 규율을 다 시행하면 사람들이 반드시 번거롭게 여길 것이
다. 또 복을 다 누리면 반드시 인연이 외로워지며, 권세를 다 행사
하면 반드시 재앙이 닥치게 되기 때문이다."

　　불감혜근 선사는 이 말을 가슴에 새기고 주지에 취임해서 누구보
다 훌륭한 지도자가 되었다. 그뿐만 아니라 훗날 사람들은 승속을 막
론하고 현직(顯職)에 나아갈 때는 이 '법연사계(法演四戒)'를 훈계(訓戒)

불감혜근 화상　◉

로 삼았다고 한다.

불감혜근 선사가 대중에게 법문하면서 조주 선사의 이야기와 법안 선사의 이야기를 함께 들어 말씀하였다. 조주 선사는 흐르지 않는 것을 물었는데 흐르는 것으로써 대답하여 질문한 사람을 깨닫게 하였고, 법안 선사는 움직이지 않는 것을 물었는데 움직이는 것으로써 대답하여 역시 질문한 사람을 깨닫게 하였다.

그러나 자세히 보면 흐르는 것은 물이라지만 물도 참으로 흐르는 것이 아니다. 다시 말하면 흐르는 것에 흐르지 않는 이치가 있다. 또 움직이지 않는 것을 물었는데 태양이 움직이는 것으로 답하였지만 태양도 참으로 움직이지 않는다. 즉 움직이는 가운데 움직이지 않는 이치가 있음을 보여 준 것이다.

이러한 이치는 비단 물과 태양에만 해당하는 것이 아니라 모든 존재가 다 그렇다. 사람의 삶도 부단히 생로병사(生老病死)하는 가운데 여여하게 그 자리에 그 모습으로 존재하는 이치가 있어서 불생불멸(不生不滅)이라 한다. 춘하추동과 생주이멸과 성주괴공 하는 모든 존재가 다 그렇다. 생멸하는 눈으로 보면 모두가 생멸하지만 불생불멸하는 안목으로 보면 저녁연기와 아침이슬에도 불생불멸하는 이치가 있음을 안다. 그래서 "회오리바람이 높고 험준한 산을 넘어뜨리더라도 본래는 항상 고요하며 강과 하천의 물이 다투어 흘러가되 본래는 스스로 흐르지 아니한다."라는 말이 있다.

무비 스님의 직지 강설 ●

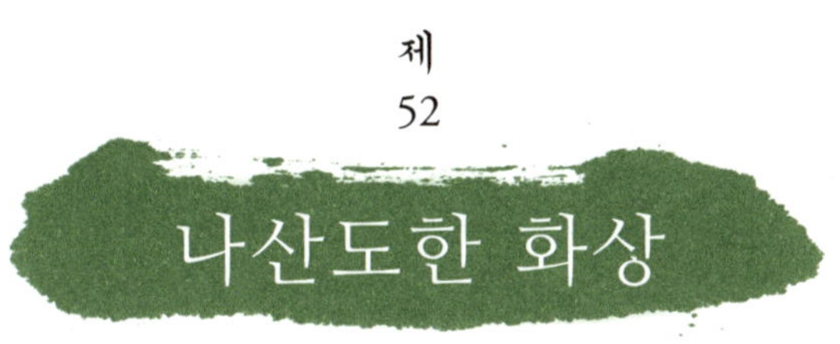

나산도한 화상

羅山道閑 和尙

할

나산 화상이 일찍이 석상 선사에게 물었다.

"일어나고 사라짐이 멈추지 않을 때 어떠합니까?"

석상 선사가 말하였다.

"곧바로 차가운 재와 마른 고목이며, 한 생각이 만 년을 가는 것이며, 온전히 맑아서 한 섬 티도 없노라."

나산 화상이 이해하지 못하였다. 다시 암두 화상이 사는 곳에 가서 전과 같이 암두 화상에게 물었다.

암두 화상이 "할"을 하고 말하였다.

"이것은 무슨 일어나고 소멸하는 것인가?"

나산 화상이 그 말을 듣고 크게 깨달았다.

羅山和尙 曾問石霜 起滅不停時 如何 霜云 直須寒灰枯木去 一念萬年
去 全淸絶點去 山 不契 却往巖頭處 如前問頭 頭 喝云 是誰起滅 山 扵
言下 大悟.

【강설】　나산도한(羅山道閑) 화상이 "사람의 삶은 끊임없이 흘러가고
세월도 쉬지 않고 빠르게 지나가는 이 변화무상한 현실[起滅不停]을 어
떻게 보아야 하는가?"라고 석상 선사에게 물었다.

　석상 선사는 변화무상한 현실에서 변하지 않고 생멸하지 않는 여
여 부동한 진실을 보라는 의미에서 "차가운 재와 마른 고목이며, 한
생각이 만 년을 가는 것이며, 온전히 맑아서 한 점 티도 없느니라."라
고 하였다. 그러나 깨닫지 못했다.

　훗날 암두 선사에게 같은 내용을 물었는데 암두 선사는 '할'을 하
였다. 그리고는 "이 '할'에서 무슨 일어나고 소멸하는 것이 있는가?"
라고 하였다. '할'이야말로 변화무상이며 일어나고 소멸하는 것의 본
보기이다. 그러면서 한편 불생불멸의 그 자체이기도 하다. 즉 영원불
멸의 참 생명이다. 한 순간의 '할'에서 불생불멸의 진실한 생명을 보
라는 것이었다. 나산 화상은 곧 깨달았다. 설명을 듣고 생각하고 헤아
려서 분별로 이해하는 것이 아니라 존재의 실상을 직관한 것이다.

　　　　　　　　　　　　무비 스님의 직지 강설　◉

보은현칙 화상

報恩玄則 和尚

불이 불을 구하다

보은현칙 화상에게 법안 선사가 물었다.

"일찍이 어떤 사람을 보고 왔는가?"

"청봉 화상을 보고 왔습니다."

"어떤 말씀을 하시던가?"

"제가 일찍이 묻기를 '무엇이 학인의 사기 자신입니까?'라고 하였더니 청봉 화상이 이르기를 '병정 동자가 불을 구한다.'라고 하였습니다."

법안 선사가 말하였다.

"상좌는 어떻게 이해하는가?"

"병정은 불에 속하니 불을 가지고 불을 구하는 것은 자신으로서 자신을 구하는 것입니다."

법안 선사가 말하였다.

"그것은 생각으로 아는 것이다. 그대는 불법을 알지 못하는 것이다.

만약 그렇게만 알고 나에게 오지 않았다면 오늘 어지러운 번민이 일어났을 것이다.”라고 하였다.

보은 화상이 되돌아가다가 문득 생각하였다. ‘저분은 오백 명을 거느린 선지식이다. 나를 옳지 않다고 하였으니 반드시 훌륭한 점이 있을 것이다.’라고 생각하고 다시 돌아와서 참회하고 곧 물었다.

“무엇이 학인의 자기 자신입니까?”

법안 선사가 말하였다.

“병정 동자가 와서 불을 구하는구나.”

보은현칙 화상이 그 말을 듣고는 곧 활연히 크게 깨달았다.

報恩則和尙 因法眼 問 曾見什麽人來 曰見靑峯和尙來 眼曰有甚麽言句 曰某甲 曾問 如何是學人自己 峯曰丙丁童子來求火 眼曰上座 作麽生會 曰丙丁 屬火 將火求火 將自己求自己 師云 情知 你不會佛法 若如此不到 今日 則躁悶 便起 至中路 却云 他是五百人善知識 道我不是 必有長處 却回懺謝 便問 如何是學人自己 師云 丙丁童子來求火 則於言下 豁然大悟.

【강설】　　보은현칙(報恩玄則) 화상과 법안 선사와의 이야기는 불교의 진실을 아는 길은 생각과 사변으로 헤아려서 아는 것이 아니라 직관으로 깨달아 아는 것임을 드러낸 대화이다. “자기 자신은 무엇인가?”라는 의문에서 “불을 가지고 불을 구한다.”라는 말로써 답한 것은 ‘자기 자신’이라는 것과 ‘무엇인가?’라는 의문이 벌써 하나인 자기에서 둘로 나누어 두고 추구하는 것이기 때문에 이것은 생각이며 사변이다. 직관으로 보는 견해가 아니다. 자기 자신의 궁극적 차원이란 직관으로만 볼 수 있다.

　　무비 스님의 직지 강설 ●

같은 질문에 같은 답을 들었으나 앞에서는 생각으로 헤아렸으나 뒤에는 직관으로 받아들였다. 같은 말이라도 앞에서는 사구(死句)였다면, 뒤에는 활구(活句)가 되었다. 죽은 말과 살아 있는 말은, 말에 있지 않고 그 말을 듣는 사람의 마음가짐에 달렸다. "참선할 때에도 모름지기 사구를 참구하지 말고 활구를 참구하라."는 말이 있다. 화두를 생각하고 헤아려서 분별로 이해하지 말고 전후제(前後際)가 끊어진 은산철벽(銀山鐵壁)에서 직관으로 깨달아야 한다는 뜻이다.

보은현칙 화상 ◉

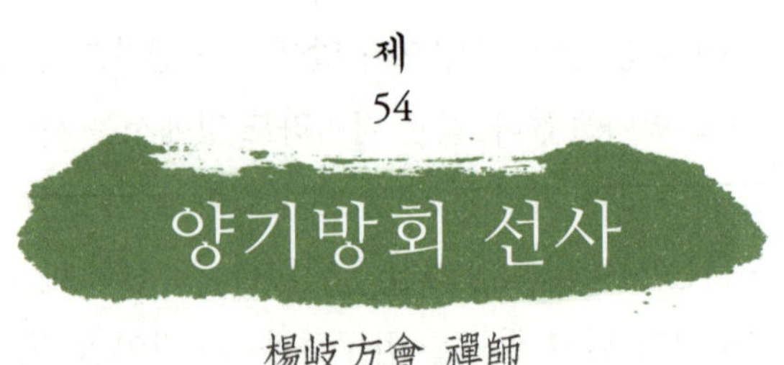

나는 너만 못하다

옛날 양기방회 선사가 자명 화상을 친견하고 번번이 방장실에 가서 법문을 청하였다. 자명 선사가 말하였다.

"그대가 스스로 알아라. 나는 그대보다 못하다."라고 하였다. 양기 선사의 마음이 공부에 간절하더니, 어느 날 좁은 길에서 자명 화상을 기다리는데 그때 마침 큰 비가 내렸다. 양기 선사가 자명 화상의 멱살을 잡고 말하기를, "오늘도 제게 말씀해 주지 않으신다면 화상을 때리겠습니다."라고 하였다.

자명 화상이 소리를 지르면서 말하기를, "그대는 스스로 알아라. 나는 그대보다 못하다." 하니 양기 선사가 그 말을 듣고 곧 활연히 크게 깨달았다.

昔 楊岐會禪師 見慈明和尙 每到方丈 請益 明云 你自會去 我不如汝
楊岐 切心切心 一日 伺候于狹路 兼値大雨 楊岐 扭住慈明云 今日 不
與我說 打和尙去 慈明 勵聲曰你自會去 你自會去 我不如汝 楊岐 言下
豁然大悟.

【강설】　양기방회(楊岐方會, 992~1049) 선사는 중국 북송(北宋) 시대 스
님이다. 속성(俗姓)은 냉씨(冷氏)이며 강서성의 의춘(宜春) 출신이다. 선
불교의 오가칠종(五家七宗) 중에서 임제종(臨濟宗) 양기파(楊岐派)의 시
조이다. 남원산(南源山)에서 자명초원(慈明楚圓)에게 수계한 뒤 깨달음
을 얻어 그의 법을 이었다. 강서성 원주(袁州) 양기산의 보통원(普通院)
에서 종풍(宗風)을 진흥시켜 오가칠종의 일파로 꼽히게 되었다. 1046
년 호남성 담주(潭州) 운개산(雲蓋山) 해회사(海會寺)에 머물렀는데 제자
로는 백운수단(白雲守端)과 보령인용(保寧仁勇) 선사가 유명하다.

　깨달음의 시절인연(時節因緣)을 보여준 예다. 불법을 깨닫는 데 있
어서 질문도 같고 대답도 같지만 어떤 경우에는 깨닫지 못하고 어떤
경우에는 크게 깨닫는다. 곡식과 과일도 시절인연이 무르익어야 그
결실을 거둘 수 있듯이 수행하여 마음의 눈을 뜨는 데도 시절인연이
있다. 시절인연도 연기의 법칙이디.

　부처님이 깨달으신 내용을 여러 가지로 설명하지만 가장 정확한
원리는 인연의 이치, 연기의 법칙이다. 이는 모든 것에 적용된다. 이름
없는 한 포기 풀이 자라는 데도 적용되는 이치인데 하물며 성인의 가
르침을 배워 수행하고 깨달음을 이루어 인격을 완성하는 길에서야 말
해 무엇 하겠는가. 이러한 이치를 놓치고 공부에 조급증을 내는 경우
가 더러 있다. 열심히 할 뿐이지 결과를 기다릴 것은 아니다. 공부의
결과는 때가 되면 저절로 돌아오는 것이다.

　　　　　　　　　　　　　　　　　　　　양기 방회 선사 ◉

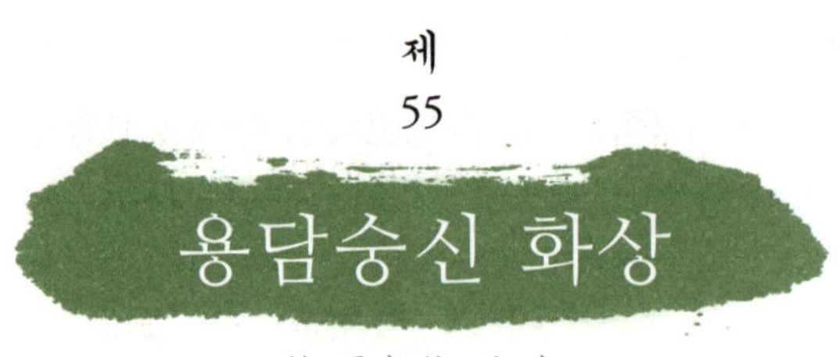

용담숭신 화상

龍潭崇信 和尙

평소에 다 가르쳐 주었다

용담 화상이 천황 선사에게 물었다.

"저는 여기에 온 후로 화상께 마음에 대한 가르침을 받지 못했습니다."

"자네가 여기에 온 다음부터 나는 일찍이 그대에게 마음에 대해 가르쳐 주지 않은 적이 없었다."

"어떤 점이 마음에 대한 가르침입니까?"

"그대가 차를 가지고 오면 내가 그대를 위하여 받아주었으며, 그대가 밥을 가지고 오면 내가 그대를 위하여 받아주었으며, 그대가 나에게 인사를 할 때는 내가 곧 머리를 숙였으니 어떤 점이 그대에게 마음에 대해서 가르쳐 주지 않은 것인가?"

용담 화상이 생각하는 사이에 천황 선사가 말하였다.

"보려면 당장에 곧 보아야 한다. 생각을 머뭇거리면 곧 어긋난다."

용담 화상이 곧바로 크게 깨닫고 나서 다시 물었다.

"어떻게 보림합니까?"

"성품에 맡겨서 소요하고 인연을 따라서 놓아버려라. 다만, 범부의 마음만 없어졌을 뿐 별다른 성인의 견해는 없느니라."

[예를 들자면 낙포 스님이 말하기를, "만약 보림하려면 다만, 모든 견해를 다 잊어라. 모든 견해가 다 없어지면 어두운 안개가 생기지 않고 지혜의 비춤이 환하게 밝아져 더는 다른 일이 없으리라."고 함과 같다.]

龍潭和尙 問天皇 某甲 自到來 不蒙和尙指示心要 皇曰自汝到來 吾未嘗不指示汝心要 曰何處 是指示我心要 曰汝擎茶來 我爲汝接 汝行食來 吾爲汝受 汝和南時 吾便低首 何處 不指示汝心要 龍潭 佇思之間 皇曰見則直下便見 擬思卽差 潭 當下大悟 乃復問 如何保任 皇曰任性逍遙 隨緣放曠 但盡凡心 別無聖解.
[如洛浦 云 若欲保任 但忘諸見 諸見若盡 昏霧不生 智照洞明 更無餘事]

【강설】　　선불교의 핵심을 드러내 보인 천황도오 선사의 빼어난 법문이다. 이 법문에 눈을 뜬 용담숭신(龍潭崇信, 782~865) 화상은 어렸을 때 그의 부모가 천황사 옆에서 떡 장사를 하고 있었다. 도오(道悟) 선사가 그 절에 오신 다음부터 그의 집에서 매일 떡 열 개씩을 보내드렸다. 도오 선사는 날마다 떡 한 개씩을 남겨두었다가 용담에게 먹으라고 주면서 "네 자손이 번성하길 빈다."라고 하였다.

용담이 여쭈었다.

"제가 갔다 드린 떡을 왜 저에게 주십니까?"

도오 선사가 대답하기를, "네가 가져온 것을 다시 너에게 돌려주는데 무슨 잘못이 있는가?"라고 하였다. 이 말에 느낀 바가 있어서 도오 선사에게 출가하여 제자가 되었다. 뒷날 용담지촉(龍潭紙燭)이라는 이야기로 널리 알려진 덕산(德山)이라는 제자를 만나 그의 법을 전하였다.

용담 화상이 어려서 천황도오 선사에게 출가하여 여러 해를 시중 들었으나 아무것도 배운 바가 없자 위에서 소개한 대화와 같이 마음에 대하여 물었다. 도오 선사의 대답이 참으로 절창이다.

"자네가 여기에 온 다음부터 나는 일찍이 그대에게 마음에 대해서 가르쳐 주지 않은 적이 없었다. 그대가 차(茶)를 가지고 오면 내가 그대를 위하여 받아주었으며, 그대가 밥을 가지고 오면 내가 그대를 위하여 받아주었으며, 그대가 나에게 인사를 할 때는 내가 곧 머리를 숙였으니 어떤 점이 그대에게 마음에 대해서 가르쳐주지 않았다고 하는가?"

그렇다. 크고 작은 동작 하나하나 모두 사람의 마음이 하는 일이다. 그 사실을 알면 마음 아님이 없지만, 그 사실을 모르면 손에 쥐어주어도 알지 못한다. 또 어떤 이가 도를 물었다.

"무엇이 도입니까?"라고 하니 "눈앞에 무엇이 보이는가?" "예, 스님과 병풍이 보입니다." "그래도 도를 모르겠는가?" "예, 모르겠습니다." "그렇다면 귀에는 무엇이 들리는가?" "예, 빗소리가 들립니다." "그래도 모르겠는가?"라고 하였다.

마음이라 하든지, 도라 하든지, 불교라 하든지, 부처님이라 하든지, 말은 달라도 뜻은 같다. 아무튼, 보고 듣고 하는 모든 사람, 모든 생명이 이렇게 살아가는 이 사실이 중요하다.

관계지한 선사

灌溪志閑 禪師

걷다가 열반에 들다

지한 선사가 대중에게 말하였다.

"생각을 내지 아니하면 본래 형체가 없고 큰 작용이 앞에 나타나면 시절을 말하지 않는다."라고 하였다.

뒷날 열반할 즈음에 시자에게 물었다.

"앉아서 간 사람이 누구인가?"

"승가 대사입니다."

"서서 간 사람은 누구냐?"

"승회 대사입니다."

지한 선사가 이에 일곱 걸음을 걷고는 손을 드리우고 숨을 거두었다.

閑禪師 示衆云 不生想念 本來無體 大用現前 不說時節 後臨遷化時 問
侍者云 坐去者 誰 侍者曰僧伽 又云 立去者 誰 侍者曰僧會 師 乃周行
七步 垂手而終.

【 강설 】　　　관계지한(灌溪志閑, ?~895) 선사의 열반상을 보인 내용이다.
사람이 일생을 살다가 죽음에 임하는 마지막 모습은 참으로 여러 가
지이다.

　당나라 때의 고승 약산유엄(藥山惟儼, 751~834) 선사는 태화(太和) 8
년(834) 2월에 입적하였다. 임종 직전에 "법당이 쓰러진다. 법당이 쓰
러진다."라고 외치자, 대중이 모두 기둥을 잡고 버티었다. 선사는 손을
흔들면서, "그대들은 나의 뜻을 모른다."라고 말한 뒤 입적하였다.

　또 중국의 오대산 스님인 은봉(隱峯) 선사는 복건(福建)의 소무(昭
武) 사람으로 성은 등(鄧)씨였다. 어릴 땐 어리석은 듯하였다. 처음 출
가하여 마조(馬祖) 선사의 문하에 있었으나 오묘한 진리를 깨닫지 못
하였고, 다시 석두(石頭) 선사에게 가서도 이치에 계합하지 못했다. 이
렇게 왕래하기를 두세 번 거듭했으나 모두 깨닫지 못하다가 마조 선
사의 한마디에 드디어 깨달음을 얻었다. 스님께서 오대산 금강굴 앞
에서 열반에 들려 할 때에 대중에게 물었다.

　"그대들은 제방의 선사들이 죽을 때에 앉아서 가거나 누워서 가
는 것을 보았으리라. 서서 가는 이도 있던가?"

　"있습니다."

　"그러면 거꾸로 서서 가는 이도 있던가?"

　"아직 보지 못했습니다."

　대사가 거꾸로 서서 열반에 들었는데 옷자락이 고스란히 몸에 붙
어 있었다. 이때에 대중이 의논하여 화장장으로 운구해 가려 했으나

움직이지 않으니 사람들이 우러러보고 탄복하였다. 등은봉 선사의 누이동생이 비구니였는데 가까이 가서 허리를 굽히고 나무랐다.

"참으로 애석합니다. 오라버니는 살아서도 율행(律行)을 지키지 않더니 죽어서까지 사람들을 번거롭게 하는군요." 하고는 손으로 슬쩍 미니 덜컥 쓰러져 다비 장소로 옮길 수 있었다고 한다.

불가에서는 앉아서 죽으면 좌탈(坐脫)이라 하고 서서 죽으면 입망(立亡)이라고 하는데, 이와 같은 열반상을 흔히 볼 수 있다. 입멸의 모습들이 특별하고 기이하기는 하지만 그것으로 도의 높고 낮음을 평가할 수는 없다고 하였다.

'어떤 모습으로 죽는가'보다는 '평생 어떻게 살았는가'가 더욱 중요하다. 죽음의 모습은 한순간이지만 삶은 한평생의 순간들이 다 쌓인 것이다. 설사 천 년이나 만 년을 죽지 않고 살았다 하더라도 그게 중요한 것이 아니다. 어떻게 살았는가를 가지고 그 사람의 위대함을 평가해야 한다. 아무런 가치도 없는 일을 가지고 세상을 어지럽히고 백성을 미혹하게 하거나 스스로 속일 일은 더욱 아니다.

위산영우 선사

潙山靈祐 禪師

화로에 불을 헤쳐 보이다

위산영우 선사가 백장 선사를 곁에서 모시는데 하루는 백장 선사가 물었다.

"누구냐?"

"영우입니다."

"그대는 화로에 불이 있는지 헤쳐 보았는가?"

위산 선사가 화로를 헤쳐 보고 나서 말하였다.

"불이 없습니다."

백장 선사가 몸소 일어나서 깊이 헤쳐 보고는 조그마한 불을 얻고는 그것을 들어 보이면서 말하였다.

"이것은 불이 아닌가?"

위산 선사가 곧 크게 깨달았다.

潙山 一日 侍立百丈 丈問 誰 師云 靈祐 丈云 汝撥爐中有火不 師 撥云
無火 丈 躬起 深撥得小火 擧以示之云 此不是火 師 大悟.

【강설】　　위산영우(潙山靈祐, 771~853) 선사의 이름은 영우(靈祐)이고,
복주 장계의 조씨(趙氏)의 아들이다. 15세에 출가하여 본군(本郡) 건선
사(建善寺)의 법상(法常)을 은사로 출가하였고, 23세에 백장회해 선사
의 제자가 되었다.

　　황벽희운 선사와 함께 백장회해 선사의 뛰어난 제자로서 선종의
5종 중에서 위앙종(潙仰宗)을 창시하였다. 원화(元和) 말년(806~820)에
백장 선사의 명을 받아 장사로 가던 도중에 대위산을 지나다가 잠깐
머무르니 군민이 다투어 모여들었다. 드디어 절을 짓고 선과 교를 40
여 년 동안 설하다가 대중(大中) 7년(853) 정월에 아무런 병도 없이 앉
아서 입적하니 세수가 83세였다.

　　뒤에 그의 제자 혜적(慧寂) 선사가 앙산(仰山)에서 선을 선양하여
홍성시킴으로써 위산영우와 앙산혜적의 문하를 위앙종(潙仰宗)이라
부르게 되었다. 당나라 대종(代宗)이 내린 시호인 대원(大圓)을 써서 위
산대원 선사라고도 부른다.

　　위산 선사가 깨달음을 얻은 인연은 참 간결하다. 겨울날 화롯불을
관리하다 보면 불이 꺼지기 일쑤이다. 그러나 자세히 살펴보면 불씨
가 깊숙한 곳에 숨어 있기도 하다. 스승인 백장 선사는 제자에게서 보
이지 않는 선기(禪機)를 깊이 파고들어 찾아내었다. 마치 화로에 깊이
숨어 있는 불씨를 찾아내듯이 한 것이다.

　　　　　　　　　　　위산영우 선사　◉

남대수안 화상

南臺守安 和尙

고요한 도리

남대수안 화상에게 어떤 스님이 물었다.
 "고요하고 고요하여 의지함이 없을 때에 어떻습니까?"
 "고요하고 고요하다."
 다시 "적!" 하시고 게송을 읊었다.

남대에서 향로 하나 놓고 조용히 앉아 있으니
종일토록 무심히 온갖 생각 다 잊었네.
그러나 마음을 쉬고 망상을 제거한 것은 아니다.
모두가 생각할 일이 없어서라네.

南臺守安和尙 因僧問 寂寂無依時 如何 師云 寂寂底 豐 乃有頌曰 南臺靜坐一爐香 終日凝然萬慮忘 不是息心除妄想 都然無事可思量

【강설】　　남대수안(南臺守安) 화상의 고요하고 고요함에 대한 법문이다. 진정으로 고요함이란 어떤 모습일까?

　　게송에서 말씀하기를, 고요함이란 마음을 쉬고 망상을 제거해서 고요해진 것이 아니라, 세상을 아무리 살펴봐야 생각할 일이 없기 때문이다. 생각할 일이 없으니 생각할 필요가 없고 생각할 필요가 없으니 생각하지 않는다. 생각을 하지 않으니 고요할 수밖에 없는 일이다. 그렇게 고요해야 제대로 고요한 것이다. 세상사가 눈에 들어오거나 귀에 들리기도 하고 또한, 그것을 따라가게 되면 이미 그것은 시끄러운 일이 되고 만다.

남대수안 화상 ◉

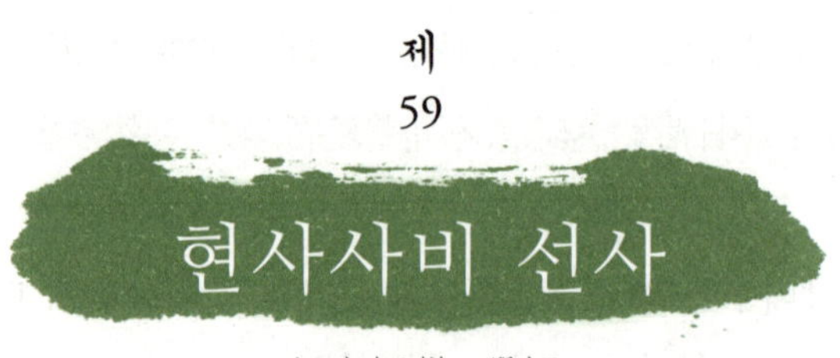

현사사비 선사

玄沙師備 禪師

물소리를 듣는가?

현사사비 선사에게 경청 스님이 물었다.

"학인이 총림에 들어왔으니 선사께서는 도에 들어가는 길을 지시해 주
시기 바랍니다."

현사 선사가 말씀하였다.

"개울물이 흘러가는 소리를 듣는가?"

"예, 듣습니다."

"여기에서부터 들어가느니라."

경청 스님이 이 말에 들어가는 곳을 얻었다.

玄沙 因鏡淸 問 學人 乍入叢林 乞師指介入路 師云 還聞偃溪水聲麼
淸云 聞 師云 從這裏入 淸 於言下 得箇入處.

【 강설 】　　현사사비(玄沙師備, 835~908) 선사의 속성은 사씨(謝氏)이다. 복건성(福建省)의 민현(岷縣) 출신인 현사 선사는 어부였던 아버지의 대를 이어 복주(福州) 남대강(南臺江)에서 고기 잡는 일을 직업으로 삼고 있었는데, 하루는 부자가 고기를 잡으러 나갔다가 아버지가 급류에 휘말려 실종되고 말았다. 충격도 컸지만, 그 모든 일이 살생하는 업과 무관하지 않으리라는 자책에 빠져 30세에 부용산(芙蓉山)의 영훈(靈訓) 화상에게 출가하였다.

처음 수행할 때부터 의식을 절제하며 극단적인 고행을 하였기에 스승인 설봉의존(雪峰義存, 822~908) 선사에게 '비두타(備頭陀)'라 불렸다. 현사 선사는 설봉 선사를 따라 상골산(象骨山)에 들어가 수행 정진하던 중 『능엄경(楞嚴經)』을 읽다가 깨달았다. 그 후 설봉 선사를 모시고 지내다가 매계장(梅谿場) 보응원(普應院)에 잠시 머문 뒤 현사산(玄沙山)으로 돌아와 불법을 펼치기 시작하였다.

그 후 민왕 왕심지(王審知)가 예를 다하여 현사 선사를 안국원(安國院)으로 초빙한 뒤부터 대중이 구름처럼 모여들었다. 이때부터 석두희천(石頭希遷, 700~790) 선사의 종지(宗旨)를 다시 일으킬 수 있었는데, 나이 74세, 법랍 45세에 입적한 선사는 열세 명의 제자 가운데 나한계침(羅漢桂琛, 867~928)이 그 법맥(法脈)을 이었다.

현사 선사는 중국 선불교의 오가칠종(五家七宗)의 하나로서 맨 마지막으로 형성된 '법안종(法眼宗)'을 일으킨 주인공으로 지목되고 있다. 이 종파(宗派)는 법안문익(法眼文益, 885~958) 선사가 창시하였지만 사상적인 원류는 현사 선사와 나한계침 선사로부터 시작되었기 때문이다.

선사의 법문은 참으로 간단명료하다. 도에 들어가는 길을 묻는 사람에게, "개울물이 흐르는 소리를 듣는가? 도(道)란, 또는 불법이란 이 물소리를 듣는 것으로부터 들어간다."라고 하였다. 선불교의 핵심은

　　　　　　　현사사비 선사 ◉

바로 그것이다. 모든 사람이 사물을 보거나 소리를 듣는 그 명백한 사실이 곧 도이며 불법이다. 그 소리를 듣는 사실의 실체를 깊이 깨달으면 그것으로 도는 완전한 것이다. 도에 들어가는 것을 질문한 경청 스님은 곧바로 도에 들어가게 되었다.

불교는 이렇게 간단하다. 그래서 세존께서도 꽃을 들어 보이셨고, 어떤 선사는 평생 손가락 하나를 들어 보이기도 했고, 혹은 고함으로, 혹은 몽둥이로 후려쳐서 보이곤 하였다.

◉

석가모니와 함께 동참하다

현사사비 선사가 상당하여 말씀하였다.

"내가 석가 노인과 함께 동참하였다. 한번 말해 보아라. 동참하여 누구를 보았는가?"

그때에 어떤 스님이 나와서 예배하고 막 물으려고 하거늘 현사 선사가 말씀하기를, "틀렸다. 틀렸다."라고 하시고 곧 법좌에서 내려왔다.

玄沙 上堂云 我與釋迦老子 同參 且道 參見阿誰 時 有僧 出禮拜 擬伸問 師云 錯錯 便下座.

【강설】   현사사비 선사의 법문 역시 간단명료하다. 현사 선사가 석가 노인과 같이 있었다면 당연히 석가 노인을 보았을 것이다. 그런데 "같이 있으면서 누구를 보았는가?"라고 질문하시고 학인이 대답하기도 전에 "틀렸다. 틀렸다."라고 하시고는 법문을 끝내고 법좌에서 내

   무비 스님의 직지 강설   ◉

려오셨다. 과거에 석가 노인과 미륵보살을 보았든지, 아니면 달마 대
사를 보았든지 지금 이 순간 여기에서 그대와 나는 진정 누구를 보았
는가? 본 것을 인정할 수 있는 것은 과연 무엇인가?

◉

제비가 실상을 말하다

현사 선사가 상당하여 제비소리를 듣고는 말씀하였다.
  "실상을 깊이 말하며 법을 잘 설하는구나."라고 하시고 곧 자리에서
내려오셨다.

玄沙 上堂 聞鷰子聲 乃云 深談實相 善說法要 便下座.

【강설】　불교사에는 출가한 스님들 못지않게 훌륭한 재가 불자가 많
다. 동파(東坡) 거사 소식(蘇軾, 1036~1101)은 당송팔대가(唐宋八大家)의
한 사람으로서 시(詩)에서는 송대 시단의 영수이며, 사(詞)에서는 중국
문학사상 최고의 호방사인(豪放詞人)이며, 서예(書藝)에서는 북송사내
가(北宋四大家)에 들어간다. 그런데 단 하나, 불법을 깊이 모르는 것이
문제였다. 물론 스스로는 잘 안다고 생각하였다.
　　어느 날 동림의 상총(常總, 1025~1091) 선사에게 법을 청하였다. 상
총 선사가 "거사는 유정설법(有情說法)만 들으려 하지 말고 무정설법
(無情說法)을 들으라."고 하는 말에 마음이 꽉 막혔다. 집으로 돌아오는
길에 어느 폭포 밑에 이르게 되었다. 폭포가 굉음을 내면서 떨어지는
소리를 듣고 문득 깨달은 바가 있어서 오도송을 읊었다.

현사사비 선사 ◉

"계성변시광장설(溪聲便是廣長舌) 산색기비청정신(山色豈非淸淨身) 야래팔만사천게(夜來八萬四千偈) 타일여하거사인(他日如何擧似人), 시냇물 소리가 곧 부처님의 설법이니 산 빛이 어찌 청정법신이 아니리오. 밤이 되어 팔만 사천 게송이나 되는 것을 다른 날 어떻게 다른 사람들에게 들어 보이리오."라고 하였다. 물이 흐르는 소리가 그대로 부처님의 설법이요, 산천초목이 그대로 청정 법신 부처님이다.

제비가 지저귀는 그 소리보다 더 나은 제법실상의 이치를 설명하는 법문이 있겠는가. 제비가 지저귀는 그 소리보다 더 아름답고 근사한 설법이 있겠는가. 불교를 공부하는 사람들은 이러한 이치를 깨달아야 비로소 불교를 알았다고 할 수 있으리라.

◉

돌에 채이다

현사 선사에게 설봉 선사가 말하였다.

"사비두타는 왜 산을 넘어 다른 곳으로 다녀 보지 않는가?"하였다.

사비 선사가 막 고개를 넘으려다가 발가락을 돌에 채이고는 갑자기 고통을 참는 소리를 질렀다.

"저곳도 텅 비었고 이곳도 텅 비었다. 내 몸도 없는데 고통이 어디에서 왔는가? 그만두자. 그만두자. 달마가 동토에 오지 않았으며 2조도 서천에 가지 않았다."라고 하고는 설봉 선사에게로 돌아와서 다시는 고개를 넘어가지 않았다.

玄沙 因雪峯云 備頭陀 何不出嶺遊方 師 才出嶺 踢着脚指頭 不覺 作
忍痛聲云 彼處虛空 此處虛空 我身無有 痛自何來 休休 達磨 不來東土
二祖 不往西天 迴雪峯 更不出嶺.

【 강설 】　　사비 선사가 스승인 설봉 선사를 모시고 살았는데, 스승께
서는 제자가 다른 지방으로 돌아다니면서 불법에 대한 안목을 넓히기
를 부탁하였다. 가는 도중에 고개를 넘다가 발가락을 돌부리에 채이
고는 스스로 한 말이다. 사람은 살아가면서 몸이 아픈 경우를 자주 경
험하게 되는데, 그때 고통의 근본을 관찰하는 방법이다. "여기도 텅
비었고 저기도 텅 비었다. 나도 없고 너도 없다. 그런데 이 아픔이란
도대체 어디에서 온 것인가?"라고 관찰하였다.

　　그 후 사비 선사는 다시는 고개를 넘어간 적이 없었다고 한다. 참
으로 그와 같은 관찰이 깊어지면 고통은 사라진다.『반야심경』의 이치
도 "나도 없고 세상도 없다. 고집멸도도 없다."라는 뜻이다. 진정 없음
의 이치를 알면 고통은 의지할 데가 없기 때문이다.

　　불법대유 지시아통(佛法大有 只是牙痛)이라는 말이 있다. "불법이 우
주만유에 꽉 차 있는 사실이 다만 이렇게 치아가 아픈 일이다."라는
말이다. 풍치를 앓아본 사람은 얼마나 견디기 어려운 아픔인가를 잘
안다. 의술도 발달하지 않았던 옛날에 사람들이 치통을 앓느라고 얼
마나 고통스러웠겠는가. 아픔을 느끼고 고통스러워하는 그 일이 곧
사람의 삶이며 불법이다. 다만, 그 사실에 진여불성이 밝고 밝게 드러
나 있다. 그러나 그 실체는 텅 비어 없다. 마음은 끝내 공이며, 또한 힘
이다. 그리고 그렇게 크게 있음이다.

　　　　　　　　　　　　　　　　　현사사비 선사 ●

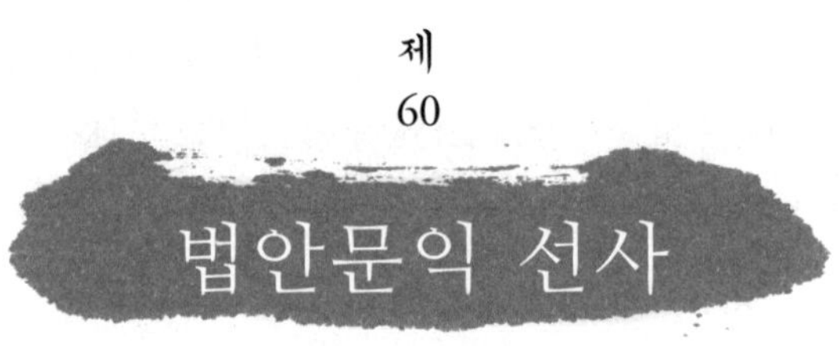

법안문익 선사

法眼文益 禪師

모르는 것이 가장 가까운 것이다

법안문익 선사에게 지장 선사가 물었다.

"상좌는 어디로 가는가?"

법안 선사가 말하였다.

"이리저리 다니면서 행각합니다."

지장 선사가 말하였다.

"행각하는 일이 어떤가?"

"모르겠습니다."

"그 모르는 것이 가장 가까운 것이다."

법안 선사가 활연히 크게 깨달았다.

文益法眼禪師 因地藏 問 上座 何往 師云 迤邐行脚 藏曰行脚事 作麼
生 師曰不知 藏曰不知 最親切 師 豁然大悟.

【강설】　법안문익(法眼文益, 885~958) 선사는 법안종의 개조(開祖)로서
절강성 여항(余杭) 사람이며 속성은 노(魯)씨이다. 7세에 지통원(智通
院) 전위(全偉) 스님의 문하에 출가한 뒤 20세에 월주(越州) 개원사에서
구족계를 받았다. 출가 초기에는 교학의 가르침을 익히고 유교의 경
전도 공부하였다. 그러나 그것만으로는 부족함을 느끼고 다른 위대한
선사(禪師)들과 마찬가지로 선(禪)의 길을 걷게 되었다.

　　스님은 처음에 설봉의존(雪峯義存, 822~908) 선사의 문하인 장경혜
릉(長慶慧稜, 854~932) 선사의 가르침을 받았는데 깊은 깨달음을 얻지
못하자, 두 사람의 동학과 함께 행각에 나섰다. 그때 마침 큰 눈이 내
려 복건성의 지장원에 잠시 몸을 의탁하게 되었다. 스님은 그곳에서
도반들과 더불어『조론(肇論)』의 "하늘과 땅은 나와 더불어 한 몸이고
만물은 나와 더불어 한 뿌리이다[天地與我一體 萬物與我同根]."라는 구절
을 토론하였는데, 이때 지장원의 방장인 나한계침(羅漢桂琛, 867~928)
선사가 마침 그 옆을 지나가다가 듣고 스님에게 물었다.

　　"산하대지가 그대들 자신과 같은가? 다른가?" 스님이 "다릅니다."
라고 대답하자 손가락 두 개를 세워 보였다. 다시 "같습니다."라고 대
답하자 선사는 손가락 다섯 개를 세워 보이고는 자리에서 일어나 가
버렸다. 이와 같은 일련의 대화를 하다가 드디어 "그 모르는 것이 가
장 가까운 것이다."라는 말에 크게 깨닫고는 지장원의 나한계침 선사
의 제자가 되었다. 이후 선사의 법은 천태덕소(天台德韶, 891~972), 영명
연수(永明延壽, 904~975)로 이어지면서 법안종(法眼宗)이라는 오가(五家)
의 한 종파를 이루게 되었다.

　　　　　　　　　　　　　　　　　　법안문익 선사　●

위에서 이끌어 온 대화가 스승과 처음 만났을 때의 이야기다. '행각 하는 일'을 물었는데 그는 행각을 하면서 그 행각하는 당체를 몰랐으나, "그 모르는 것이 가장 가까운 것이다."라는 말을 듣고 깨닫게 되었으니 출세간의 공부란 참으로 신기한 일이다. 세상에는 아는 것이 힘이라고 알고 있다. 아는 것도 병이며 모르는 것도 병이다. 또한, 아는 것도 약이며 모르는 것도 약이다.

◉

부젓가락은 부젓가락이 아니다

법안 선사가 오공 선사와 함께 불을 쬐고 있다가 부젓가락을 들고 오공 선사에게 물었다.

"부젓가락이라고 말하지 아니할 것이니 사형은 무엇이라고 부르겠습니까?"

오공 선사가 말하였다.

"부젓가락이다."

법안 선사가 수긍하지 아니하였는데 20일 후에야 오공 선사가 비로소 그 뜻을 알았다.

法眼 與悟空 向火次 拈起香匙 問悟空曰不得喚作香匙 師兄 喚作甚麽 悟空曰香匙 法眼 不肯 却後二十日 空 方明其義.

 무비 스님의 직지 강설 ◉

【강설】 개인적인 생각으로 해석하면 모든 존재는 양면성이 있다. 그 양면성을 법안 선사는 흔히『금강경』에서 표현한 것과 같이 '부젓가락이 부젓가락이 아니라 그 이름이 부젓가락이다.'라는 뜻으로 "부젓가락이라고 말하지 아니할 것이니 사형은 무엇이라고 부르겠습니까?"라고 하였다.

선문답에는 이와 유사한 표현들이 많다. 오공 선사는 처음에 세속적인 안목으로 단순히 부젓가락은 오로지 부젓가락인 것으로만 알고 있다가 20일이 지난 후에야 비로소 존재의 양면성과 중도성을 깨달았던 것이다.

우리는 하루의 삶을 사는 데도 무수한 존재와 일 그리고 무수한 사건을 만나서 경험하고 해결하며 살아간다. 이치대로 순리대로 흘러가는 것은 문제가 되지 않지만 그렇지 못한 일은 존재와 사건의 중도성과 양면성을 살펴보아 그것에 휘둘리지 말아야 한다.

◉

산하대지와 자기는 같은가

법안 선사와 같이 다니는 세 사람이 있었다. 한 사람이 승조 법사의 "하늘과 땅은 나와 더불어 그 뿌리가 같고 만물은 나와 더불어 한 몸이다."라는 말을 듣고 말하기를,

"매우 기괴하고 기괴하도다."라고 하였다.

계침 선사가 물었다.

"상좌여, 산하대지가 자기와 더불어 같은가? 다른가?"

법안 선사가 "같습니다."라고 하니

계침 선사가 손가락 두 개를 세워서 한참 주시하고 나서 말하기를 "두

개다."라고 하였다.

이에 법안 선사가 매우 놀랐다.

法眼 同行三人 擧法師僧肇語 天地 與我同根 萬物 與我一體 日也甚奇
怪 也奇甚怪 桂琛禪師 問曰上座 山河大地 與自己 是同 是別 法眼云
同 琛 竪兩指 熟視曰兩箇 法眼 大驚.

【강설】　승조(僧肇, 338~414) 법사는 장안에서 태어났으며 처음에는 노
자와 장자에 심취하였다. 뒤에 지겸(支謙) 스님이 번역한 『유마경』을 읽
고 불교에 귀의하였다. 어느 날 황제가 벼슬을 주어 나라의 기둥으로
쓸 작정으로 불렀으나 가지 않아서 어명을 어긴 죄로 참살을 당하게 되
었다. 그때 죽음을 일주일만 보류해 달라고 하여 『보장록(寶藏錄)』이라는
명저를 남겼다. 『조론(肇論)』과 그 유명한 열반 게송을 남기고 형장의 이
슬로 사라진 참으로 위대한 분이다. 법사가 남긴 열반 게송은 이렇다.

　　사대로 된 이 몸은 원래 주인이 없고
　　오온도 본래 공이라.
　　머리를 가져 번뜩이는 칼날 앞에 대니
　　마치 봄바람 베는 것 같네.
　　[四大元無主 五蘊本來空 將頭臨白刃 猶如斬春風]

　　승조 법사의 말씀 중에 위에서 거론한 법문도 아주 뛰어나서 많은
선사의 입에 회자한다. 그로 말미암아 법안 선사와 동행한 분들이 나
눈 이야기가 전기에 실리게 되었다. 천지 만물과 삼라만상과 너와 내
가 모두 하나라는 말이다.

　　　　　　　　　　　　무비 스님의 직지 강설　◉

과연 여기에서 하나라는 말이 무엇을 뜻하는가에 대한 것이 그 분들이 논하는 말씀의 주제였다. 한 사람은 "매우 기괴하고 기괴하도다."라고 하였다. 법안 선사는 본래의 말과 같이 "같다."라고 하였다. 그런데 계침 선사는 가장 가까이에서 둘로 나눌 수 없는 한 손의 두 손가락을 두고도 분명히 "두 개다."라고 하였다. 이 역시 모든 존재의 양면성과 중도성을 여실히 밝힌 대목이라고 할 수 있다.

어떤 사물이든 무슨 사건이든 한 측면만 이해한다면 존재의 실상을 제대로 파악하지 못한 것이다. 우리의 일상적인 삶도 존재의 실상과 같이 중도적 관점에서 파악하여 차질 없이 영위한다면 존재의 이치에 맞게 사는 길이 될 것이다.

◉

마음 안에 있는가

계침 선사가 문밖에서 법안 선사와 동료 세 사람을 전송하면서 계침 선사가 물었다.

"상좌여, 그대들은 평소에 삼계가 오직 마음이라고 하였느니라."

하고는 손가락으로 뜰아래에 있는 돌을 가리키고 말하기를,

"이 돌이 마음 안에 있는가? 마음 밖에 있는가?"

이에 법안 선사가 말하였다.

"마음 안에 있습니다."

계침 선사가 웃으며 말하였다.

"먼 길로 다니며 행각을 하는 사람이 무슨 까닭으로 무거운 돌덩이를 마음에 담고 다니는가?"

법안 선사가 이에 크게 깨달았다.

                                    법안문익 선사 ◉

琛禪師 門外 送法眼三人次 琛 問曰上座 你尋常道 三界唯心 乃指庭下
石曰此石 在心內 在心外 法眼曰在心內 琛 笑曰行脚人 着甚來由 安塊
石在心頭耶 法眼 於此大悟.

【강설】 삼계가 오직 마음이라면 뜰에 있는 돌덩이뿐이겠는가. 온갖
사람들과 하늘, 구름, 바람, 비, 산하대지, 삼라만상, 천지 만물들을 모
조리 담고 다니지 않겠는가. 무겁더라도 마음에 담고 다녀야만 필요
할 때 꺼내어 쓰지 않겠는가.

　모든 사람과 생명이 다 같이 평생 마음에 담고 다니건만 한 번도
무거움을 느낀 적이 없는 일을, 계침 선사는 그 또한 존재의 중도성을
깨우쳐주려고 일부러 질문해 본 것이다. 뜰 앞에 있는 돌과 천지 만물,
산하대지 그대로 오직 마음이다. 마음이 육신이라는 한정된 몸속에만
있는 것이 아니다. 산과 강과 하늘과 비와 눈과 춘하추동과 생로병사
와 성주괴공과 생주이멸 그대로가 오직 마음이기 때문이다.

　위의 대화는 마음을 일반적인 상식으로 몸 안에만 있다고 생각하
는 덫을 깔아 놓고 어리석은 사람이 걸려든 뒤에, 다시 그것을 깨닫게
하려고 선지식이 일부러 방편을 써서 한 말이다. 명안종사들의 선교
방편은 신묘하여 쉽게 측량할 수가 없다.

 　　　　　　　　　　　무비 스님의 직지 강설 ●

참 선지식이란

법안 선사에게 강남의 이왕이 법을 청하여 법석을 열었다.

　승록이 말하였다.

　"사부대중이 모두 모여 우러러 뵈며 일시에 법좌를 에워싸고 있습니다."

　법안 선사가 말씀하였다.

　"그런데 다른 곳에 있는 대중이 진짜 선지식을 참견하였느니라."

　승록이 그 말에 크게 깨달았다.

法眼 因江南李王 請開堂 僧錄云 四衆 盡輻湊觀瞻 一時 先擁却法座了
也 師云 他衆人 却恭見眞善知識 僧錄 扵言下 大悟.

【강설】　불교에서는 예나 지금이나 선지식을 친견하여 고준한 법을 들으려고 춥고 더운 것을 마다하지 않고, 천 리나 되는 먼 길도 이고 지고 모여드는 일이 잦다. 강남의 이왕(李王)이라는 사람도 법안 선사를 청하여 법을 들으려고 큰 법석을 마련하고, 법석을 관장하는 승록(僧錄) 소임을 맡은 이는 법을 설할 준비가 완벽하게 갖추어졌음을 알렸다. 사부대중 모두 일사불란하게 자리를 정돈하고 당대의 큰 선지식인 법안 선사를 존경의 눈빛으로 우러러보고 있었다.

　법안 선사가 말씀하였다.

　"진짜 선지식은 이 자리에 있는 자신도 아니며, 선지식을 참으로 친견한 사람도 또한, 이 자리에 있는 사람들이 아니라 따로 있다네. 그렇다면 진짜 법문도 여기에 있을 리 없네. 오히려 다른 곳에 있는 사람들이 참 선지식을 친견하여 법문을 들었다네. 모두 그렇게 알게나.”

그 말에 사회를 보던 승록이 그 이치를 크게 깨달았다.

과연 무엇이 참 선지식이며 참 법문이기에 승록이 그 말을 듣고 크게 깨달았을까?

◉

어떤 것이 학인의 경전인가

법안 선사에게 어떤 스님이 물었다.

“무엇이 학인에게 ‘한 권의 경전’입니까?”

법안 선사가 말씀하였다.

“제목이 매우 분명하니라.”

法眼 因僧 問 如何是 學人一卷經 師云 題目 甚分明.

【강설】　선게(禪偈)에 한 권의 경전에 대한 유명한 게송이 있다.

나에게 한 권의 경전이 있는데
종이와 먹으로 만들어진 것이 아니다.
펼치면 글자 하나 없지만,
항상 광명을 놓고 있다.
[我有一卷經 不因紙墨成 展開無一字 常放大光明]

법안 선사에게 질문한 그 스님은 아마 이 게송을 마음에 두고 물

　　　　　무비 스님의 직지 강설　◉

었을 것이다. 그렇다. 모든 사람에게는 다 같이 한 권의 경전이 있으며 그것은 게송과 같이 종이나 먹으로 쓴 경전은 아니다. 그런데도 어디서나 보면 보는 대로 들으면 듣는 대로 깨닫고 아는(見聞覺知) 광명을 발한다.

질문을 한 그 스님은 그것의 실체를 물었다. 법안 선사의 대답이 "제목이 매우 분명하니라."라고 하였다. 그 제목이란 무엇일까. 굳이 사족을 붙이자면 각자가 생긴 대로의 이목구비(耳目口鼻)이다. 달리 다른 특별한 제목은 없다. "각자의 이목구비가 너무나 분명한데 달리 무엇을 묻는가?"라는 뜻이리라.

『이목구비경(耳目口鼻經)』이라는 경전은 이 세상 어떤 경전보다도 뛰어나다. 진정으로 살아 있는 경전이다. 『화엄경』이나 『법화경』보다도 천 배 만 배 훌륭한 경전이다. 그래서 항상 광명을 발하고 있다. 볼 줄도 알고, 들을 줄도 알고, 울 줄도 알고, 웃을 줄도 알고, 기뻐도 하고 슬퍼도 할 줄 알기 때문이다.

◉

빛과 소리를 어떻게 아는가

법안 선사에게 어떤 스님이 물었다.

"소리 성(聲) 자와 사물 색(色) 자 이 두 글자를 어떻게 벗어날 수 있습니까?"

법안 선사가 말씀하였다.

"대중이여, 만약 이 스님이 물은 것을 안다면 소리와 사물에서 벗어나는 것도 또한 어렵지 않느니라."

　　　　　　　　　　　　법안문익 선사 ◉

法眼 因僧 問 聲色二字 如何透得 師云 大衆 若會者僧問處 透聲色也
不難.

【강설】　선불교에서는 눈으로 보는 사물과 귀로 듣는 소리에 얽매여
집착하면 모든 삶이 뜻과 같지 못하고 부자유하다고 생각한다. 그러
므로 그것에서 벗어나는 공부를 하려는 것이 가장 큰 관심사이다. 이
스님의 질문은 많은 선 수행자의 공통된 질문이다. 법안 선사의 대답
인즉 "그 스님이 질문한 그것을 알면 사물과 소리로부터 자유자재하
여 끄달리지 않게 된다."라고 하였다.

　　스님이 질문한 것은 무엇인가? 질문의 내용을 두고 하는 말이 아
니다. 질문하든 대답을 하든 아니면 기침을 하든 무엇인가를 하는 당
체를 두고 하는 말이다. 다시 말해서 모든 존재를 존재이게 하는 그 실
체를 알라는 말이다. 그 실체를 알면 물질과 소리뿐만 아니라 모든 것
으로부터 대 자유를 얻게 되리라.

◉

조계의 한 방울 물이다

법안 선사에게 어떤 스님이 물었다.
　"무엇이 조계[曹源]의 한 방울 물입니까?"
법안 선사가 말씀하였다.
　"이것이 조계의 한 방울 물이다."
그때 천태덕소 국사가 옆에서 모시고 있다가 활연히 크게 깨달았다.

　무비 스님의 직지 강설　◉

法眼 因僧 問 如何是曹源一滴水 師云 是曹源一滴水 時 天台韶國師
侍側 豁然大悟.

【강설】　　조계의 한 방울 물이 무엇인가? 중국 선불교에서는 부처님
으로부터 대대로 이어 온 조사의 선심(禪心) 선맥(禪脈)을 조계의 한 방
울 물로 표현하였다. 특히 중국의 조계산 6조 혜능 선사로부터 선법이
크게 흥왕하였으므로 그렇게 표현한 것이다. 즉 조계의 한 방울 물은
곧 선불교의 유일한 정신을 뜻한다.

　　스님이 그것에 대해 물었고, 법안 선사는 그 고준한 선심을 그냥 이
것[是]이라고만 말하였다. 그런데 옆에서 시립하고 있던 천태덕소 국사
가 그 이치를 깨달았다. 이것[是]이 무엇인가? 이것이 무엇이기에 조사
와 조사가 대대로 이어 온 선불교의 정신, 즉 조계의 한 방울 물의 의미
를 깨달았는가? 눈앞에 청산이 가득하고 귓전에 바람소리 요란하다.

◉

이름 없는 데서 이름이 생기다

법안 선사에게 어떤 스님이 물었다.
　“듣자하니 불교에서 말씀하시기를 ‘머문 바 없는 근본으로부터 일체
법을 건립하였다.’ 하시니 무엇이 머문 바 없는 근본입니까?”
　법안 선사가 말씀하였다.
　“형체는 바탕이 없는 데서부터 일어났고 이름은 이름이 없는 데서부터
일어났느니라.”

法眼 因僧問 承敎 有言 從無住本 立一切法 如何是無住本 師云 形興
未質 名起未名.

　　　　　　　　　　　　　　　　　　　　　　법안문익 선사　◉

【강설】 어떤 스님이 "머문 바 없는 근본으로부터 일체 법이 세워졌다."라는 말을 듣고 머문 바 없는 근본에 대하여 물었다. 이와 같은 내용은 바꾸어 생각하면 오히려 쉽게 그 답을 알 수 있다. 즉 "일체 법을 건립하는 그 본체가 무엇인가?"라고 말이다. 달리 말하면, "갖가지의 법이 생기는 것은 무엇으로부터이며, 갖가지의 법이 소멸하는 것은 무엇으로부터인가?"라고 생각하여도 될 것이다.

법안 선사는 모든 형상은 형상이 아직 이루어지기 이전의 참모습에서부터 생기게 되었으며, 모든 이름은 아직 이름을 붙일 수 없는 그 당체에서부터 생긴 것이라는 뜻으로 대답하였다. 반드시 무엇이라고 지적할 수 없는 것을 의미하는 것이다.

"이것은 정말 있는 것인가? 없는가? 나는 그 까닭을 알지 못하겠다."라는 옛사람의 표현 그대로이다.

◉

<h1 style="text-align:center">큰 법은 말하기 어렵다</h1>

법안 선사가 어떤 세속의 사람이 아이를 데리고 다니는데, 그 아이에게 말을 물어도 대답을 하지 않자, 이에 게송을 지었다.

아이의 나이가 여덟 살이 넘었는데
말을 물어도 대답을 할 줄 모르니
이것은 말을 할 줄 모르는 것이 아니라
큰 법을 드러내기 어려운 것이로다.

백운수단 선사가 말씀하였다.
"말을 할 줄 모르는 것이 아니라 큰 법을 온전히 드러낸 것이로다."

法眼 因見俗人 携兒到 問之不語 乃有頌云 兒年八歲 問不解語 不是不
語 大法難擧 白雲端云 不是不語 大法全擧.

【강설】　여덟 살 먹은 아이가 말을 하지 못하는 것을 두고 법안 선사
와 백운 선사가 견해를 달리한 내용이다. 법안 선사는 아이가 큰 법에
대해서 드러내기 어려워 말을 하지 못한 것이라고 하였고, 백운 선사
는 아이가 말을 하지 못한 것이야말로 진정으로 큰 법을 온전히 드러
낸 일이라고 한 것이다.

　　진리는 말을 통해서 표현할 수도 있고, 말을 통해서 오히려 진리
와 멀어질 수도 있다. 묵묵히 있는 일이 진리를 드러내는 경우가 있는
가 하면 묵묵히 있음으로써 오히려 진리를 감춰버리는 경우도 있다.
진리를 아는 사람은 말을 해도 진리를 드러내는 것이 되고 묵묵히 있
어도 진리를 드러내는 것이 되지만, 진리를 모르는 사람은 말을 해도
진리를 방해하고 묵묵히 있어도 진리를 방해한다. 진리가 드러나고
드러나지 않고는 사람에 있는 것이지 말을 하고 안 하고에 있는 것은
아니다.

　　　　　　　　법안문익 선사 ◉

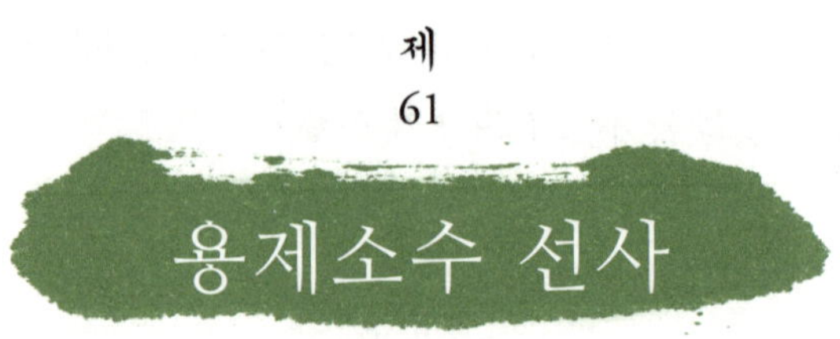

용제소수 선사

龍濟紹修 禪師

수천 생을 위배하다

소수산주가 세 번이나 설영 땅에 들어가서 지장 화상을 참배하여 물었다.

"이 사람이 특별히 화상을 위하여 정주에서부터 고생을 많이 겪으면서 허다한 산과 재를 지나 이렇게 왔습니다. 어떤 좋은 점이 있습니까?"

지장 화상이 대답하였다.

"허다한 산과 재를 지나왔으니 또한 나쁘지 않도다."

소수산주가 그 뜻을 알지 못하더니 한밤에 이르러 평상 앞에서 시립하고 있다가 말했다.

"저는 백 겁 천생을 일찍이 화상으로 더불어 위배하였는데 여기에 와서 또 화상을 만나 불안합니다."

지장 화상이 몸을 일으켜 주장자를 그의 얼굴 앞에 우뚝 세우고 말하였다.

"다만, 이것만은 위배하지 않았느니라."

소수산주가 여기에서 깨달았다.

紹修山主 第三度 入嶺 叅地藏 乃曰此者 特爲和尙 從汀洲恁麼來 喫盡
艱辛 涉歷許多山嶺 有什麼向處 地藏 云 涉歷許多山嶺 也不惡 師 不
薦 至夜 床前侍次 云 某甲 百劫千生 曾與和尙 違背 此來 又値和尙不
安 地藏 起身 將拄杖 卓向面前 云 只者箇也不背 師 從此省悟.

【강설】　　소수산주란 용제산의 소수(龍濟紹修) 선사다. 지장 화상과의
특이한 대화를 통하여 깨달은 바가 있었다는 내용이다. 소수 선사는
지장 화상을 친견하기 위해 세 번이나 설영이라는 곳을 찾아갔다. 교
통이 불편한 시절에 먼 길을 걸어서 세 번이나 선지식을 친견하러 간
그 행각이 도에 대한 지극한 마음을 말해 준다.

　　그런데 지장 화상은 그 일에 대해 겨우 "산을 넘고 재를 넘어 찾아
온 일이 나쁘지 않다."라고 했을 뿐이다. 그 말에는 깨닫지 못하고 밤
이 되어서야 평상 옆에 있다가 유정물인 사람은 위배했으나 무정물인
주장자는 위배하지 않았다는 말을 듣고 깨달은 바가 있었다.

　　깨달음이란 언제 무슨 인연으로 다가올지 아무도 예측할 수 없다.
그러므로 세존은 무수한 방편의 그물을 쳐 놓고 있다. 어느 그물에 어
떤 고기가 걸려들지 알 수 없는 일이기 때문이다. 고기가 그물눈 한 개
에 걸려든다고 하여 한 개의 그물눈만을 바다에 쳐 놓을 수는 없다. 수
많은 그물눈이 있어야 그 가운데 인연이 있는 곳에 걸려들기 때문이
다. 불교의 수많은 방편도 그와 같다.

　　　　　　　　　　　　　　　　　　　　용제소수 선사 ●

소수산주가 어떤 스님에게 물었다.

"어디에서 오는가?"

"취암 선사에게서 옵니다."

"취암 선사는 무슨 말로써 제자들을 가르치던가?"

"화상께서 평소에 말씀하시기를 '문을 나서면 미륵을 만나고 문에 들어오면 석가를 본다.'고 하였습니다."

소수산주가 말하였다.

"그렇게 말을 해서야 또한 어찌 되겠는가?"

그 스님이 화상에게 곧 물었다.

"그러면 또 어찌해야 합니까?"

소수산주가 말하였다.

"문을 나서면 누구를 만나며 문에 들어오면 무엇을 보는가?"

그 스님이 그 말에 깨달음이 있었다.

修山主 問僧 甚麼處來 僧云 翠巖來 師云 翠巖 有何言句示徒 僧云 和尙 尋常 道 出門 逢彌勒 入門 見釋迦 師云 與麼道 又爭得 僧 便問和尙 又如何 師云 出門 逢阿誰 入門 見甚麼 僧 於言下有省.

【강설】 두두(頭頭)가 비로(毘盧)요, 물물(物物)이 화장(華藏)이라는 말이 있다. "문을 나서면 미륵을 보고, 문에 들어오면 석가를 본다."라는 것은 이 세상 삼라만상과 천지 만물이 모두가 비로자나의 청정법신불이요, 청정법신불이니 곧 화장장엄세계라는 뜻이다.

　이 또한 훌륭한 안목이며 표현 역시 빼어나지만, 소수산주가 보기에는 그 빼어난 표현이 구차하게 들렸는지 "문을 나서면 누구를 만나며 문에 들어오면 무엇을 보는가?"라고 하여 '굳이 미륵이니 석가니 할 것이 무엇이 있는가?'라는 뜻으로 말하였다. 최상승의 안목에서 향상일로(向上一路)의 선지(禪智)를 드러낸 것이리라.

용제소수 선사 ◉

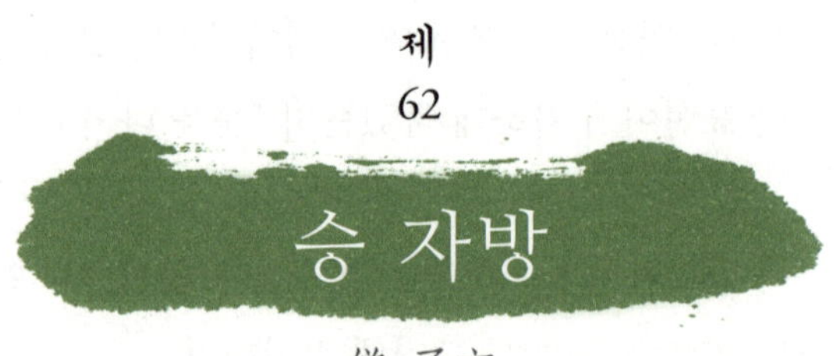

홀로 드러난 몸

자방이라는 스님이 법안 선사에게 물었다.

"스님이 오랫동안 장경 선사를 친견했다고 하였는데 지장 선사의 법을 이었다는 것은 무슨 뜻입니까?"

법안 선사가 말하였다.

"장경 선사가 '만상 중에 홀로 드러난 몸'이라고 하신 말을 알지 못했기 때문이다."

자방 스님이 불자를 들어 보였다.

법안 선사가 말하였다.

"만상을 부정한 것인가? 만상을 부정하지 않은 것인가?"

자방 스님이 말하였다.

"만상을 부정하지 않은 것이다."

법안 선사가 말하였다.

"홀로 드러난 몸이니라." 하고, "이"라고 하였다.

자방 스님이 또 말하였다.

"만상을 부정하였다."

법안 선사가 또 말하였다.

"만상의 안이다." 하고 "이"라고 하니 자방 스님이 이에 뜻을 깨닫고 탄식하여 말하기를,

"내가 하마터면 금생을 헛되이 보낼 뻔하였다."라고 하였다.

僧子方 問法眼曰 公 久親長慶 乃嗣地藏 何意耶 法眼曰以不解長慶說 萬相之中 獨露身故 子方 擧拂子示之 法眼曰撥萬相 不撥萬相 子方 云 不撥萬相 法眼 云 獨露身 唉 子方 又云 撥萬相 法眼 云 萬相之中 唉 子方 於是 悟旨 嘆曰我幾枉度此生.

【강설】　　법을 누구에게 이었느냐 하는 문제를 가지고 말하다가 삼라 만상과 홀로 드러난 몸[獨露身]에 대하여 거량한 내용이다. 삼라만상을 부정하고 홀로 드러난 몸을 인정할 수 있는가? 아니면 삼라만상 안에 홀로 드러난 몸이 있는가? 삼라만상은 그렇다 하더라도 홀로 드러난 몸이란 무엇인가?

　　영가를 천도하는 천도 의식의 글에 "태어남이란 어디에서 오며 죽음이란 어디로 가는 것인가? 태어남이란 한 조각의 구름이 생기는 것과 같고 죽음이란 그 한 조각의 구름이 사라짐과 같다. 뜬구름은 그 자체가 본래 실체가 없듯이 태어나고 죽고 가고 옴도 또한 그와 같은 것이다. 그러나 그 가운데 한 물건이 홀로 드러나 원만하고 밝고 맑아 태어나고 죽음을 따라가지 않네[生從何處來 死向何處去 生也一片浮雲起 死也一片浮雲滅 浮雲自體本無實 生死去來亦如然 獨有一物常獨露 湛然不隨於生死]."

승 자방 ●

라고 하였다.

대승불교와 선불교의 생명은 바로 이 한 물건을 깊이 인정하는 데 있다. 초기불교에서 아무리 무아(無我)를 주장하더라도 무아를 주장하는 그 사실과 당체를 부정할 수 없는 것이 바로 한 물건의 진실이기 때문이다.

『직지』의 본문에서 삼라만상과 홀로 드러난 한 물건의 관계를 논하였는데 이 한 물건은 참으로 삼라만상과 하나이면서 다른 것이고 다른 것이면서 하나이다. 상황에 따라 하나이기도 하고 다른 것이기도 하다. 반드시 "하나다. 다른 것이다."라고 치우쳐서 말을 할 수는 없다. 존재방식이 그렇게 되어 있다.

그러므로 중도적 안목으로 이해하고 설명해야 한다. 비단 한 물건뿐만 아니라 모든 유형무형이 그와 같은 원리로 존재한다. 물질과 육신, 재산과 생명이 그렇고 명예와 사랑, 미움의 감정도 그렇다.

소수산주

紹修山主

◉

무엇이 삼라만상인가

소수산주가 법안 선사와 말씀을 나눌 때 법안 선사가 물었다.

“고인이 말하기를, ‘만상 가운데 홀로 드러낸 몸’이라고 하였으니 이것은 만상을 부정한 것입니까? 만상을 부정하지 않은 것입니까?”

소수산주가 말하였다.

“만상을 부정하지 않은 것입니다.”

법안 선사가 말하였다.

“왜 부정하고 부정하지 않은 것을 말합니까?”

소수산주가 망연하여 지장 스님에게로 돌아갔는데 지장 스님이 물었다.

“자네가 간 지 오래지 아니하였는데 어찌하여 다시 돌아왔는가?”

소수산주가 말하였다.

“해결하지 못한 일이 있는데 어찌 산천을 밟고 지나옴을 마다하겠습니까?”

지장 스님이 말하였다.

"그대가 산천을 허다하게 밟고 다니는 것은 나쁘지 않도다."

소수산주가 그 뜻을 알지 못하고 이에 묻기를, "고인이 말씀하신 '만상 가운데 홀로 드러난 몸의 뜻'이 무엇입니까?"

지장 스님이 말하였다.

"그대가 말한 고인이 만상을 부정한 것인가? 만상을 부정하지 않은 것인가?"

소수산주가 말하였다.

"부정하지 않은 것입니다."

지장 스님이 말하였다.

"그렇다면 두 개이구나."

소수산주가 캄캄해서 깊이 생각하다가 다시 물었다.

"알지 못하겠습니다만 고인이 만상을 부정하였습니까? 만상을 부정하지 않았습니까?"

지장 스님이 말하였다.

"그대는 무엇을 가지고 만상이라고 하는가?"

소수산주가 비로소 크게 깨닫고 지장 스님을 예배하여 하직하고 나서 법안 선사를 친견하여 "법안 선사의 말씀이 지장 스님의 가르침과 전후가 똑같습니다."라고 하였다.

修山主 與法眼 談次 法眼 問曰古人 道 萬相之中 獨露身 是撥萬相 不撥萬相 山主云 不撥萬相 法眼云 說甚麼撥不撥 山主 懵然 却廻地藏 藏 問曰子去未久 何以却來 山主 云 有事未決 豈憚跋涉山川 藏曰汝 跋涉許多山川 也不惡 山主 不論其旨 乃問曰古人 云 萬相之中 獨露身 意旨如何 藏曰汝道古人 撥萬相 不撥萬相 山主曰不撥 藏曰兩介 山主 駭然沉思 而却問曰未審古人 撥萬相 不撥萬相 藏云 汝喚甚麼 作萬相 山主 方大悟 拜辭地藏 觀于法眼 法眼語義 與地藏開示 前後一如.

   무비 스님의 직지 강설　◉

【강설】　본문의 내용은 만상 가운데 홀로 드러난 몸이 만상을 부정하고 홀로 드러낸 것인가? 아니면 만상을 그대로 긍정하면서 온갖 사물의 형상 가운데 홀로 드러난 몸인가? 하는 문제를 거론하였다. 다시 말하면 사람 사람의 한마음과 삼라만상과의 관계이다. 이것은 둘로 나누어 생각할 수도 없으며 합해서 생각할 수도 없다. 하나이면서 둘이고 둘이면서 하나이기 때문이다.

그러므로 고인이 말씀하시기를, "여기에 한 물건이 있으니 이름도 없고 형상도 없으나 고금을 관통하고 있으며 작은 먼지 하나에 있으나 온 우주를 다 에워싸고 있다. 안으로는 온갖 미묘한 능력을 갖추고 있으며 밖으로는 온갖 사물의 형상에 다 맞추고 있다. 하늘과 땅과 사람의 주인이 되며, 만법에서 왕이 된다. 이것은 과연 있는 것인가? 없는 것인가? 나는 그 까닭을 알지 못하겠다[有一物於此 絶名相 貫古今 處一塵 圍六合 內含衆妙 外應群機 主於三才 王於萬法--空耶有耶 吾未知其所以]."라고 하였다.

이것은 있음도 아니요, 없음도 아니다. 그래서 지장 스님이 말하였다. "그대가 산천을 허다하게 밟고 다니는 것은 나쁘지 않도다."라고만 말하였다. 지장 스님은 또 이렇게 말하였다. "그대는 무엇을 가지고 만상이라고 하는가?"라고 하여 철저히 중도적 견해를 피력하였다.

소수산주 ◉

용아거둔 선사

龍牙居遁 禪師

한 송이 눈과 같다

거둔 선사가 영남에서 왔는데 암두 선사가 물었다.

"영남의 한 어른은 공덕을 성취하였는가?"

거둔 선사가 대답하였다.

"성취한 지는 오래 됐지만 다만 접안하지를 못했습니다."

"접안하고자 하는가?" "접안하고자 합니다."

암두 선사가 발 한쪽을 드리우거늘 거둔 선사가 예배하였다. 암두 선사가 말하였다. "그대는 무슨 도리를 보았는가?"

거둔 선사가 말하였다.

"저의 소견을 말하자면 마치 붉은 화로 위에 한 송이 눈과 같습니다."

암두 선사가 말하였다.

"사자의 새끼가 크게 울부짖을 줄 아는구나."라고 하였다.

거둔 선사가 게송을 읊었다.

"금생에 쉬지 않고 어느 때에 쉬리오. 쉰 것을 금생에 함께 알고자 하
네. 마음을 쉰 것은 다만 망상이 없는 것이니 망상이 제거되고 마음을 쉰
이것이 쉰 시절이로다."

居遯禪師 自嶺南來 巖頭 問曰 嶺南一尊 功德 還成就也未 遯曰成就久
矣 只欠點眼在 頭曰要點眼麼 遯曰要 頭 垂下一足 遯 禮拜 頭云 汝見
箇甚麼道理 遯曰據我所見 如紅爐上一點殘雪 頭曰師子兒 善能哮吼
師頌云 此生不息息何時 息在今生共要知 心息只緣無妄想 妄除心息
是休時.

【강설】　　용아거둔(龍牙居遁, 835~923) 선사와 암두 선사의 문답은 깨달
음을 얻은 뒤 인가를 받는 내용이다. 위 문답은 암두 선사가 거둔 선사
에게 "그대는 깨달음을 얻었는가?"라고 물으니 "깨달음은 얻었으나
인가를 받지 못했습니다."라는 뜻이다. 마치 6조 혜능 선사가 5조 홍
인 선사의 회상에서 깨달음을 얻고 난 뒤에 방아를 찧고 있는데 5조
홍인 선사가 방아를 찧는 일에 빗대어 "쌀을 다 찧었는가[米熟也未]?"
라고 물으니 혜능 선사가 말하기를 "쌀을 다 찧은 지는 오래이나 키질
하는 일을 하지 못했습니다[米熟久矣猶欠篩在]."라고 말하여 "깨달음은
얻었으나 인가를 받지 못했습니다."라고 표현한 것과 매우 흡사하다.
　　세상의 어떤 분야든 공부와 수련을 통해 어떤 경지에 이르렀으면
스승으로부터 "하산을 해도 좋다."라는 인가를 받아야 한다. 하물며
출세간의 공부이겠는가. 거둔 선사는 "저의 소견을 말하자면 마치 붉
은 화로 위에 한 송이 눈과 같습니다."라고 하였는데 즉 자신도 텅 비
어 공하고[我空] 바깥 경계도 모두 텅 비어 공하여[法空] 없어졌다는 뜻
이다. 이를 게송으로 거듭 표현하길, "금생에 쉬지 않고 어느 때에 쉬

리오. 쉰 것을 금생에 함께 알고자 하네. 마음을 쉰 것은 다만 망상이 없는 것이니 망상이 제거되고 마음을 쉰 이것이 쉰 시절이로다."라고 하였다.

전통적인 선정 수행은 어느 경지에 이르렀다 해도 요익유정(饒益有情)하는 자비의 실천은 보이지 않는다. 불교의 궁극은 깨달음이 아니라 그 깨달음을 중생에게 회향하는 데 있다. 대승불교에서 소승불교를 불법 안에 의지해 사는 외도라고 비방하는 이유가 여기에 있다.

역대 선사들의 행적을 보면, 지극한 자비심으로 중생의 안목을 열어주기 위해 일생을 헌신하면서 살아간 분들도 있으나 자신만의 안녕을 위하여 그림 속 신선같이 살면서 아무런 회향도 하지 않고 일생을 보내버린 이들도 적지 않다. 일생을 통하여 피나는 공을 쌓아서 자신만 제도하고 떠난다면 옛사람들의 지적대로 외도라고 비방을 받아 마땅하다. 그동안 시주(施主)와 세상에 진 빚은 어떻게 갚을 것인가.

불교 공부는 소를 찾는 일과 같다

거둔 선사가 또 게송으로 말하였다.

소를 찾는 데는 모름지기 발자국부터 찾아야 하고
도를 배우는 데는 무심을 찾아야 한다.
발자국이 있으면 소는 있게 마련이고
무심해지면 도를 쉽게 찾으리라.

又云 尋牛須訪跡 學道訪無心 跡在牛還在 無心道易尋.

【강설】   거둔 선사의 이 게송은 도를 배워가는 점차를 목동이 소를 먹이러 갔다가 소를 잃고 나서 다시 그 잃어버린 소를 찾아가는 일에 비유하였다. 이와 같은 표현은 일찍이 심우도(尋牛圖)니 십우도(十牛圖)니 하는 제목으로 사찰의 벽화에 그려졌다.

옛날 중국 복주 땅 대안(大安) 선사가 백장(百丈) 화상을 찾아가 뵙고 물었다. "학인(學人)이 부처를 알고 싶은데 어떤 것이 부처입니까?"

백장 선사가 대답하였다. "마치 소를 타고 소를 찾는 것과 같으니라."라고 하였다.

대안 선사가 또 물었다. "부처를 안 뒤에는 어떻게 해야 합니까?"

"사람이 소를 타고 집에 돌아가는 것[騎牛還家]과 같이 하라."라고 하였다.

대안 선사가 다시 묻되, "어떻게 보림(保任)합니까?"라고 하였더니, "소를 먹이는 사람이 채찍을 들고 소를 지켜보되 남의 밭에 곡식을 뜯어 먹지 못하게 할지니라."라고 하였다.

이에 대안 선사가 게송을 남겼다. "소의 고삐를 버리고 문득 출가하여 머리를 깎고 가사를 입었으니 어떤 사람이 나에게 조사가 서쪽으로 온 뜻을 묻는다면 주장자를 옆으로 메고 라라리를 부르리라[放却牛繩便出家 削除鬚髮著袈裟 有人問我西來意 柱杖橫擔唱唱囉]."라고 하였다. 이 사연이 근거가 되어 후대에 유사한 글이 많이 만들어졌다.

12세기경 중국 북송시대 곽암(廓庵) 선사가 지은 십우도(十牛圖)의 내용은 제목만 설명하면 대강 아래와 같다.

1. 소를 찾는다[尋牛]. 소를 찾아가는 첫 단계로서 인간이 불법을 구하고 자신의 본성이 무엇인가를 찾기 위해 발심하는 단계이다.

2. 소의 발자취를 보았다[見跡]. 망상의 잡초와 번뇌의 숲 사이에 있는 소의 발자국을 발견한 정도이다. 즉 자신의 본성에 대한 그

림자 정도를 본 경지이다. 본문의 거둔 선사는 무심의 경지라고
표현하였다.

3. 소를 발견하였다[見牛]. 목동이 소를 잃어버렸다가 마침내 깊은
숲 속에서 스스로 방목되고 있는 소를 본 것이다. 즉 자신의 성품
을 보아 견성(見性)한 것이다.

4. 소를 붙잡았다[得牛]. 본래의 성품을 보았다는 뜻이다. 그러나
그 본성을 보았다 하더라도 본성의 소가 함부로 도망치지 않도록
단단히 붙들어야 한다.

5. 소를 먹여 길들인다[牧牛]. 소의 야성을 길들이기 위해 코뚜레를
꿴 뒤 풀을 먹여 소를 길들여야 한다. 즉 자성을 키워 성인의 뜻에
맞고 중생을 위해서 보살행을 열심히 하도록 잘 다스려야 한다는
뜻이다.

6. 소를 타고 집으로 돌아온다[騎牛歸家]. 잘 길들인 소를 내 것으로
하여 소를 타고 마음의 본향인 자기 자신으로 돌아가는 단계이다.
이제 번뇌 망상이 다 끊기고 욕망도 끊겨 소는 무심하고 그 등 위
에 있는 목동 역시 무심하다.

7. 소는 없어지고 사람은 있다[忘牛存人]. 진리를 깨쳤다는 소, 즉
자성조차 사라진 경지를 의미한다. 깨쳤다는 병은 수행인이 뛰어
넘어야 할 가장 무서운 덫이다. 깨쳤으면 그 깨침을 잊어버려야
한다는 뜻이다.

8. 사람도 없고 소도 없다[人牛俱忘]. 깨친 소도 잊어버리고 마침내
진리를 깨친 자신마저 잊어버리는 경지다. 깨침도, 깨쳤다는 법
도, 깨쳤다는 사람도 없으니 이는 모두 공(空)이다. 십우도에서는
원으로 그려졌다.

9. 본래의 근원자리로 돌아간다[返本還源]. 그저 그대로의 모습이
다. 깨쳤다는 성인의 모습과 범부의 모습이 다를 바가 없다. 산은

 무비 스님의 직지 강설 ◉

다만 산일뿐이고 물은 다만 물일뿐이다.

10. 시가지에 들어가 손을 드리우다[入廛垂手]. 이제 도시의 거리로 돌아가 깨달은 지혜와 자비를 작용하여 중생을 제도하는 경지이다. 불교에 대한 앎이나 느낌이나 깨달음을 얻었다면 자신이 아는 것만큼이라도 반드시 사회로 회향하여 세상과 더불어 아픔과 고통과 문제들을 함께하면서 요익중생(饒益衆生)의 길을 걸어가야 한다.

이 십우도는 간단한 그림으로 불교적 삶을 살아가는 길을 명료하게 보여주고 있다. 그러므로 사찰의 벽화에 이 그림을 그려서 사람들을 깨우쳐주고자 한 것이다.

거둔 선사는 소의 발자국을 찾은 것은 무심의 경지라고 하였다. 모든 존재의 실상을 텅 비어 공하게 보고 자기 자신마저도 공하게 된 것을 뜻하고 있다. 그러나 그림에서도 말했듯이 무심의 경지나 공(空)의 경지에 이른 것은 중간의 과정이다. 그래서 옛사람도 "무심을 일러 도라고 하지 마라. 무심은 아직 한 겹의 관문이 막혀 있다[莫言無心云是道 無心猶隔一重關]."라고 하였다.

◉

마음이 나무처럼 되면

거둔 선사가 또 게송으로 말하였다.

오직 문 앞의 나무를 생각하노니
새가 날고 머무는 것을 능히 용납하도다.
오는 것에는 무심히 받아주고

용아거둔 선사 ◉

날아가는 것에는 돌아감을 애석해하지 않는다.
만약 사람의 마음이 나무처럼 되면
도(道)로 더불어 서로 어기지 않으리라.

又云 惟念門前樹 能容鳥泊飛 來者無心喚 騰身不慕歸 若人心似樹 與道不相違.

【강설】 　사람은 천지자연에서 왔다가 천지자연으로 돌아간다. 사람도 천지자연의 한 부분이며 천지자연의 한 현상일 뿐이다. 모든 것은 자연이다. 자연(自然)을 풀어서 말하면 '저절로 그러함'이다. 사람도 본래는 저절로 그러함이다.

　　그런데 어느 날부터 사람들이 저절로 그러함의 이치를 어기고 살게 되었다. 그래서 자연 중에 가장 친근한 나무를 바라보면서 생각하게 된 것이다. 나무는 새들이 오면 오는 대로 가면 가는 대로 아무런 애착이나 싫어함이 없이 무심하다. 만약 사람들도 저 나무와 같은 마음이 된다면 그대로가 무심도인(無心道人)이리라.

　　"세상사 인생사가 모두 꿈이요, 환영이요, 헛것인 것을 무엇 때문에 수고로이 붙들고 집착하고 애원하겠는가. 얻고 잃고 옳고 그름을 일시에 놓아버리자[夢幻空華 何勞把着 得失是非 一時放却]."라고 가르친「신심명」의 말씀과 들어맞는 게송이다.

무비 스님의 직지 강설 ●

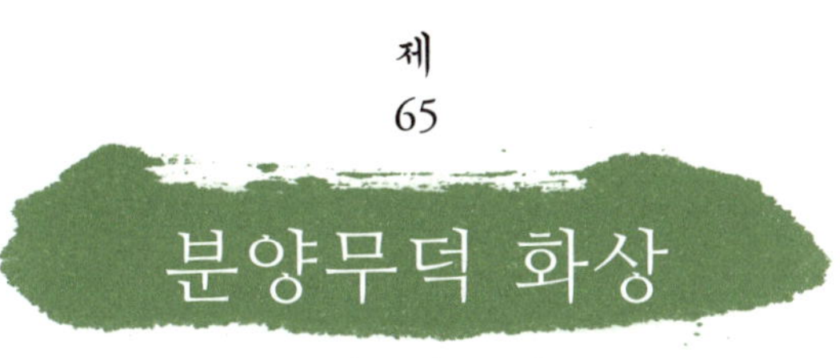

분양무덕 화상

汾陽無德 和尚

술과 고기로 점검하다

분양무덕 화상이 하루는 대중에게 말씀하였다.

"지난밤 꿈에 돌아가신 부모님께서 술과 고기와 지전을 찾으니 세속의 관습에 따라 제사를 지내고 베풀지 않을 수 없다는 생각이 들었다."

고방에서 신위를 모시고 세속의 예로서 술을 올리고 고기를 진설하며 지전을 만들어 올렸다. 그리고 일을 맡아보는 사람들을 모이게 하고 고기머리를 소반에 흩으니 일을 맡은 이들이 못하도록 물리치기에 무덕 화상이 홀로 제사상 앞에 앉아서 태연 자작하게 술을 마시고 고기를 먹으니 대중이 모두 말하였다.

"술을 마시고 고기를 먹는 승려가 어찌 감히 스승의 법이 되겠는가?" 라고 하고는 모두 걸망을 지고 떠나버렸고 오직 자명 선사와 대우 선사와 전대도 등 6, 7명만 남았다.

무덕 선사가 다음날 법당에 올라가서 말씀하였다.

"허다한 부질없는 악귀와 들귀신들이 다만, 소반의 술과 고기와 두 덩이의 지전만 소비하기에 쫓아서 보내버렸다. 『법화경』에 말씀하시기를 '여기에 있는 대중은 가지와 잎은 없고 오직 열매만 남아 있다.'라고 한 그대로구나."라고 하시고 곧 자리에서 내려왔다.

汾陽無德和尙 一日 謂衆曰 夜來夢中 亡父母 覓酒肉紙錢 未免徇俗 置以祀之 事辦於庫堂 設位 如俗間禮 酌酒行肉 化紙錢訖 令集知事 頭首 散其餘盤 知事輩 却之 無德 獨坐筵中 飮啖自若 大衆 皆曰酒肉僧 豈堪爲師法耶 腰包盡去 唯慈明 大愚 泉大道等 六七人 在焉 無德 翌日 上堂云 許多閑鬼野神 只消一盤酒肉 兩陌紙錢 斷送去了 法華經云 此衆 無枝葉 唯有諸貞實 便下座.

【강설】　사람의 근기와 수준을 알아보는 데는 여러 가지 방법이 있다. 분양무덕(汾陽無德, 947~1024) 선사는 사찰에서 금기시되는 술과 고기를 놓고 제사를 지내면서 사람들의 그릇을 떠보았다. 예상했던 대로 대다수는 그를 알아보지 못하고 스승의 법기(法器)가 아니라고 생각하여 걸망을 지고 다 떠났는데 6, 7명만 알아보고 남았다.

　　다음날 법당에 올라 "부질없는 악귀들과 귀신들이 한 소반의 술과 고기와 두 덩이의 지전만 소비하기에 다 쫓아버렸다. 『법화경』에 말씀하시기를 '여기에 있는 대중은 가지와 잎은 없고 오직 열매만 남아 있다.'라고 한 그대로구나."라고 하였다. 한편으로 보면 아주 통쾌한 일이었다. 마치 사자가 새끼를 낳아서 낭떠러지에 떨어뜨린 후 끈질기게 가파른 언덕을 기어오르는 새끼들만 거두어 키우는 격이다. 서슬 시퍼런 전통 선가의 가풍을 짐작하게 한다.

　　무덕 화상은 『법화경』의 오천퇴석(五千退席)의 예를 이끌어 왔다.

『법화경』「방편품」에 "세존이 삼매에서 조용히 일어나서 사리불에게 말씀하시기를, '모든 부처님의 지혜는 매우 깊고 그지없어서 이해하기도 어렵고 들어가기도 어렵다. 일체 성문과 벽지불들은 능히 알 수 없다.'라고 하였다."

이처럼 부처님의 지혜를 찬탄만 하고 설명하는 것은 허락하지 않았다. 유명한 삼지삼청(三止三請)의 사연이 그것이다. 즉 세 번을 찬탄만 하고 부처님께서 "그만두자, 설명할 것이 없다."라고 하자 사리불이 세 번이나 법을 청하였다.

이때 불교 공부를 많이 해서 자만심이 가득한 성문과 연각들 5천 명이 자리를 털고 일어나 법석에서 나가버리는 불교 역사상 초유의 사태가 일어났다. 그들은 '그동안 부처님의 설법을 많이 들었다. 더 이상은 배울 것이 없다. 40여 년을 가르쳤는데 또다시 무슨 특별한 법이 있겠는가. 우리는 불법을 다 안다.'라고 생각하여 나간 것이었다.

그들이 나간 후 부처님은 『직지』에서 인용한 대로 "여기에 있는 대중은 가지와 잎은 없고 오직 열매만 남아 있다."라고 하였다. 모든 사람이 그대로 변함없는 부처님이라는 인불사상(人佛思想)을 수준이 낮은 소승들은 그토록 이해하기가 어려운 것이다.

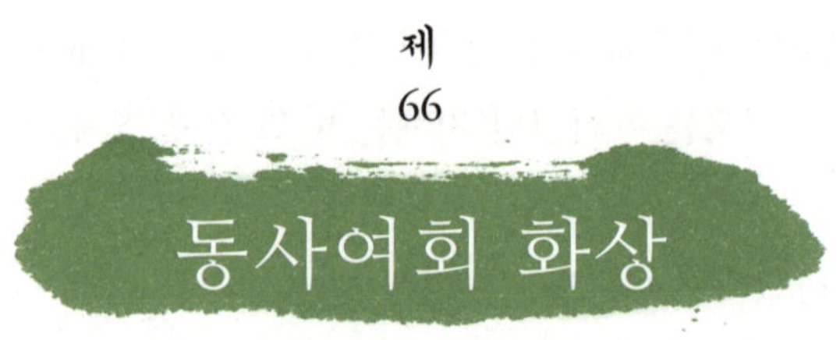

동사여회 화상

東寺如會 和尙

말로 표현할 수 없다

동사여회 화상이 앙산 선사에게 물었다.

"그대는 어느 곳 사람인가?"

앙산 선사가 말하였다.

"광남 사람입니다."

동사 화상이 말하였다.

"내가 들으니, 광남에는 바다를 진압하는 밝은 구슬[鎭海明珠]이 있다고 하는데 일찍이 거두어 가졌는가?"

앙산 선사가 말하였다.

"거두어 가졌습니다."

"밝은 구슬이 무슨 색이던가?"

"백월(白月)에는 나타나고 흑월(黑月)에는 숨어버립니다."

"어찌하여 노승에게 들어 바쳐서 보여 주지 않는가?"

앙산 선사가 차수하고 가까이 가서 말하였다.

"혜적(慧寂)이 지난날 위산(潙山)에 이르러 이 구슬을 찾았으나 말로써 가히 설명할 수 없었으며 이치로써 가히 표현할 수 없었습니다."라고 하였다.

東寺和尙 問仰山 汝是什處人 山曰廣南人 寺曰我聞廣南 有鎭海明珠 曾收得不 山曰收得來 寺曰珠作何色 山曰白月 卽現 黑月 卽隱 寺曰何 不呈似老僧看 山 叉手近前云 慧寂 昨到潙山 被索此珠 直得無言可造 無理可伸.

【강설】　동사여회(東寺如會, 744~823) 화상과 앙산 선사의 대화는 진여자성(眞如自性)을 밝은 구슬에 비유하여 자성을 찾았는가에 대해 나눈 것이다.

앙산 선사는 위산 선사의 제자로서 위산 선사에게서 그 구슬[眞如自性]을 찾았는데 설명할 길이 없으며 표현할 방법이 없다고 하였다. 흔히 그러한 상황을 "언어의 길이 끊어지고 마음 행할 곳이 없어졌다[言語道斷 心行處滅]."는 말을 한다. 말이나 마음으로 나타낼 수 없는 처지가 있는가 하면 말과 생각과 행동으로 얼마든지 표현하기도 하는 것이 또한 이 일이다. 일찍이 세존은 꽃을 들어 표현하기도 하였고 앉은 자리를 가섭에게 나누어 줌으로써 표현하기도 하였다. 그리고 수많은 대승경전의 가르침으로 표현하기도 하였다.

후대의 조사스님들도 고함을 쳐서 표현하기도 하였고 몽둥이를 후려쳐서 표현하기도 하였으며 주먹으로 옆구리를 쥐어박아 표현하기도 하였으며 손가락을 세워 보여서 표현하기도 하였다. 수많은 어록과 논서들이 모두가 진여자성을 표현한 내용이다. 어디 그뿐이랴.

동사여회 화상 ◉

산천초목과 산하대지와 천지만물이 모두가 그것을 표현한 것이다. 실
로 진여자성을 떠나서 무엇이 홀로 존재하겠는가. 요컨대 세상을 대
하고 만물을 보는 그 사람의 안목 여하에 달렸을 따름이다.

무비 스님의 직지 강설 ◉

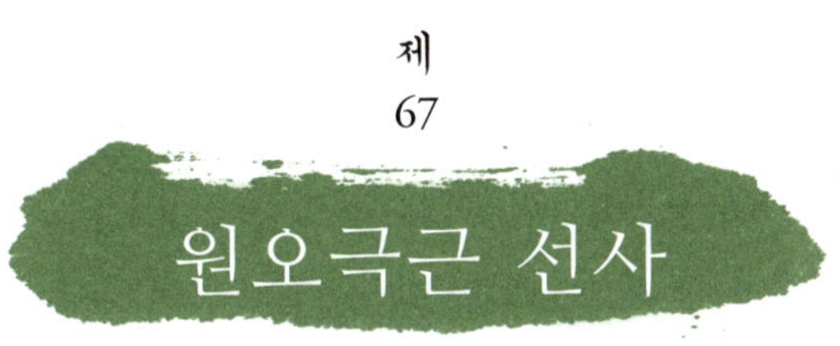

원오극근 선사

圓悟克勤 禪師

구슬을 한 그릇 쏟아 놓다

원오극근 화상이 불감 선사에게 물었다.

"이 도리는 어떻습니까?"

불감 선사가 그때에 아무 말이 없었는데 홀연히 어느 날 원오 화상에게 말하였다.

"앙산 화상이 동사 화상을 친견한 인연에 대해서 내가 할 말이 있도다. 동사 화상이 그 당시에 다만 한 덩이의 밝은 구슬만 찾으니 앙산 화상이 당장에 한 그릇을 기울여 냈도다." 하니 원오 화상이 깊이 수긍하였다.

圓悟勤和尙 謂佛鑑禪師云 此理 如何 佛鑑 其時 無語 忽一日 謂圓悟
曰仰山 見東寺因緣 我有語也 東寺 當時 只索一顆明珠 仰山 當下 傾
出一栲栳 圓悟 深肯之.

【 강설 】　　중국 송나라 때의 오조법연(五祖法演, 1024~1104) 선사 문하에는 삼불(三佛)이라는 세 분의 뛰어난 선사가 있었다. 불과원오(佛果圓悟, 1063~1135)와 불감혜근(佛鑑慧懃, 1059~1117)과 불안청원(佛眼淸遠, 1067~1120)이다. 법연 선사는 법연사계(法演四戒)로도 널리 알려졌다.

법연사계는 "첫째 권력을 다 행사해서는 안 되며[勢不可使盡], 둘째 복을 다 누려서는 안 되며[福不可受盡], 셋째 규율을 다 시행해서는 안 되며[規矩不可行盡], 넷째 좋은 말을 다 해서는 안 된다[好語不可說盡]."라는 것이다.

『직지』의 글은 법연 선사의 두 제자가 나눈 대화이다. '한 덩이의 밝은 구슬'이란 선가에서 종종 진여자성(眞如自性)을 비유하여 말한다. 밝은 구슬 한 덩이를 찾는데 구슬이 가득 담긴 한 그릇을 쏟아주었다는 이야기가 참으로 통쾌하다. 진여자성이 어디 하나뿐이랴. 두두 물물이 모두가 진여자성이니 천지만물과 산하대지가 모두 밝은 구슬이다. 촉목개진(觸目皆眞)이요, 만목청산(滿目靑山) 그대로다. 이에 원오 화상이 깊이 수긍하였다.

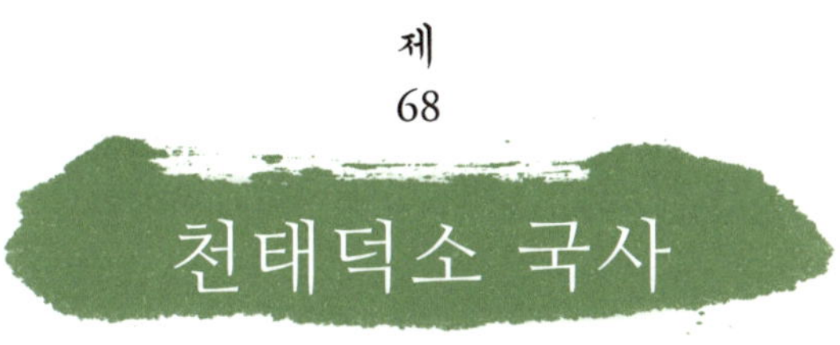

천태덕소 국사

天台德韶 國師

무엇과 인연하는가?

천태덕소 국사는 천태지자 대사의 후신이다. 나이가 15세 때 인도에서 오신 어떤 스님이 보고는 애써 출가하게 하였다. 당나라 동광 연중에 서주에 나아가서 투자 암주를 친견하고 다음에는 용아소산 화상을 친견하였다. 이처럼 참례한 선지식이 무려 54명이었다. 그러나 모두 불법의 인연이 아니라서 임천에 이르러 정혜 선사를 뵙고는 다만, 대중을 따라서 지냈을 뿐이고 아무것도 참문하지 않았다.

어떤 스님이 법안 선사에게 물었다.

"12시 중에 어떻게 하여야, 만 가지 인연을 한꺼번에 쉴 수 있습니까?"

법안 선사가 말하였다.

"공이 그대와 인연이 되는가? 색이 그대와 인연이 되는가? 공이 그대와 인연이 된다면 공은 본래 인연이 없는 것이요, 색이 그대와 인연이 된

다면 색과 마음은 둘이 아니니, 일상에 과연 무슨 물건이 그대와 인연이
되겠는가?"라고 하였다.

　덕소 국사가 듣고는 놀라고 당황하여 이상하게 여겼다.

天台德韶國師者 智者大師 後身 年 十五 有梵僧見之 勉令出家 唐同光
中 詣舒州 見投子菴主 次謁龍牙疎山 如是歷衆 凡五十四人 皆法緣 不
契 至臨川 謁淨惠 但隨衆而已 無所咨衆 有僧問法眼曰十二時中 如何
得頓息萬緣去 眼云 空與汝 爲緣耶 色與汝 爲緣耶 言空爲緣 則空本無
緣 言色爲緣 則色心 不二 日用 果何物 爲汝緣乎 韶聞 悚然異之.

【 강설 】　　천태덕소(天台德韶, 891~972) 국사는 중국의 처주(處州) 용천
(龍泉) 출신으로서 성은 진(陳)씨이다. 어머니 황(黃)씨의 꿈에 흰 광채
가 몸에 비치는 것을 보고 태기가 있었으며, 태어난 뒤에는 기이한 일
이 많았다.

　　15세 때 인도의 어떤 스님이 출가하기를 권하므로 17세에 고향의
귀주사(歸州寺)에 출가하여 법을 익히다가 18세에 신주 개원사(開元寺)
에서 구족계를 받았다. 54명의 당대 선지식을 찾아가 가르침을 청했
으나 법의 인연을 만나지 못하다가 법안문익(法眼文益, 885~958) 선사를
만나 새로운 눈을 뜨게 되었으며, 법안종의 종사로서 영명연수 선사
와 같은 훌륭한 제자를 두었다.

　　『직지』에서 인용한 내용은 법안 선사가 다른 스님에게 일러주는
법어를 옆에서 듣고 생각이 달라진 내용이다. 모든 사람은 하루 종일
주변의 온갖 인연들과 얽히고설키면서 살아간다. 어떤 스님이 그 많
은 인연을 한꺼번에 다 쉬려면 어떻게 하여야 하는가를 물었다. 법안
선사의 견해로는 "그 누구도 세상사와 인연을 맺고 살아가는 것이 아

　　　　　무비 스님의 직지 강설　●

니다. 인연을 맺으려고 하여도 맺을 수 없도록 되어 있다. 특별한 사람만이 그런 것이 아니라 모든 사람이 본래 인연을 맺고 있지 않다.”는 것이다. 그 사실을 분석하여 가르친 내용이 이 단락의 법어이다.

사람들은 흔히 사람과 인연을 맺고 물질과 인연을 맺고 명예와 재산과 인연을 맺고 산다고 여긴다. 그러나 좀 깊이 파고들면 본래부터 인연을 맺고 있는 것은 아무것도 없다. 그래서 법안 선사는 “공이 그대와 인연이 되는가? 색이 그대와 인연이 되는가? 공이 그대와 인연이 된다면 공은 본래 인연이 없는 것이요, 색이 그대와 인연이 된다면 색과 마음은 둘이 아니니, 일상에 과연 무슨 물건이 그대에게 인연이 되겠는가?”라고 하신 것이다.

우리는 허상에 사로잡혀서 살아가고 있다. 그 모든 것이 존재한다고 착각하고 있기 때문이다. 사람도 물질도 재산도 명예도 사랑도 미움도 모두가 허상이요, 공한 것인데 그것들이 분명히 있는 것이라고 착각하므로 그것들과 인연을 깊이 맺고 심한 경우 목숨을 걸고 살아간다. 그러나 보라. 사람과 재산이 있는가? 명예와 목숨이 있는가? 사랑과 미움이 있는가? 그 무엇이 있는가?

참으로 세상사 인생사 그 모두가 꿈이요, 환영이요, 헛것인 것을 무엇 때문에 수고로이 붙들고 집착하고 애원하겠는가? 실로 얻었느니 잃었느니 옳으니 그르니 성공이니 실패니 하는 것이 나 부질없는 일이다.

천태덕소 국사 ●

조계의 한 방울 물

또 어느 날 어떤 스님이 물었다.

"무엇이 조계의 한 방울 물입니까?"

법안 선사가 말하였다.

"이것이 조계의 한 방울 물이니라."

그 스님은 망연하였으나 천태덕소 선사는 옆자리에서 활연히 크게 깨달았다. 평생 걸리고 막힌 것이 얼음 녹듯이 풀렸다. 드디어 깨달은 바를 법안 선사께 아뢰니 법안 선사가 말하였다.

"그대는 뒷날 마땅히 국왕의 스승이 되어서 조사의 도를 크게 빛낼 것이다. 나는 그대만 같지 못하다."라고 하였다.

이로부터 제방에서 달리 주장하는 내용과 고금의 현묘한 진리[玄鍵]를 그로 더불어 결택함에 조그마한 자취도 남기지 않았다.

又一日 有僧問 如何是曹源一滴水 眼云 是曹源一滴水 其僧 惘然 師於座側 豁然大悟 平生凝滯 渙然氷釋 遂以所悟 聞于法眼 眼曰汝向後 當爲國王所師 致祖道光大 吾不如也 自此 諸方異唱 古今玄鍵 與之決擇 不留微跡.

【강설】 앞서 법안문익 선사 부분에서 이미 나온 내용과 같다. 조계의 한 방울 물이란 불불조조(佛佛祖祖)가 서로서로 이어 온 정법안장(正法眼藏)이다. 그것을 "이것이 그것이다."라고 하였다.

그렇다면 '이것'이란 무엇인가?

바로 지금 여기에서 묻고 대답하는 그 존재 그 사실이다. 글을 쓰고 글을 읽고 하는 그 사람 그 일이다. 조사스님들이 일찍이 "여기에 한 물건이 있어서 이름도 모양도 없으나 과거와 현재와 미래를 모두 꿰뚫고 있으며, 아주 작은 먼지에도 들어가지만 온 우주를 다 에워싸고도 남는다. 안으로는 불가사의한 신통 묘용을 다 갖고 있으며 밖으로는 온갖 존재에 일일이 다 맞추어 응하고 있다. 하늘과 땅과 사람에 있어서 주인 노릇을 하고 천지만물 삼라만상의 왕 노릇을 한다. 무엇과도 비교할 수 없이 크고 높아서 그와 짝을 할 수 없다."라고 한 바로 그 물건이다.

정작 질문을 한 사람은 그 도리를 알지 못하고 옆에 있던 사람이 어부지리로 큰 깨달음을 이루고 평생의 막힌 체증을 다 뚫어 버렸다. 자신이 깨달은 바를 법안 선사에게 알리고 법안 선사로부터 인가를 받았다.

◉

영산에서 법을 부촉한 본보기다

어느 날 상당하여 말씀하셨다.

"부처님이 영축산에서 법을 부촉하신 것이 분명하시니 모든 스님은 일시에 깨달아라. 만약 깨달아 얻으면 다시는 다른 이치가 없고 다만 지금 이대로다. 비유하자면 마치 허공에 태양은 밝고 구름은 어두운 것과 같다. 산하대지와 일체 유위의 세계가 모두 다 밝게 나타나며, 내지 무위의 도리도 또한 이와 같다. 세존이 가섭에게 부촉함으로부터 지금에 이르기까지 털끝만한 차별도 없으니 다시 누구에게 부촉할 것인가.

그러므로 조사가 말하기를 '마음은 스스로 본래의 마음이니 본래의 마음은 있음의 법이 아니다. 법이 있고 본래의 마음이 있으면 마음도 아니

천태덕소 국사 ◉

고 본래의 법도 아니다.'라고 하셨다.

　이것이 영축산에서 가섭에게 부촉하신 본보기이다. 여러 스님은 철저히 깨닫는 것이 좋다. 국왕의 은혜를 갚기 어려우며, 모든 부처님의 은혜를 갚기도 어려우며, 부모와 스승의 은혜를 갚는 것도 어려우며, 시주의 은혜를 갚는 것도 어렵다. 만약 은혜를 갚고자 한다면 응당히 도안을 명철하게 밝혀서 지혜의 성품 바다에 들어가야만 비로소 가능하다. 오래 서 있었으니 편히 쉬시게."

一日 上堂曰 靈山付囑 分明 諸上座 一時驗取 若驗取得 更無別理 只是如今 比如太虛 日明雲暗 山河大地 一切有爲世界 悉皆明現 乃至無爲法 亦復如是 自世尊 付囑迦葉 迄至于今 並無絲毫差別 更付阿誰 所以 祖師 云 心自本來心 本心非有法 有法有本心 非心非本法. 此是 靈山付囑榜樣 諸上座 徹底會取 好 國王恩難報 諸佛恩難報 父母師長恩難報 施主恩難報 若要報恩 應頓明徹道眼 入般若性海 始得 久立珍重.

【강설】　부처님이 영축산에서 법을 부촉하신 것이 분명하다고 하였는데 그것은 무엇을 뜻하는가?. 흔히 알려진 말로는 삼처전심(三處傳心)의 하나인 염화미소(拈華微笑), 염화시중(拈華示衆), 영산회상거염화(靈山會上擧拈華)라고 표현한다. 『대범천왕문불결의경(大梵天王問佛決疑經)』 「염화품(拈華品)」의 내용을 이끌어다가 선불교에서 부처님이 가섭에게 마음을 전한 최초의 사례라고 말하고 있다. 경전의 내용은 다음과 같다.

　이때 대범천왕이 영산회상에서 부처님께 말씀하였다.
　"세존께서는 이 세상에 오시어 사십여 년 동안 갖가지 법을 설하

　무비 스님의 직지 강설 ◉

셨습니다. 이 어찌 처음 있는 일이 아니겠습니까? 말로 다할 수 있는 법이라 하겠습니까? 바라건대 세상의 모든 사람을 위하여 가르침을 보이십시오."라고 하시어 말을 마치고 금빛 나는 천 개의 잎이 달린 연꽃을 부처님께 바쳤다. 그리고 물러나서 자신의 몸으로 법상을 삼아 설법하실 것을 진실로 간절히 청하였다.[爾時 大梵天王 白佛言 世尊出世 四十餘年 種種說法 云何有未曾有法耶 云何有及言語法耶 願爲世間 一切人天能示 已自言了 金色千葉大婆羅華 持以上佛 而退捨身 以爲床座 眞誠念願]

이때 세존은 법상에 앉아 확연히 꽃을 들어 대중에게 보이자 법회의 백만 사람과 천신과 비구들은 모두 다 묵묵히 있었다. 그때 법회 가운데 오직 마하가섭 존자가 그것을 보고 파안 미소하고는 곧 자리에서 일어나 합장하고 바로 서서 온화한 모습으로 침묵하였다.[爾時 世尊着坐其座 廓然拈華示衆 會中 百萬人天及諸比丘 悉皆默然 時於會中唯有尊者 摩訶迦葉 卽見其示 破顔微笑 從座而起 合掌正立 有氣無言]

그때에 부처님께서 마하가섭에게 말씀하셨다. "나에게 깨달음의 정법의 안목과 열반의 묘한 마음과 모습 없는 참모습과 미묘한 법문이 있다. 이것은 문자를 세우지 않고 교학 밖에 따로 전한 것이다. 지혜가 있든 없든 인연이 되면 깨달아 얻을 것이다. 오늘 마하가섭에게 부촉한다. 마하가섭은 오는 세상에 여러 부처님을 받들어 섬기고 마땅히 성불하리라."[爾時 佛告摩訶迦葉言 吾有正法眼藏 涅槃妙心 實相無相 微妙法門 不立文字 敎外別傳 有智無智 得因緣證 今日付囑 摩訶迦葉 摩訶迦葉 未來世中 奉事諸佛 當得成佛]

천태덕소 국사는 상당법어에서 위와 같은 내용이 선불교에서 이

천태덕소 국사 ◉

심전심으로 전한 중요한 기연으로 여기는 사실에 대해서 다시 한 번 확실하게 증명하여 밝혔다. 그리고 옛 조사의 게송을 인용하여 마음의 실체에 대해서 언급하였다. 즉 마음은 본래의 마음이라는 것이다.

그렇다. 마음은 누가 만든 것도 아니며 중간에 보수하거나 부족한 면을 추가한 것도 아니다. 처음부터 끝까지 본래의 마음일 뿐이다. 어떤 특정인만 그런 것이 아니고 모든 사람의 마음이 똑같은 것이다. 본래로 모든 사람의 마음은 완전무결하다. 그리고 무한한 가능성과 영원성을 지니고 있다. 알고 보면 얼마나 위대한 존재인지 모른다. 그러한 사실을 확신하고 사는 삶이 가장 당당하다. 불교 공부는 이 한마음에 대한 깊은 이해와 확신만 있으면 거의 완성되었다고 할 수 있다.

천태덕소 국사는 출가자로서의 은혜에 대한 이야기를 이어간다. 출가하여 생업이 없는 수행자로서는 모든 의식주를 시주의 은혜에 의지하고 살아가기 때문에 은혜를 잊어서는 안 된다. 천태덕소 국사는 국사라는 지위로 인하여 부처님의 은혜보다 국왕의 은혜를 앞에 두었다. 아울러 부모와 스승의 은혜도 중요하지만 모두 갚기 어려운 것이라고 하였다. 그 모든 은혜를 갚으려면 수행자는 반드시 진리의 눈을 떠야 한다고 역설했다.

진리를 찾아 출가 수행하는 승려라면 의식주 문제는 시주에게 맡기고 오로지 진리탐구에 진력해야 한다. 진실로 그렇게만 산다면 설사 도를 깨치지 못하더라도 그의 삶은 소중하고 고귀하다. 다른 사람들의 모범이 되고 본보기가 될 것이다. 그것으로써 세상에 큰 은혜를 베푸는 것이 된다.

  무비 스님의 직지 강설 ◉

설봉의존 선사

雪峰義存 禪師

잠만 자다

설봉 선사가 암두 선사와 풍주 고을의 오산진에 갔을 때 눈이 내려 묶였는데 암두 선사는 매일 잠만 자고 설봉 선사는 항상 좌선을 하였다.

하루는 설봉 선사가 암두 선사를 불러서 말하였다.

"사형, 사형님, 그만 주무시고 일어나십시오."

암두 선사가 말하였다.

"왜 그러시는가?"

설봉 선사가 말하였다.

"금생에 마음이 편치 못해서 문수(文邃)라는 놈과 함께 행각하여 이르는 곳마다 그에게 누를 입게 되었더니, 금일에는 사형님과 함께 이곳에 이르러 또한 오로지 잠만 잡니까?"

암두 선사가 "할"을 하고 말하였다.

"잠이나 주무시오. 잠이나 주무시오. 매일 평상에 앉아 있는 것이 마

치 시골의 토지신의 모양과 똑같아서 다른 날 다른 때에 세상의 남녀들을
귀신에게 홀리도록 할 것이다."

雪峰 與巖頭 同至澧州鼇山鎭 阻雪 頭 每日打睡 師 一向坐禪 一日 喚
云 師兄師兄 且起來 頭云 作什麽 師云 今生 不着便 共文邃箇漢 行脚
到處 被他帶累 今日 與師兄 到此 又只管打睡 頭 喝云 噇眠去 噇眠去
每日 牀上坐 恰似七村裏土地相似 他時後日 魔魅人家男女去在.

【강설】　　설봉의존(雪峰義存, 822~908) 선사는 속성이 증(曾)씨이다. 중
국 복건성 천주부 남안현의 독실한 불교 신자 집안에서 태어났다. 어
려서부터 종소리를 듣거나 불전에 쓰는 물건을 보면 좋아하였고, 파
나 마늘과 같은 냄새를 꺼렸다. 열두 살에 아버지를 따라 옥간사(玉澗
寺)에 갔다가 돌아와서 그 길로 출가하였다.

　참선을 시작한 후 염관(鹽官) 선사, 투자(投子) 선사, 동산(洞山) 선
사를 참례하였는데 별로 얻은 것이 없었다. 다시 덕산(德山) 선사에게
법을 묻다가 한 방망이 맞고서 깨친 바 있었으나 아직 투철하지 못하
였는데 그의 사형되는 암두(巖頭) 선사가 심하게 꾸짖는 데서 비로소
크게 깨쳤다.

　뒤에 복주의 상골산(象骨山)에 들어가 그 이름을 설봉산이라 하고
40년 가까이 교화하였다. 모인 대중이 어느 때나 1천 5백여 명이 넘었
고 법을 이은 제자만도 56인이나 되었다. 그중에는 신라의 대무위(大
無爲) 선사와 고려의 현눌(玄訥) 선사와 영조(靈照) 선사가 있었다. 그의
제자 장경혜릉(長慶慧稜) 선사에게서 신라의 귀산(龜山) 화상이 나왔다.
후량(後梁)의 태조(太祖) 2년에 87세로 입적하였다.

　『직지』에 인용한 내용은 설봉 선사와 암두 선사가 행각하던 중 눈

길에 막혀서 함께 지내게 되었는데 설봉 선사는 좌선만 하고 암두 선사는 잠만 자고 있었다. 설봉 선사는 암두 선사가 잠만 자는 일이 하도 답답하여 한마디 하였더니 암두 선사의 대답이 설봉 선사의 공부가 참으로 가관이어서 하나도 취할 것이 없다고 부정하였다. 그로 말미암아 설봉 선사의 그간 공부를 물어서 낱낱이 점검하고 분석하여 비로소 크게 깨닫는 데 이르는 사연을 기록한 것이다.

암두 선사는 과연 다른 사람이 생각하듯 그와 같이 잠만 잤겠는가? 또한, 설봉 선사는 제대로 참선을 하였겠는가? 다시 한 번 깊이 살펴볼 문제다.

우리나라의 근세 불교를 중흥시킨 경허(鏡虛, 1849~1912) 선사의 시에 잠자는 문제에 대한 이런 내용이 있다.

"머리를 숙이고 항상 잠만 잔다. 잠자는 것 외에 다른 일이 없다. 잠자는 것 외에 다른 일이 없으니 항상 머리를 숙이고 잠만 잔다[低頭常睡眠 睡外更無事 睡外更無事 低頭常睡眠]."라고 하였다.

경허 선사가 항상 잠만 잔다는 뜻이 무엇인가? 암두 선사가 잠만 잔 뜻은 또한 무엇인가? 온갖 삼라만상과 일체 번뇌 무명과 사량 분별이 모두 잠들었다는 뜻인가?

◉

낱낱이 알려보라

설봉 선사가 스스로 가슴을 치면서 말하였다.

"저는 여기에서 편치 못한 것을 감히 스스로 속일 수 없습니다."

암두 선사가 말하였다.

"나는 장차 그대가 다음에 높은 봉우리에서 풀로 암자를 지어 놓고 큰 가르침을 드날릴 줄 알았는데 오히려 그런 말이나 하는구나.”
　설봉 선사가 말하였다.
　“저는 실로 편안하지 못합니다.”
　암두 선사가 말하였다.
　“만약 참으로 그렇다면 그대의 견해에 따라 낱낱이 알려보라. 맞는 것
은 내가 그대에게 증명하여 주고, 맞지 않는 것은 그대에게 바로잡아 주
겠노라.”

師 自點胸云 某甲 這裏 未穩在 不敢自謾 頭曰我將謂你他後 向孤峯頂
上 盤結草庵 播揚大教 猶作者介語話 師云 某甲 實未穩在 頭云 若實
如此 據你見處 ——通來 是處 我與你證明 不是處 與你劃却.

【강설】　수행자로서 한 생애를 다 걸고 공부에 임하는 자세를 엿볼
수 있는 대목이다. 무엇보다 진실하고 솔직한 마음씨를 본받을 만하
다. 자신이 알고 모르는 것에 대해서 정직하게 열과 성을 다해서 토로
하고 지도를 받는 모습이 차례대로 소개되어 있다. 공부하는 사람은
모름지기 설봉 선사와 같은 진실함이 있어야 한다.
　“공부를 그토록 하였으나 마음이 편치 못하다면 그대의 지금 심
정과 견해에 대해서 낱낱이 털어놓아 보아라. 맞는 것은 내가 그대에
게 증명하여 주고, 맞지 않는 것은 그대에게 바로잡아 주겠노라.”라는
사형이자 스승인 암두 선사의 설봉 선사를 위한 자비심이 엿보이는
부분이다.

　　　　　무비 스님의 직지 강설　◉

◉

염관 선사를 만난 일

설봉 선사가 말하였다.

"제가 처음 염관 선사에게 가서 염관 선사가 법상에 올라서 물질과 공의 이치를 들어 설법하시는 것을 친견하고 이해되는 바가 있었습니다."

암두 선사가 말하였다.

"이것은 30년이나 떨어졌으니 절대 말하지 마라."

師云 某甲 初到塩官 見塩官 上堂 擧色空義 得箇入處 頭云 此去三十年 切忌擧着.

【강설】　설봉 선사가 처음에는 염관 선사를 만나서 물질과 공의 이치에 대해서 설법하시는 것을 듣고는 깨달은 바를 토로하였다. 그러나 암두 선사는 어림도 없는 이야기이니 어디에 가든지 물질과 공의 이치가 불법이라고 절대로 입을 열지 말라고 꾸짖었다. 인도에서는 10만 8천 리나 멀다고 표현하는데 중국 선불교에서는 30년이나 거리가 있다고 표현한다. 30년을 더 공부해야 가까워질 수 있다는 것이다.

불교경전의 600권 반야부 경전이나 흔히 알고 있는 『반야심경』에서는 물질과 공의 관계에 대해서 많이 언급한다. 색즉시공 공즉시색(色卽是空 空卽是色)에서도 알 수 있듯이 불법을 알려면 존재의 공성(空性)을 먼저 깨달아야 한다.

그러나 교리 상으로 살펴보면, 그 내용은 대승시교(大乘始敎), 즉 대승의 처음 가르침이라는 뜻이다. 그와 같은 것을 잘 안다고 하더라도 불법의 궁극적 이치는 그야말로 10만 8천 리나 먼 것이다. 그래서 암두 선사가 "이것은 30년이나 멀리 떨어졌으니 절대 말하지 마라."고 하신 것이다.

동산양개 화상의 게송

설봉 선사가 또 동산양개 화상의 게송으로 말하였다.

절대로 다른 것을 쫓아가서 찾으려고 하지 마라.
멀고멀어서 더불어 나와 멀기만 하다.
나는 지금 홀로 가고 있으니
곳곳에서 그것을 만난다.
그것은 지금 내가 아니나
나는 지금 바로 그것이니
응당히 그렇게 알아야
바야흐로 여여한 이치에 계합하리라.

암두 선사가 말하였다.
"만약 그렇다면 자신의 구제도 이루지 못한 것이다."

又因洞山 偈云 切忌從他覓 迢迢與我疎 我今獨自往 處處得逢渠 渠今不
是我 我今正是渠 應須恁麽會 方得契如如 頭云 若伊麽 自救也不徹在.

【강설】 설봉 선사는 다시 동산양개 화상이 들어 보인 게송을 소개
하였다. 게송의 내용은 "진리는 자신에게 있는 것이다. 결코, 자기 자
신을 떠나서 바깥 경계를 쫓아가지 마라. 그것은 진리와 너무도 먼 것
이다. 진리가 자신 안에 있는 줄 안다면 어디를 가더라도 만나게 된다.

경계는 내가 아니나 나는 곧 경계이기도 하다. 그렇게 알면 곧 여여한 도리에 계합하리라.”는 것이다. 설사 그렇더라도 그것은 궁극의 이치가 아닐 뿐만 아니라 가장 낮은 법이라는 뜻에서 자기 자신의 구제도 어렵다고 하였다.

선불교에서는 법을 아는 데 네 종류의 차원을 말한다. 가장 낮은 것은 아직 30년이나 멀리 떨어져 있으니 다른 곳에 가서 절대로 말하지 말라는 것이다. 두 번째는 설사 좀 알았더라도 자기 자신도 구제하지 못하는 경지로서 마치 진흙에다 도장을 찍어서[如印印泥] 그 흔적이 역력하게 남아 있는 것과 같은 것이다.

그 다음에는 인간과 천상의 스승이 될 수 있는 경지로서 마치 도장을 물에다 찍는 것과 같은 것으로[如印印水] 그 흔적이 도장을 찍는 순간은 남아 있되 도장을 물에서 떼면 곧바로 없어지는 것과 같은 것이다. 다음은 부처와 조사의 스승이 될 수 있는 경지로서 마치 도장을 허공에다 찍는 것과 같은 것으로[如印印空] 도장을 찍을 때나 찍지 않을 때나 그 흔적은 언제나 존재하지 않는 것과 같다는 것이다.

◉

덕산 화상의 일방

설봉 선사가 또 말하였다.

“제가 뒷날 덕산 선사에게 묻기를, ‘예부터 내려온 가장 으뜸이 되는 일에 대해서 학인도 그 분수가 있습니까?’ 하니 덕산 선사가 한 방망이를 후려치면서 말씀하시기를, ‘무슨 말을 하는가?’ 하거늘 당시에 활연한 것이 마치 물통이 밑이 빠져버린 것과 같았습니다.”라고 하니,

암두 선사가 ‘할’을 하여 말하였다.

"그대는 듣지 못하였는가? 문으로부터 들어 온 것은 집안의 보물은 아니라는 것을."

설봉 선사가 말하였다.

"그 뒤에는 어떻게 해야 옳습니까?"

암두 선사가 말하였다.

"물을 줄 알도다. 물을 줄 알도다. 그 후에 만약 큰 가르침을 드날리려면 낱낱이 자기의 흉금으로부터 흘러내어 가지고 와서 나와 더불어 하늘을 덮고 땅을 덮어야 하리라."

설봉 선사가 언하에 크게 깨달아서 곧 예를 올리고 나서 소리를 질러 말하기를, "오늘에야 비로소 오산에서 도를 이루었도다."라고 하였다.

師 又曰後問德山 從上宗乘中事 學人 還有分也無 德山 打一棒云 道甚麽 當時 豁然 如桶底脫相似 頭 喝云 你不聞 從門入者 不是家珍 師云 他後 如何即是 頭云 解問解問 他後 若欲播揚大敎 ——從自己胸襟流出將來 與我蓋天蓋地去 師 於言下大悟 便作禮起 連聲云 今日 始是鼇山成道也.

【강설】　여기에서는 덕산 선사의 한 방망이와 "무슨 말을 하는가?"라고 하는 한 구절을 얻어 스스로 표현하기를 "활연한 것이 마치 물통 밑이 빠져버린 것과 같았습니다."라고까지 하였으나 또다시 암두 선사로부터 "만약 큰 가르침을 드날리려면 낱낱이 자신의 흉금으로부터 흘러내어서 나와 더불어 하늘을 덮고 땅을 덮어야 하리라."라고 하는 한마디 말에 드디어 크게 깨닫게 되었다.

그리고는 사자와 같고 코끼리와 같은 명안 종사 1천 5백여 명의 대중을 거느리고 큰 법을 드날리었으니 과연 인천(人天)의 스승이요,

　　무비 스님의 직지 강설　◉

불조(佛祖)의 스승이었다. 그래서 사형이자 스승인 암두 선사보다 제자인 설봉 선사의 도명(道名)이 당대에나 후대에 더욱 크게 우레처럼 울려 퍼진 것이다.

암두 선사와 나눈 대화는 마치 허공에 도장을 찍은 것과 같아서 무엇이라고 말을 붙일 수가 없다. 아무런 흔적이 없기 때문이다. 그저 물끄러미 바라보며 음미하여 미소를 지을 뿐이다.

설봉 선사는 공부를 시작한 후 염관 선사, 투자 선사, 동산 선사를 참례하였으나 소득이 없었다. 덕산 선사에게 한 방망이 맞고서야 조금 깨쳤는데, 암두 선사의 질책을 받고서야 크게 깨쳤다. 선불교에서 설정한 공부의 궁극에 이르는 길은 이처럼 높고 험난하다. 후대 사람들은 그 높은 봉우리만 우러러보고 한 걸음도 옮기지 않는다. 낮은 봉우리라도 오르는 것이 옳은가? 높은 봉우리를 우러러보기만 하는 것이 옳은가?

◉

나물 이파리 하나

설봉 선사와 암두 선사와 흠산 선사 등 세 사람이 소상강으로부터 강남에 들어갔다. 신오산 밑에 이르러 흠산 선사가 발을 씻다가 물가에서 나물 이파리를 하나 보고 기쁜 마음에 손가락으로 가리키면서 두 사람에게 말하였다.

"이 산중에 반드시 도인이 있으니 물을 따라가서 찾아보아야 하리라." 하였다.

설봉 선사가 화를 내면서 말하였다.

"그대 지혜의 눈이 크게 흐리구나. 다른 날 어떻게 사람을 분간할 수

 설봉의존 선사 ◉

있겠는가? 그들이 복을 아끼지 않는 것이 이와 같으니 이 산에 머문들 무슨 이익이 있겠는가?"라고 하였다.

雪峰 巖頭 欽山三人 自湘中入江南 至新鳴山之下 欽山 濯足 澗邊 見一菜葉而喜指 以謂二人曰 此山 必有道人 可沿流尋之 雪峰 恚云 汝智眼 大濁 他日 如何辨人 彼不惜福 如此 住山何益也.

【강설】　옛사람들의 물질을 아끼는 것이 이와 같다. 나물 이파리 하나 다루는 것을 보고 그 산중에 도인이 있고 없음을 분별하였다는 이야기이다.

　　그 뒷이야기는 이렇다. 떠내려 오는 나물을 건져서 바위 위에 올려두고 짐을 챙겨서 막 떠나려고 하는데 어떤 스님이 헐레벌떡 뛰어오면서 물었다.

　　"나물 이파리 한 잎 떠내려가는 것을 보지 못하였소?"

　　그때 세 사람은 서로 쳐다보면서 말하였다.

　　"과연 명불허전이로다."라고 찬탄하고는 다시 그 스님을 앞세우고 따라갔다는 이야기가 전한다. 허구든 사실이든 이야기가 전하는 교훈이 중요하다.

　　옛사람들은 물질을 이처럼 아끼고 절약하였다. 휴지 한 장이라도 두 번 세 번 아껴가며 사용하였다. 그것이 무슨 부끄러운 일이겠는가? 자랑할 일이다. 남의 집에 가서도 필요하지 않은 전등이 켜져 있으면 반드시 꺼주어야 한다. 사람이 없는 빈방이나 길거리나 어디에서나 밝은 대낮에 전등불이 켜져 있는 것을 보면 탄식이 절로 나온다. 복불가사진(福不可使盡)이라고 하지 않았던가. 복이 아무리 많더라도 다 쓰지 말라는 뜻이다. "흘러가는 강물이 아무리 넘쳐나더라도 내가 사용할 물은 한계가 있다."라는 말을 깊이 새겨야 한다.

물이 깊으면 자루가 길다

설봉 선사에게 있었던 이야기다. 어떤 스님이 산중에 암자를 세우고 여러 해를 머리도 깎지 않고 살았다. 스스로 나무바가지 하나를 만들어 냇가에서 물을 떠 마셨다.

그때 어떤 승려가 그것을 보고 물었다.

"무엇이 조사가 서쪽에서 오신 뜻입니까?"

그 암주가 나무바가지를 세우고 말하였다.

"개울이 깊으면 바가지의 자루도 길다."라고 하였다.

승려가 돌아가서 설봉 선사에게 들려 드렸다.

설봉 선사가 말하였다.

"매우 기괴하도다. 매우 기괴하도다."라고 하였다.

설봉 선사가 하루는 시자와 더불어 머리 깎는 칼을 가지고 가서 그를 보자마자 물었다.

"한 마디 이르면 그대의 머리를 깎지 않을 것이다."

암주가 곧 머리를 감고 설봉 선사 앞에 꿇어앉았다.

설봉 선사가 곧 그의 머리를 깎아주었다.

雪峰 因一僧 在山中卓菴 多年 不剃頭 自作一柄木杓 溪邊 舀水喫 時有僧見 問 如何是祖師西來意 主 竪起杓子云 溪深杓柄長 僧 歸 擧似師 師云 也甚寄怪 也甚寄怪 師 一日 與侍者 將剃刀去 才相見 便問 道得 則不剃汝頭 主 便洗頭 胡跪師前 師 便與他剃却之.

【강설】　　선불교에서는 도(道)가 깊은 사람에게 세 종류의 삶이 있다고
한다.

첫째는 자신이 깨달은 바를 자비심을 발휘하여 사람들을 위해서
가르치고 깨우치는 데 헌신적인 노력으로 중생을 교화하는 사람이다.
부처님이나 원효 스님이나 임제 스님과 같은 분들이다.

둘째는 역행(逆行)보살로서 일반인들은 이해할 수 없는 반미치광
이와 같은 삶을 사는 사람들이다. 포대 화상이나『임제록』에 등장하는
보화 스님과 같은 사람이다.

셋째는 이름 없이 고고하게 살다 가는 사람이다.『임제록』에 등장
하는 대우 스님이나『직지』에 소개된 산중의 이 스님 같은 사람이다.

그 외에도 이름도 없이 살다간 사람들이 헤아릴 수 없이 많다. 하
지만 역사에 기록이 남아 있지 않기 때문에 자세히 알 길이 없다. 여기
에 소개된 스님은 다행히 설봉 선사와 같은 분에게 알려져서 이렇게
나마 알 수 있는 것이다.

선문답의 내용이 매우 빼어나다. 조사가 서쪽에서 온 뜻을 물었는
데 마침 바가지로 물을 긷고 있다가 "개울이 깊으면 바가지의 자루도 길
다."라고 대답하였다. 당연한 말인데 참 멋지다. 조사가 서쪽에서 무엇
을 하러 왔든 부처님이 동쪽에서 무엇을 하러 왔든 오로지 그대나 나나
지금 여기 이렇게 있음이다. 그 외에 아무것도 거론할 여지가 없다.

그리고 설봉 선사와 마주하였을 때 "한 마디 이르면 그대의 머리
를 깎지 아니하리라."라고 하니 그 스님은 마침 머리를 깎고 싶을 때
여서 아무 대답도 하지 않고 "나는 오직 머리를 깎고 싶을 뿐이니 머
리를 깎아 주시오."라고 하고는 곧 머리를 감고 설봉 선사 앞에 꿇어앉
았다. 설봉 선사가 곧 그의 머리를 깎아주었다. 그 광경을 그려보면 얼
마나 자연스럽고 아름다운 그림인가. 모름지기 선문답은 이와 같아야
한다. 부자연스럽거나 억지가 있으면 이미 선문답이 아니다.

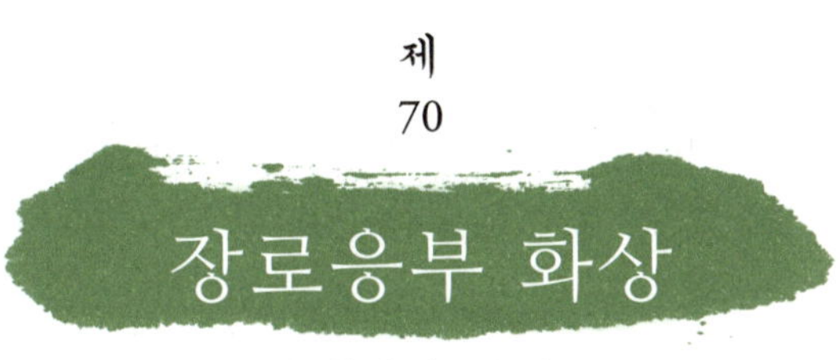

장로응부 화상

長蘆應夫 和尙

두 마리 소가 바다로 가다

장로 화상이 앞의 이야기와 함께 동산 화상이 행각할 때의 이야기를 들어서 말하였다.

"동산 화상이 한 암주에게 물었다.

'무슨 도리를 보았기에 이 산에 머무는가?'

암주가 말하였다.

'내가 두 마리의 진흙소가 싸워서 바다에 들어갔는데 그때부터 지금까지 아무런 소식이 없다.'

라고 하였다."

이에 장로 화상이 말하였다.

"여러분이여, 가문을 잘 시설하는 것은 저 동산 화상의 말씀이고 태고의 진정한 가풍은 저 설봉 선사가 만난 암주로다."

長蘆和尙 擧此話 幷擧洞山 行脚時 問一菴主曰 見箇什麼道理 便住此
山 菴主云 我見兩箇泥牛 鬪入海 直至如今無消息 師曰諸仁者 門庭施
設 還他洞上之言 太古眞風 須是雪峯菴主.

【 강설 】　　장로응부(長蘆應夫) 화상이 든 앞의 이야기란 "어떤 스님이
산중에 암자를 세우고 여러 해를 머리도 깎지 않고 살면서 스스로 나
무바가지 하나를 만들어 냇가에서 물을 떠 마시다가 선문답을 나누게
되었다."는 내용이다.

　　공교롭게도 동산 화상도 행각을 할 때 어떤 암주를 만나 역시 선
문답을 나누었다. 장로 화상은 두 암주의 이야기를 한데 묶어서 평하
기를, "여러분이여, 가문을 잘 시설하는 것은 저 동산 화상의 말씀이
고, 태고의 진정한 가풍은 저 설봉 선사가 만난 암주로다."라고 하였
다. 선사들이 하는 선문답의 형식은 이 같은 경우가 대단히 많다.

　　어떤 이는 그 문답에 다시 평을 하거나 착어를 달거나 강설을 붙
이거나 하는 예도 많다. 지금까지도 그러한 관례는 이어진다. 경전의
측면에서 보면 소(疏)가 되고 초(抄)가 되고 논(論)이 되고 설의(說誼)가
되고 강설이 된다.

　　설봉 선사의 글이 뒤에도 나오는데 장로 화상의 글이 사이에 들어
있는 것은 설봉 선사가 만난 암주와 동산 화상이 만난 암주의 이야기
를 한데 묶어서 평을 하였기 때문이다. 이야기의 연속성을 생각해서
이다.

　　　　　　　　　무비 스님의 직지 강설 ◉

◉

눈에 보이는 것이 다 보리다

설봉 선사에게 어떤 스님이 물었다.

"무엇이 눈에 보이는 것마다 다 보리입니까?"

설봉 선사가 말하였다.

"또한 저 등롱을 보았는가?"라고 하였다.

雪峯 因僧 問 如何是觸目菩提 師云 還見燈籠麽.

【강설】 "눈에 보이는 것이 다 보리(菩提)라."는 것은 모든 유형무형의 존재들이 모두가 깨달음이며 도이며 불법이며 진리라는 뜻이다. 그 스님이 그것을 물었다. 만목청산(滿目靑山)이라는 선어(禪語)도 같은 뜻이다.

설봉 선사의 대답은 "등롱(燈籠)을 보았는가?"라고 하였다. 등롱이란 등불을 밝히는 도구다. 오늘날 곳곳에 전등이 있듯이 옛날에는 곳곳에 등불을 밝히는 등롱이 있었다. 사람이 사는 곳에는 어디나 있는 흔한 물건이다. "그 흔한 등롱을 보듯 보는 것마다 깨달음이며, 보리이며, 도이며, 불법인데 다시 무엇을 묻는가?"라는 말이다.

그렇다. 보고 듣는 것 외에 다시 다른 것에서 진리나 깨달음을 찾으면 물결을 떠나서 물을 찾는 것과 같은 것이다. 금반지를 버리고 따로 금을 찾는 것과 같은 것이다. 사람들이 살아가는 일체의 삶이 모두가 진리이며 도이며 불법이다.

장로응부 화상 ◉

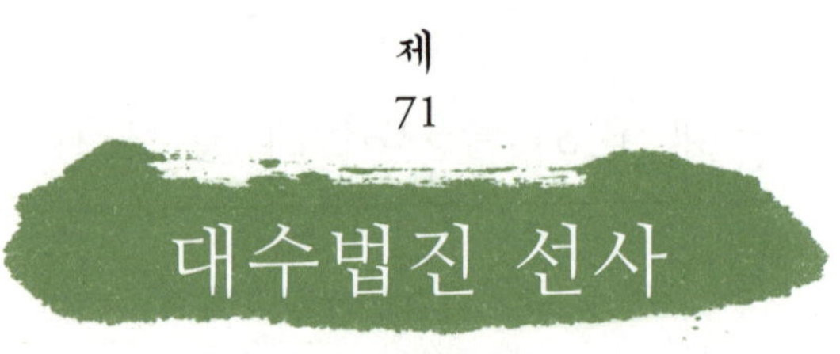

대수법진 선사

大隨法眞 禪師

이것도 무너지는가?

대수법진 선사에게 어떤 스님이 물었다.

"겁의 불길이 활활 타올라 삼천대천세계를 다 무너뜨린다고 하였으니 알 수 없습니다만, 이것마저도 또한 무너집니까?"

법진 선사가 말하였다.

"무너지느니라."

스님이 말하였다.

"그렇다면 무너지는 것을 따라가겠군요."

법진 선사가 말하였다.

"무너지는 것을 따라가느니라."라고 하였다.

그가 또 수산주에게 그와 같은 사실을 물었는데 수산주가 말하기를,

"무너지지 않느니라."라고 하였다.

또 묻기를, "왜 무너지지 않습니까?"

수산주가 대답하였다. "삼천대천세계와 같기 때문이니라."라고 하였다.

大隨法眞禪師 因僧 問 劫火洞然 大千俱壞 未審這介 還壞也無 師云 壞 僧云 恁麼則隨他去也 師云 隨他去也 又問 修山主如前 修云 不壞 云 爲甚麼不壞 修云 爲同大千.

【강설】 불교의 학설에 의하면 이 우주가 성겁(成劫)과 주겁(住劫)과 괴겁(壞劫)을 거쳐 공겁(空劫)에 이르러 갈 무렵에는 무서운 불이 타올라 온 세상을 다 태워서 우주가 무너져 드디어 텅 빈 공으로 돌아갈 때가 있다는 이야기가 있다.

그때가 무수 억만 년이 지난 뒤가 될지는 모른다. 그때에 모든 것이 다 타서 저 바다 밑까지 타 없어진다 하더라도 법성은 없어지지 않고 영원히 존재한다는 이론에 근거하여 법성이니 자성이니 불성이니 하는 한 물건의 존재에 대하여 물은 것이다. 즉 불생불멸에 대한 이론이다.

대수법진(大隨法眞, 834~919) 선사는 삼천대천세계가 없어질 때 같이 없어진다고 대답하고, 수산주는 없어지지 않는다고 대답하였다. 즉 한 사람은 없어지는 견해에서 말하고, 한 사람은 없어지지 않는 견해에서 말한 것이다.

6조 혜능 선사는 『육조단경』에서 "겁의 불길이 바다 밑까지 다 태우고 바람이 불어 산이 마주 부딪쳐서 다 부서지는 일이 있어도 참되고 항상한 적멸의 즐거움은 열반의 모습이 이와 같다[劫火燒海底 風鼓山相擊 眞常寂滅樂 涅槃相如是]."라고 하였다.

말은 무엇이라 표현하더라도 존재의 실상이 어떠한가가 문제이며, 존재의 실상이란 또한 고정된 것이 아니라 존재를 이해하는 사람

   대수법진 선사 ●

의 관점에 따른 것이다. 관점에 따라 영원하기도 하고 영원하지 않기도 하다. 생멸하는 마음으로 존재를 대하면 모두가 생멸하지만 생멸하지 않는 마음으로 존재를 보면 모두가 불생불멸이다. 마치 빨리 달리는 기차를 타고 건물이나 산천을 보면 고정된 건물이나 산까지도 빠르게 달려가지만 멈춰 있는 입장에서 사물을 보면 모두가 멈춰 있는 것과 같다.

그러므로 불교적 바른 안목은 중도적 안목이어야 한다. 중도적 안목이란 있음과 없음 그 어디에도 치우치지 않는 견해이다. 즉 있기도 하고 없기도 하다. 있음과 없음이 공존한다. 그러므로 있음에 치우쳐도 잘못 본 것이고 없음에 치우쳐도 잘못 본 것이다. 앞에서 표현한 선사들의 말은 비록 표현이 다른 것 같으나 실은 어디에도 치우치지 않은 중도적 입장에서 한 말이다.

◉

큰 돌은 크고 작은 돌은 작다

대수 선사에게 어떤 스님이 물었다.
"대수산 속에도 또한 불법이 있습니까?"
대수 선사가 대답하였다.
"있다."
또 물었다.
"무엇이 대수산의 불법입니까?"
대수 선사가 대답하였다.
"돌이 큰 것은 크고 작은 것은 작다."

[예를 들자면 "큰 사람은 큰 법신이고 작은 사람은 작은 법신이다."라는 것과 같다. 또 "푸른 절벽을 파서 깨트리니 본래의 참모습을 잃어버리고 지나친 일을 하여 지나가는 나그네 눈앞에 먼지만 날린다. 그대에게 청하노니 시험 삼아 저 타산지석을 보라. 공부를 허비하지 않고도 저절로 법신이로다."라고 한 것과 같다.]

大隨 因僧問 大隨山裏 還有佛法也無 師云 有云 如何是大隨山裏佛法 師云 石頭大底 大 小底 小.
[如云 長者 長法身 短者 短法身 又如鑿破蒼崖喪本眞 剩爲行客眼前塵 請君 試見他山石 不費功夫自法身]

【강설】　불법이란 무엇인가? 참으로 중요한 질문에 아주 간단명료한 답을 하였다. "이 산에도 불법이 있는가?" "있다." "이 산의 불법은 무엇인가?" "큰 돌은 크고 작은 돌은 작다."

아마도 대수산에는 돌이 많았던가 보다. 우리나라의 산이었다면 나무를 말했을 것이다. 나무면 어떻고 돌이면 어떤가. 눈에 보이는 모든 사물과 귀에 들리는 모든 소리가 바로 불법인 것을.

"큰 돌은 크고 작은 돌은 작다."라는 것은 천차만별의 세상사가 조금도 바꾸지 않고 다듬지 않고 저절로 그 모습 그대로가 도이며 진리이며 불법이라는 뜻이다. 모든 사람이 지금 살아가고 있는 그대로다. 기도하거나 참선을 하거나 경전을 읽거나 참회를 하거나 복을 지어야만 반드시 무엇이 되는 것이 아니라 지금 이 모습 이대로가 완전무결한 불법이라는 뜻이다.

『직지』를 편찬한 백운 선사는 이 구절이 특별히 마음에 들어서 사족을 달았다. "키가 큰 사람은 큰 법신이고 키가 작은 사람은 작은 법신이다."라고 하였다.

　　　　　　　　　　대수법진 선사 ◉

덧붙이자면, 얼굴이 검은 사람은 검은 법신이고 얼굴이 흰 사람은 흰 법신이다. 또한, 착한 사람은 착한 부처이고 악한 사람은 악한 부처이다. 남자는 남자부처이고 여자는 여자부처이다. 탐욕이 많고 질투가 많은 사람은 탐욕이 많고 질투가 많은 부처이고, 지혜와 자비가 많은 사람은 지혜와 자비가 많은 부처이다. 젊어서 죽은 사람은 젊어서 죽은 부처이고, 늙어서 죽은 사람은 늙어서 죽은 부처이다. 감기에 걸린 사람은 감기에 걸린 부처이고 암에 걸린 사람은 암에 걸린 부처이다.

지금 이대로 달리 다른 부처는 없다.

지통 선사

智通 禪師

할머니는 원래 여자다

지통 선사가 귀종 선사의 회하에 있었다. 어느 날 밤에 홀연히 법당을 돌다가 부르짖었다.

"나는 이미 크게 깨달았도다."라고 하니 대중이 놀라워하였다. 다음날 귀종 선사가 법상에 올라가서 대중을 모아 놓고 물었다.

"어제 크게 깨달았다는 승려는 나와 보라."

지통 선사가 나가서 말하였다.

"지통입니다."

귀종 선사가 말하였다.

"그대는 무슨 도리를 보았기에 크게 깨달았다고 하였는가? 시험 삼아 설명하여 보아라."

대답하여 말하기를, "할머니는 원래 여자다."라고 하였다.

智通禪師 在歸宗會下 忽一夜 巡堂叫云 我已大悟也 大衆 駭之 明日
宗 上堂 集衆問 昨日大悟底僧 出來 師 出云 智通 宗云 汝見箇甚摩道
理 言大悟 試說似看 對曰師姑 元是女人造.

【강설】　불교란 깨달음의 가르침이다. 부처님이라는 말도 깨달은 사
람이라는 뜻이다. 그래서 깨달은 사람은 모두가 부처님이다. 한걸음
더 나아가서 표현하자면 깨달음의 이치가 있는 사람이라면 모두가 부
처님이다. 그래서 '사람이 부처님'이라 하고, '당신은 부처님'이라는
표현도 쓴다.

　지통 선사는 어느 날 깨달음이 무엇인지에 대하여 알았다. 대중에
게 널리 알리니 방장인 귀종 선사가 말을 해 보라고 하였다. 대답인즉,
"할머니는 원래 여자다."라고 하였다. 너무나도 당연하고 싱거운 말이
다. 할머니가 여자라는 사실을 누가 모르는가. 삼척동자도 다 아는 일
이다.

　그렇다. 깨달음이란 기상천외한 특별한 것이 아니라 너무도 당연
한 일, 삼척동자도 다 아는 일이다. 만약 그렇지 않고 무슨 기이한 일
이거나 특별한 일이라면 그것은 이미 바른 깨달음이 아니다. 사도(邪
道)다.

　불교를 공부하는 사람들은 이와 같은 바른 가르침에 눈을 떠야 한
다. 대개는 깨달음이라는 것이 무슨 특별하고 기이한 일로 착각하지
만, 결코 그러한 일이 아님을 반드시 알아야 한다.

　　　　　무비 스님의 직지 강설 ●

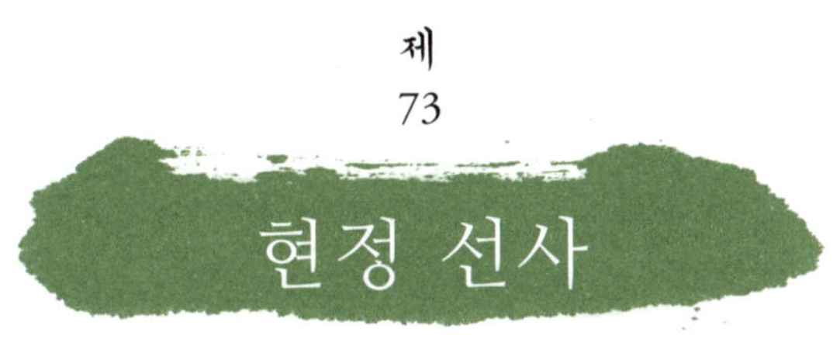

玄挺 禪師

진성연기(眞性緣起)

현정 선사가 하루는 오조 선사를 시립하고 있는데 화엄경을 공부하는 스님이 오조 선사에게 와서 물었다.

"'참 성품 가운데서 연기한다.'라고 하였으니 그 뜻이 무엇입니까?"

오조 선사가 묵묵히 있으니 현정 선사가 이에 대답하였다.

"대덕이 막 한 생각을 일으켜서 묻는 것이 이것이 참 성품 가운데서 연기하는 것이다."

그 스님이 크게 깨달았다.

玄挺禪師 一日 侍立五祖次 有華嚴僧 來問五祖 眞性中緣起 其意 云何 祖 黙然 師 乃謂曰大德 正興一念問來時 是眞性中緣起 其僧 言下 大悟.

【강설】 『전등록』에 의하면, 오조 선사는 우두종(牛頭宗)의 제5세 지위(智威) 선사다. 그리고 현정 선사는 그의 제자인 선주 안국사 스님이다. 제자는 정성껏 스승을 모시고 있다가 찾아오는 나그네가 있거나 법을 물으러 오는 사람이 있으면 시중도 들고 가르침을 거들기도 하고 중요한 법문 내용을 기록하여 남기기도 한다. 그것이 시중드는 제자의 임무다. 모든 조사스님들의 어록은 대부분 시중드는 제자들이 옆에서 듣고 기록하여 남긴 것들이다.

오조 선사에게 『화엄경』을 전문으로 공부하는 스님이 찾아와서 『화엄경』의 종지인 진성연기(眞性緣起)의 이치에 대해서 물었다. 스승은 묵묵히 있는데 제자인 현정 선사가 간단명료하게 설명하였고 화엄경을 공부한 스님이 단박에 깨달았다. 이 같은 경우는 흔히 있는 일이다.

“대덕이 막 한 생각을 일으켜서 묻는 것이 이것이 참 성품 가운데서 연기하는 것이다.”라고 하였는데 진성연기에 대한 매우 간단하고 정확한 대답이다. 사람이 잠에서 깨어 일상생활을 펼치는 모든 일이 참 성품 가운데서 연기하는 일이다. 모든 일과 작용이 참 성품에서 일어난 연기의 작용 아님이 없다. 그 작용의 내면에는 또한 참 성품이 있어서 일체를 표현하고 작용하게 한다. 마치 물이 있으므로 물결이나 그 외의 모든 물의 현상들이 있는 것과 같다.

무비 스님의 직지 강설 ●

보수 화상

寶壽 和尙

◉

면목이 없습니다

보수 화상이 하루는 시중에 있다가 두 사람이 서로 싸우는 것을 보았다. 그중 한 사람이 멱살을 잡고 상대의 얼굴을 주먹으로 한 대 갈기니 맞은 사람이 말하였다.

"이렇게까지 돼서 참으로 면목이 없습니다."라고 하였다.

보수 화상이 이 말에 크게 깨달았다.

[백운 선사가 위의 내용을 들어서 말하였다. "그 사람이 그렇게 면목이 없다는 말의 의미를 아는가? 옷깃을 풀어헤치고 전체를 드러낸 일이로다."라고 하였다.]

寶壽和尙 一日 在市裏 見二人 相諍 一人 把住劈面打一拳 彼云 得恁麼無面目 師 於此 大悟.

[拈云 還知 他 伊麼道無面目摩 龍袖拂開全體現]

【강설】   공부하는 사람은 언제나 관심을 놓지 않는 것이 중요하다. 어떤 경우라도 관심이 있으면 어디에서든지 싸움하는 것만 봐도 도를 깨닫는 길이 있다. 특히 여기에서는 서로 말로 싸우다가 급기야 자신도 모르는 사이에 주먹이 올라갔다.

그리고는 자신의 잘못을 깨닫고 상대방에게 사과하면서 "죄송합니다. 면목이 없습니다."라고 하였다. 보수 화상은 언제나 '진면목' '본래면목'이라는 불법의 궁극적 내용에 대하여 마음을 놓고 있지 않았다. 그리고 "부모미생전 본래면목(父母未生前 本來面目)"이라는 말은 선불교의 중요한 화두 중의 하나다. 보수 화상은 본래면목이 없다는 말에 크게 깨달았다. 공부인은 마음을 열고 있으면 싸우는 곳에서도 이처럼 큰 소득을 얻는다.

『직지』를 편찬한 백운 선사는 이 이야기를 들어서 말씀하시기를, "면목이 없는 것은 가식으로 뒤덮인 사람의 옷을 활짝 벗어 던지고 알몸을 전부 드러낸 것이다."라고 평하였다. 그렇다면 진면목이니 본래면목이니 하는 것을 어디에서 다시 찾겠는가. 구름이 다 걷히니 텅 빈 허공뿐이로다.

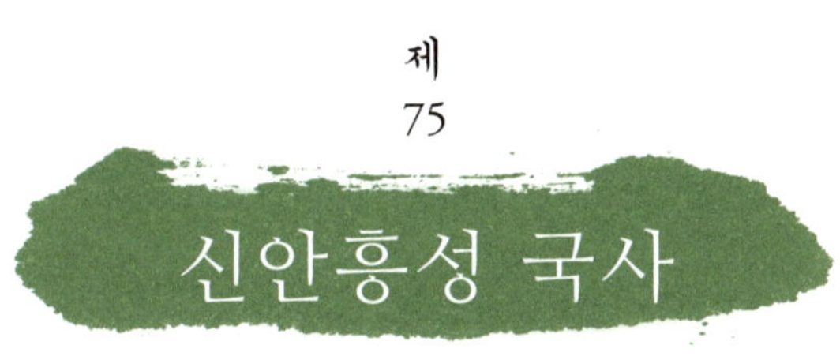

신안흥성 국사

神晏興聖 國師

멱살을 잡혀 깨치다

신안 국사가 하루는 설봉 선사를 참례하였다.

설봉 선사는 그가 도의 인연이 충분히 익은 것을 알고 갑자기 일어나 멱살을 잡고 말하였다.

"무엇이냐?"라고 하니 신안 국사가 석연히 깨닫고 또한 그 깨달은 마음마저 잊어버렸다. 그리고는 오직 손을 들어 흔들어 보일 뿐이다.

설봉 선사가 말하였다.

"그대는 도리를 지었는가?"

신안 국사가 말하였다.

"무슨 도리가 있겠습니까?"

설봉 선사가 이에 쓰다듬으며 인가하였다.

神晏國師 一日 衆雪峯 峯 知其緣熟 忽起扭住云 是甚麼 師 釋然了悟
亦忘其了悟心 唯擧手搖曳而已 峯曰汝作道理耶 師云 何道理之有 峯
乃撫而印之.

【강설】　　신안흥성(神晏興聖, ?~943) 국사는 설봉 선사가 "무엇이냐[是
甚麼]?"라고 하는 말에 깨달았다. 시심마(是甚麼)라는 말은 우리나라 참
선하는 이들이 가장 많이 하는 화두다. 본래는 시심마 이전에 몇 마디
의 말이 더 있다.

　　"이 몸뚱이를 끌고 다니는 것이 무엇인가?" 또는 "이 송장을 끌고
다니는 것이 무엇인가?" 또는 "물건도 아니고 마음도 아니고 부처도
아닌 이것이 무엇인가[不是物 不是心 不是佛 是甚麼]?"라고도 한다.

　　경허 선사는 참선곡에서 "앉고 서고 보고 듣고 착의끽반(着衣喫飯)
대인접화(對人接話) 일체 처(處) 일체 시(時)에 소소영령하게 깨달아 알
아차리는 이것이 무엇인고?"라고 하였다. 이 말은 화두의 원형이라고
할 수 있다. 흔히 "나는 누구인가?"라는 말도 같은 의미로 쓰인다.

　　설봉 선사가 "무슨 도리를 보았는가?"라고 묻자, "무슨 도리가 있
겠습니까?"라고 대답한 것은 참으로 명쾌하다. 깨달은 사람만이 할
수 있는 말이다.

영운지근 선사

靈雲志勤 禪師

복사꽃을 보고 깨치다

영운지근 선사가 위산영우 선사의 회하에 있다가 복사꽃을 보고 도를 깨달았다. 게송을 남겼다.

30년 동안 칼을 찾아 헤맨 나그네가
몇 번이나 낙엽 지고 가지가 돋아나는 것을 보았던가.
복사꽃을 한 번 본 이후부터
곧바로 지금까지 다시는 의심하지 않네.

이 내용을 위산 선사에게 이야기하였더니 위산 선사가 말하였다. "인연으로부터 깨달았으니 영원히 잃어버리지 않을 것이다. 잘 보호하여 가지도록 하라."

靈雲志勤禪師 在潙山會下 因見桃花 悟道 有偈曰 三十年來尋劍客 幾
迴落葉又抽枝 自從一見桃花後 直至如今更不疑. 擧似潙山 山云 從緣
悟達 永無退失 善自護持.

【강설】 　　영운 선사가 복사꽃을 보고 오도(悟道)한 기연은 널리 알려
져서 많은 참선자의 입에 자주 오르내리고 있다. 고봉(高峰) 선사의『선
요(禪要)』에 의하면,

> "세존이 설산에서 6년을 고행하시다가 한밤중에 밝은 별을 보고
> 도를 깨달은 것은 일대사의 본원을 깨달은 것이며 달마 대사가 중
> 국에 들어와 소림사에서 면벽구년(面壁九年)을 할 때 신광(神光)이
> 팔을 끊고 마음을 찾을 수 없게 되어 근거[鼻孔]를 잃어버린 것도
> 일대사의 본원을 깨달은 것이며, 임제(臨濟) 스님이 황벽(黃蘗) 선
> 사의 60방을 얻어맞고 대우(大愚) 선사의 옆구리에 그 방을 돌려
> 준 것 또한 일대사의 본원을 깨달은 것이며, 영운 스님이 복사꽃
> 을 본 것과 향엄(香嚴) 스님이 일하다가 돌이 굴러가서 대나무 치
> 는 것을 본 것이나, 장경(長慶) 스님이 발을 걷어 올리던 일과 현사
> (玄沙) 스님이 돌부리에 발가락을 채인 일과 그 외 과거의 모든 선
> 지식이 계합하고 증득하여 중생을 이익하게 하고 사람들을 제접
> 한 것도 모두가 일대사의 본원을 깨달은 것에서 벗어나지 않은 것
> 이니라."

그뿐만 아니라 세존이 영산회상에서 꽃을 들어 보였는데 가섭 존
자가 미소를 지은 일도 역시 그것일 것이다.
특히 복사꽃에는 이런 이야기가 전한다. 당나라 시인 최로(崔攎)가

　　　　　　　무비 스님의 직지 강설 ◉

지은 인면도화(人面桃花)라는 시가 있다. 그가 과거시험에 낙방하고 장안에서 머무는데 때는 청명가절이었다. 교외로 나갔다가 복사꽃이 만발한 어느 농가에 이르러 마침 갈증을 느껴 물 한 그릇을 청했다. 물을 갖다 준 아리따운 17, 8세의 소녀가 선비를 보고는 가슴이 설레었다. 미소 띤 그녀의 분홍빛 얼굴은 복사꽃과 어울려 말로 다 표현할 수 없는 천생(天生)의 풍류였다. 시인 최로는 다음 해 복사꽃이 피자 지난해 농가의 '인면도화(人面桃花)'의 정경이 떠올라 그곳을 다시 찾아갔다. 그러나 대문이 굳게 닫혀 있고 인기척이 전혀 없었다. 마음 깊은 곳에서 우러나는 감동으로 대문에다 시를 한 수 써놓고 돌아왔다.

지난해 오늘, 이 문 앞에서
사람 얼굴과 복사꽃이 서로 붉은빛을 띠었었네.
사람은 어디로 갔는지 알 길 없는데
복사꽃만 예처럼 봄바람에 미소를 짓고 있네.
[去年今日此門中 人面桃花相映紅 人面不知何處去 桃花依舊笑春風]

최로는 마음에 지워지지 않아 며칠 후 다시 찾아갔다. 문 앞에 이르니 곡소리가 들려왔다. 연유를 알아보니 그 아가씨가 최로의 시를 보고 발병하여 죽었다는 것이다. 문 안으로 들어가 곡을 하며 "최로가 왔소."라고 외치니 죽었던 그녀가 서서히 눈을 떴다. 최로는 그해 진사시험에 합격하고 그녀와 결혼해서 행복하게 살았다. 이 이야기는 중국의 경극(京劇)으로도 전해오고 있으며, 복사꽃이 '생명의 부활', 또는 '불생불멸의 아름다움'을 찬탄하는 꽃으로 승화된 설화이다.

인간으로서 가장 높은 정신세계인 선불교적 깨달음의 세계에서 영운 스님이 복사꽃을 보고 그곳에 이르렀다는 내용은 지극히 자연스러운 아름다움이며 절묘한 조화다.

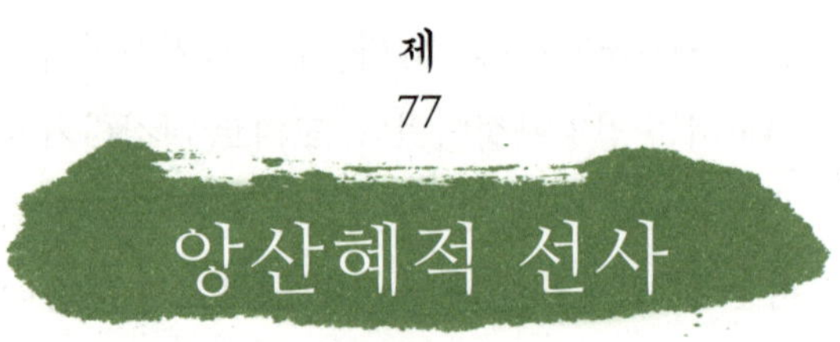

앙산혜적 선사

仰山慧寂 禪師

한 물건도 마음에 없다

앙산 선사가 하루는 향엄 선사를 보고 물었다.

"요즘 사형의 견해가 어떻습니까?"

향엄 선사가 말하였다.

"내 견해에 의하면 한 물건도 마음에 해당하는 것이 없습니다."

앙산 선사가 말하였다.

"그대의 견해가 오히려 경계에 있도다."

향엄 선사가 말하였다.

"저는 다만 이와 같거니와 사형은 또한 어떻습니까?"

앙산 선사가 말하였다.

"그대가 어찌 한 물건도 마음에 해당하는 것이 없는 것을 알지 못하랴."

仰山 一日 見香嚴 乃問 近日 師兄見處 如何 嚴云 據我見處 無一物可
當情 師云 你解 猶在境 嚴云 某甲 只如是 師兄 又作麼生 師云 你豈無
能知無一法可當情者.

【강설】　앙산혜적(仰山慧寂, 807~883) 선사는 광동성(廣東省) 소주(韶州)
에서 태어났다. 속성은 섭(葉)씨이며, 법명은 혜적이다. 17세 때 출가
하여 위산(潙山) 선사의 법을 이었다. 앙산 선사는 소석가(小釋迦)라 불
릴 만큼 지혜가 깊었고 스승 위산(潙山) 선사와 아울러 일컫는 선가오
종(禪家五宗) 중의 하나인 위앙종(潙仰宗)의 선풍(禪風)을 새로 세운 분
이다.

　불교 공부를 하거나 기도를 하거나 참선을 하거나 기타 수행을 하
면서 도반이나 사형 사제들에게 자신의 견해를 드러내어 의논하고 다
른 이의 견해를 참고하여 수행을 다듬는 것이 종교생활에서 매우 중
요하다. 만약, 참선을 한 철 또는 1년, 10년을 하면서 단 한 번도 조실
스님이나 선배나 도반에게 공부에 대해서 의논해 보지 않는 것은 진
정한 공부인의 자세가 아니다. 기도나 경전 공부나 봉사활동이나 모
두가 다 같다.

　자신이 가고 있는 길이 옳은지 그른지를 점검하는 것은 마치 자신
이 먹는 음식이 어떤 음식인가를 살펴보는 일과 같이 중요하다. 만약
변질된 음식이나 독이 든 음식을 먹으면 생명에 치명상을 입는 것과
같기 때문이다. 반드시 생각하고 생각해야 할 중요한 문제다. 위와 같
은 옛사람들의 공부에 대한 태도를 살펴보면서 자신의 수행에 거울로
삼아야 하리라.

앙산혜적 선사　◉

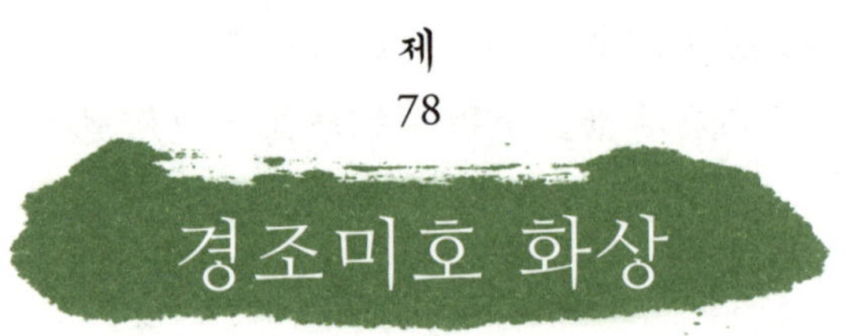

경조미호 화상

京兆米胡 和尚

붓을 들어 보이다

경조미호 화상이 왕상시를 방문하였는데 왕상시가 사무를 보다가 붓을 들어 보이거늘 미호 화상이 말하였다.

"허공도 처리할 수가 있겠는가?"라고 하니 왕상시가 붓을 던지고 집에 들어가서 다시는 보이지 않았다.

미호 화상이 의심을 하는데 다음날 빙화엄 스님이 차를 마시는 자리를 마련하고 물었다.

"어제 미호 화상이 무슨 말을 하였기에 서로 보지 않는가?"

왕상시가 말하였다.

"사자는 사람을 물고 개는 흙덩이를 쫓아갑니다."

미호 화상이 그 말을 듣자마자 곧 나와서 유쾌하게 웃으면 말하였다.

"나는 알았다. 나는 알았다."

왕상시가 말하였다.

“아는 것이 있으니 그대는 시험 삼아 일러보세요.”

미호 화상이 말하였다.

“청하노니 왕상시가 한번 말해보시오.”

왕상시가 이에 젓가락 한 짝을 세우거늘 미호 화상이 말하였다.

“이 여우같은 놈아.”

왕상시가 말하였다.

“이놈이 알았구나.”

京兆米胡和尙 訪王常侍 常侍 視事次 乃擧筆視之 師曰還判得虛空麽
侍 乃擲下筆 入宅 更不復見 師 致疑 明日 憑花嚴 置茶筵次 設問 昨日
米胡和尙 有何言句 便不得相見 侍云 師子 咬人 韓獹 逐塊 師 才聞 乃
遽出朗笑曰我會也 我會也 侍云 會卽不無 你試道看 師云 請常侍擧 侍
乃竪起一隻箸 師云 者野狐精 侍云 者漢徹也.

【강설】　왕(王)씨로서 상시(常侍)라는 벼슬을 한 이 거사는 선불교에
대한 안목이 상당히 높았던 분이다. 경조미호 화상과 법거량(法擧揚)을
하였는데 오히려 미호 화상을 깨닫게 하고 그를 인가한 것이다.

　예로부터 인도의 유마 거사나 중국의 방(龐) 거사나 배휴(裵休) 거
사 같은 분들은 그 안목이 매우 뛰어났었다. 물론 불법에는 남녀노소
와 승속이 따로 없다. 무조건 바르고 높은 견해가 있으면 외적 조건은
전혀 문제가 되지 않는다. 떡장수 노파나 거지 할머니 등 이름 없는 이
들이 소위 큰스님들의 안목을 열어 준 일도 많았다. 그런 점이 불교의
평등사상이요, 불교사에서만 볼 수 있는 아름다운 모습이다.

　두 사람의 법거량 중에 왕상시가 “사자는 사람을 물고 개는 흙덩
이를 쫓아간다.”고 말하자, 미호 화상이 그 말을 듣고 유쾌하게 웃으

경조미호 화상 ◉

면서 "나는 알았다. 나는 알았다."라고 하였다. 조사들의 법어에 자주 등장하는 유명한 말이다. 사자란 지혜로운 사람을 뜻하고 개란 어리석은 사람을 뜻한다. 그와 같이 사자에게 돌을 던지면 그 돌을 던진 사람을 쫓지만, 개는 자신을 해치려고 돌을 던졌는데 무슨 먹을거리나 되는 줄 알고 코를 쿵쿵대며 돌을 따라간다. 이처럼 지혜로운 사람은 법문을 들으면 법문의 근본을 깨닫지만, 어리석은 사람은 말을 쫓아서 온갖 알음알이를 지어서 망상을 부린다.

경전을 읽거나 법문을 들을 때는 그 말의 근본의미가 무엇인가를 깨달으려고 해야 한다. 글귀를 따르고 말을 쫓아가면 평생을 공부해도 불법의 진정한 맛과 의미를 모르게 된다. 마치 국자가 수십 년 동안 국을 떠 날라도 국의 맛을 모르는 것과 같다. 얼마나 애석하고 안타까운 일인가.

◉

깨달음은 제2의 것이다.

미호 화상이 어떤 스님을 시켜서 앙산 선사에게 묻게 하였다.

"요즘 사람들도 역시 깨달음을 의지합니까?"

앙산 선사가 말하였다.

"깨달음은 없지 않으나 제2의 것에 떨어짐을 어찌하겠는가?"

미호 화상이 깊이 수긍하였다.

米胡和尙 令僧 問仰山云 今時人 還假悟也未 山云 悟則不無 爭乃落在 第二頭何 師 深肯之.

 무비 스님의 직지 강설 ◉

【강설】　불교는 깨달음의 가르침이며 깨달음으로써 깨닫게 하는 가르침이다. 옛사람의 말에 "법의 이치를 깊게 파고들어 생각하는 것은 깨달음으로써 법칙을 삼는다[硏窮法理 以悟爲則]."라는 말이 있다. 즉 경전을 공부하고 기도하고 참선하고 주력(呪力)을 하는 등등 모든 불교적 수행은 깨닫기 위한 것이라고 말한다. 그러므로 불자들의 인사도 "성불하십시오."라고 하지 않던가.

그런데 『직지』를 편찬한 백운 스님이 이 글을 이끌어 온 것은 또 다른 뜻이 있어서다. 즉 앙산 선사가 "깨달음은 없지 않으나 제2의 것에 떨어짐을 어찌하겠는가?"라는 것이다. 물론 깨달음은 중요하다. 그러나 그 중요한 깨달음이 불교 제1의 것이 아니라 제2의 것이라는 점을 인식해야 한다. 그렇다면 제1의 것이란 무엇일까? 깨달음을 회향하는 일일 것이다.

마치 세속에서 돈을 버는 것은 중요한 일이다. 하지만 쓰지 않는다면 애써 벌어 둔 돈이 아무런 의미가 없다. 자신의 성장과 발전을 위해서, 소외된 이웃과 나아가서는 사회와 인류를 위해서 부지런히 써야 한다. 자신의 성장과 발전을 위해서, 그리고 가족을 위해서, 친지와 이웃을 위해서, 사회를 위해서, 인류를 위해서 가능하면 자신의 지혜로 가장 가치 있게 써야 한다. 돈의 액수에 연연하지 않고 회향하는 데 그 가치가 있다.

불교 공부를 한 시간과 그 깊이에 관계없이 있는 그대로의 지혜를 많은 사람에게 회향하는 것이 제1의 것이다. 불교 공부에는 한계가 없다. 존재하지도 않는 높은 경지를 스스로 설정해 놓고 그곳에 이르기 전에는 회향하지 않겠다고 다짐하여 20년, 30년, 또는 평생 불교에 몸담고 아무런 의미도 없이 살아간다면 손실이 너무 크다. 시주에게 진 빚이 얼마나 많겠는가. 마치 우유를 여러 사람에게 나누어주려고 한 달 동안 짜지 않고 그대로 두었다가 한 달 후에 젖을 짜려고 하니 젖이

　　　　　　　　경조미호 화상 ◉

말라서 한 방울도 나누지 못했다는 경전 말씀과 같은 상황이 벌어지는 것이다.

또한, 고등고시 준비하는 사람이 10년 20년 계속 그 공부만 하고 있다면 집안에는 우환이 가득할 것이다. 부모나 가족이 얼마나 힘들고 걱정이 되겠는가. 만약 20년을 계속하고 있다면 집안은 벌써 거덜 났을 것이며 그 인생은 아무런 쓸모없는 존재로 전락하고 말았으리라.

상구보리 하화중생이라 하지 않았던가. 한편으로 부지런히 정진하면서 또 다른 한편으로는 자신이 공부한 것만이라도 열심히 회향하는 것이 불교인의 바른 삶이다. 본문에서 깨달음이 제2의 것에 떨어진다는 뜻을 잘 알아야 한다. 깨달음은 방법일 뿐 결코 목적은 아니다.

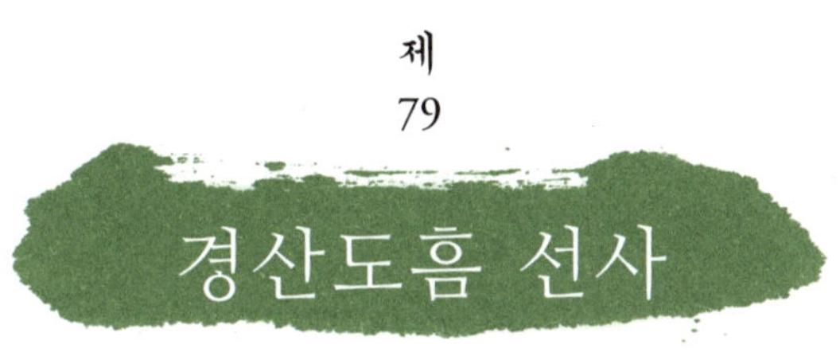

경산도흠 선사

徑山道欽 禪師

황제가 기뻐하다

경산 선사가 대종 황제의 조칙을 받고 대궐에 갔는데 대종 황제가 친히
예배를 하였다. 어느 날 경산 선사가 대궐 안에 있다가 황제를 보고 일어
나니 황제가 말하였다.

"선사는 왜 일어납니까?"

경산 선사가 말하였다.

"단월은 왜 행주좌와에서 빈도를 봅니까?"

황제가 크게 기뻐하였다.

徑山 因代宗詔 至闕下 親加瞻禮 一日 師 在內 見帝 起立 帝曰師何以
起 師云 檀越 何得向四威儀中 見貧道 帝 大悅.

【강설】　　경산도흠(徑山道欽, 714~792) 선사와 대종 황제가 서로 인사를 주고받는 아주 평범한 일에서 도리를 드러낸 내용이다. 황제는 선사를 청해서 예배를 드렸다. 또 어느 날 선사는 황제가 오는 것을 보고 일어나 예를 갖추었다.

　　황제와 선사만 그렇게 인사를 주고받는 것이 아니라 모든 사람이 만나고 헤어지면서 나누는 지극히 일상적인 인사를 나누었을 뿐이다. 도란 사람들이 만나고 헤어지는 일이다. 진리란 사람 사람의 일상사다. 밥을 먹고 옷을 입고 대소변을 보는 그 사실이다. 달리 무엇이 따로 있겠는가. 그러므로 황제는 그 사실에 크게 기뻐한 것이다.

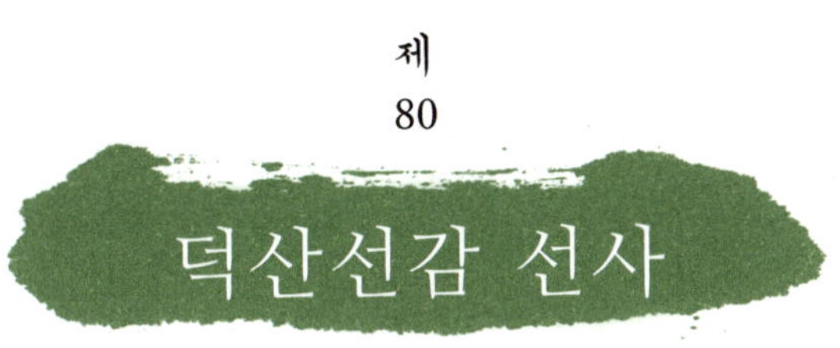

德山宣鑑 禪師

용담에는 용이 없다

덕산선감 선사가 처음 용담에 이르러 물었다.

"오랫동안 용담을 부러워하였는데 이제 와서 보니 못도 없고 용도 없도다."

용담 선사가 말하였다.

"그대가 친히 용담에 이르렀도다."

덕산 선사가 예배를 하고 물러나왔다.

德山宣鑑禪師 初到龍潭 問 久嚮龍潭 及乎到來 潭又不見 龍又不顯 潭云 子親到龍潭 師 作禮而退.

【 강설 】　　덕산선감(德山宣鑑, 782~865) 선사는 중국 당나라 검남(劍南) 출신인데 성은 주(周)씨이다. 어려서 출가하여 율장을 깊이 연구하였으며, 성상(性相)의 교학에 통달하여 항상 『금강경(金剛經)』을 강설하였으므로 별명을 주금강(周金剛)이라 하였다. 덕산 선사가 천하의 덕산 선사라는 이름을 남기게 된 사연이 유명하여 간략히 기록한다.

　　어느 날 덕산 선사가 중국의 남쪽지방에 선불교가 성행하여 교학을 무시하고 직지인심 견성성불(直指人心 見性成佛)을 주장한다는 말을 듣고 그와 같은 남방의 외도들을 쳐부수어 불교를 바로 세우겠다는 용맹심을 일으켰다. 그동안 연구하여 기록한 『금강경』의 연구 논소들을 한 걸망 짊어지고 길을 떠났다.

　　여러 날을 지나 남방의 어느 도시에 이르렀다. 마침 점심때가 되어 시장을 지나다가 떡을 파는 노파를 발견하고 떡으로 점심을 때우리라 생각하였다. 그런데 떡을 파는 노파가 떡은 안 팔고 덕산 선사가 짊어진 걸망에 대해 물었다.

　　"스님은 걸망에 무엇을 담고 다니십니까?"

　　"예, 『금강경』과 연구논소 들입니다."

　　"그렇다면 『금강경』에 대해서 여쭤봐도 되겠습니까? 만약 스님께서 대답하시면 떡을 팔고 대답을 못하시면 떡을 팔지 않겠습니다."

　　"『금강경』에 대해서라면 무엇이든지 물으십시오."

　　노파가 물었다.

　　"『금강경』에 '과거의 마음도 얻을 수 없고 현재의 마음도 얻을 수 없고 미래의 마음도 얻을 수 없다[過去心不可得 現在心不可得 未來心不可得].'고 하였는데 스님은 어느 마음에다 점을 찍으시렵니까?"

　　덕산 선사는 그만 말문이 막혀서 대답도 못하고 떡도 사 먹지 못한 채 노파에게 물었다.

　　"이 근처에 훌륭한 선사가 있습니까?"

　　무비 스님의 직지 강설　●

"예, 여기서 멀지 않은 곳에 용담 선사라는 분이 계시니 그분에게
가 보세요."

이렇게 하여 『직지』에서 소개한 두 선사의 만남과 유명한 대화가
역사에 남게 되었다.

뒤에 이어지는 내용처럼 덕산 선사는 용담숭신(龍潭崇信) 선사를
만나 크게 깨닫고 예양(澧陽)에서 30년을 머물며 교화를 펴다가 당나
라 무종(武宗) 때 파불(破佛)의 난을 만나 독부산(獨浮山)의 석실(石室)에
들어가서 난을 피하였다. 그리고 뒷날 대중(大中) 연간에 불교가 부흥
할 때 무릉태수(武陵太守)인 설연망(薛延望)의 부탁으로 덕산정사(德山精
舍)에 들어가 종풍을 크게 떨쳤다. 시호는 견성 대사(見聖大師)이다.

덕산 선사는 노파에게 자기가 가장 자신 있는 『금강경』에 대해 큰
망신을 당했으나 본래 타고난 기개가 워낙 뛰어난지라 용담 선사의
처소에 이르자마자 위에서 소개한 "오랫동안 용담을 흠모하였는데
와서 보니 못도 없고 용도 없도다."라고 하면서 용담 선사가 안중에도
없다는 듯이 큰소리를 치고 있다. 법의 그릇과 기백이 이쯤은 되어야
하리라.

◉

촛불을 불어 끄다

덕산 선사가 용담 선사를 친견한 날 밤 용담 선사의 방에서 있다 보니 밤
이 깊었다.

용담 선사가 말하였다.

"그대는 그만 내려가 보게나."

덕산 선사가 쉬려고 발을 걷고 나가다가 바깥을 보니 캄캄하였다. 돌

                                                  덕산선감 선사 ◉

아서서 말하였다.

"화상이시여, 바깥이 캄캄합니다."

용담 선사가 촛불을 켜서 건네주다가 덕산 선사가 막 촛불을 잡으려고 하는 찰나에 곧바로 촛불을 불어서 꺼버렸다.

덕산 선사는 자신도 모르게 소리가 흘러나왔다.

"내가 지금부터 다시는 천하의 노화상들 말씀을 의심하지 않겠노라." 라고 하고 드디어 금강경의 소초들을 가져와 법당 앞에 쌓고 횃불을 높이 들어 크게 외쳤다.

"현묘한 이치를 모두 말하더라도 마치 터럭 하나를 허공에다 두는 것과 같고, 세상의 온갖 중요한 일을 다 하더라도 마치 물 한 방울을 큰 바다에 던지는 것과 같다."라고 하면서 금강경소초를 들고 말하였다.

"그림의 떡은 주린 배를 채울 수 없다."라고 말하면서 곧바로 태우고 용담 선사에게 예배를 올리고 떠나버렸다.

德山在龍潭 入室夜深 潭曰子且下去 師 珍重 揭簾而出 見外面 黑 却
回曰和尙 外面 黑 潭 點紙燭度與 師 才接 潭 便吹滅 師 不覺失聲云
我 自今已後 更不疑天下老和尙舌頭 遂取疎鈔 於法堂前 將一炬火 提
起云 窮諸玄辯 若一毫 置於太虛 竭世樞機 似一滴 投於巨壑 將疎鈔云
畫餠 不可充飢 便燒 於是 禮辭師.

【강설】　불교 역사를 살펴보면, 무수한 사람이 가치관이 바뀌고 인생이 변하고 세상을 보는 안목이 달라지고 심지어 천지가 개벽하는 경험을 하였다. 덕산 선사의 일화는 불교사에 두고두고 거론되는 참으로 극적인 장면이다. 평생을 불교 교학과 특히 『금강경』을 깊이 연구하여 『금강경』에 대한 연구 논문인 소초가 무려 수십 권이었다. 그토록

『금강경』에 심취하여 천하에 제일이라고 자부하였지만, 노파의 한마디 질문에 답을 하지 못하였다.

그러나 타고난 기질과 성향이 하도 뛰어나서 부끄러움도 잠시뿐 곧바로 용담 선사를 깔아뭉개듯 하는 말을 거침없이 토한다. 그러다가 용담 선사가 촛불을 불어서 꺼버린 한 번의 사실 앞에 그토록 자부하던 평생 공부, 즉 자신의 삶과 세상과 온 우주가 다 무너졌다. 그러한 눈뜸에 보답하기라도 하듯이 자신이 평생을 기울여 쌓은 연구논문을 단번에 불살라버린다. 참으로 천하의 덕산 선사만이 할 수 있는 일이기에 숨이 막히고 벌어진 입이 다물어지지 않는다.

다른 기록에 의하면, 용담 선사가 덕산 선사를 표현한 말이 있다. "여기에 한 놈이 있다. 그의 이빨은 마치 칼을 세워 놓은 것과 같고 입은 마치 피를 담은 항아리와 같다. 한 방으로 후려쳐도 끄떡도 하지 않는다. 뒷날 높은 봉우리 위에다 나의 도를 세우게 되리라[潭上堂云 可中有箇漢 牙如劍樹 口似血盆 一棒打不回頭 他時異日 向孤峰頂上 立吾道去在]."라고 하였다.

덕산 선사는 과연 무엇을 보았으며 무엇을 알았을까? 밝은 방에서 다시 어두운 바깥을 보고, 그리고 다시 밝은 촛불 앞에서 다시 눈앞이 캄캄해지는 장면으로 이어지면서 무슨 변화가 있었을까? 단지 그것뿐인데.

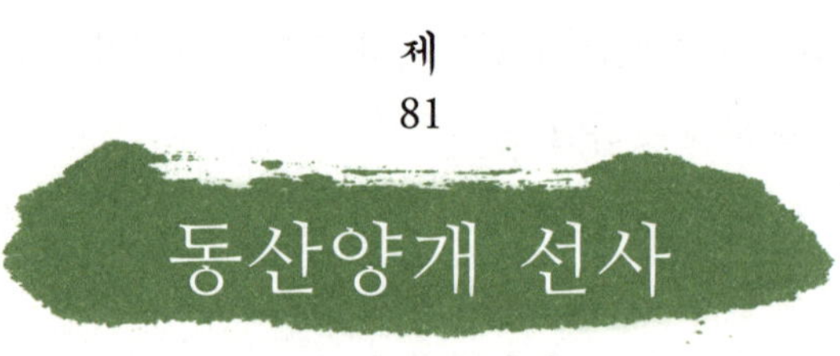

나는 그가 아니다

동산양개 선사가 운암 화상에게 물었다.

"백년 뒤에 문득 어떤 사람이 '스님의 참 모습을 그릴 수 있습니까?'라고 물는다면 어떻게 대답하겠습니까?"

운암 화상이 가만히 있다가 말하였다.

"다만 이것이다."

동산 선사가 오랫동안 생각하거늘 운암 화상이 말하였다.

"이 일을 알려고 한다면 모름지기 자세히 살펴야 하리라."

동산 선사가 오히려 의심하였는데 뒷날 물을 건너다가 그림자를 보고는 그 뜻을 크게 깨달았다. 이에 게송을 남겼다.

절대 다른 곳에서 찾지 말라.

아득하게 나와는 더욱 멀어지리라.

내가 지금 홀로 가고 있으니
곳곳에서 그를 만나도다.
그가 지금 바로 나요,
나는 지금 그가 아니다.
응당히 모름지기 이렇게 알아야만
바야흐로 여여함에 계합하리라.

洞山良价禪師 問雲巖和尙 百年後 忽有人 問 還貌得師眞不 如何祇對
巖 良久云 只這是 師 佇思 巖云 承當者箇事 大須審細 師 猶涉疑 後
因過水覩影 大悟前旨 乃有偈曰 切忌從他覓 迢迢與我疎 我今獨自往
處處得逢渠 渠今正是我 我今不是渠 應須恁麽會 方得契如如.

【강설】　　　동산양개(洞山良价, 807~869) 선사는 운암 화상의 법을 잇고
조산본적(曹山本寂, 840~901) 선사를 제자로 둔 대선사로 선종5가 중의
하나인 조동종의 창시자이다. 평소 효성이 지극하였으나 출가하였다.
승려가 된 뒤에 어머니에게 보낸 편지, 어머니를 이별하고 출가의 길
을 걷겠다는 사친서(謝親書)는 천하의 명문(名文)으로 강원의 교과서인
『치문(緇門)』에도 실려 있다.

　　스승인 운암 화상이 제자를 가르치는 방법이 슬기롭다. 사람이 살
다가 죽은 뒤에 그 사람의 진영(眞影)을 그리는 문제에 대해서 다만 묵
묵히 있음으로써 보여주었다. 그리고 "다만 이것뿐이다."라고 하였다.
어떤 문제라도 백 년이나 천 년 후에나 지금 이 순간의 일이기 때문에
지금 이 순간의 참모습을 그대로 보여주었을 뿐이다. 그러나 동산 선
사는 그 뜻을 알지 못하였다.

　　어느 날 물을 건너다가 자신의 그림자를 보고는 비로소 그 뜻을 깨

동산양개 선사 ◉

닫게 되었다. 깨닫는 데도 여러 가지 계기가 있다. 갑이라는 화두를 들다가 을이라는 화두를 깨닫기도 하고, 을이라는 화두를 들다가 병이라는 화두를 깨닫기도 하며, 때로는 화두와 전혀 별개의 일에서 깨닫기도 하고 언어나 문자에서 깨닫기도 하는 등 계기는 매우 다양하다.

동산 선사는 물에 비친 자신의 그림자를 보고 깨달은 바가 있어서 오도송(悟道頌)을 지었다. 덧붙이자면 이렇다.

"자기 자신 이외의 다른 것에서 찾지 마라. 만약 다른 것에서 찾으면 자신과 더욱더 멀어진다. 내가 지금 제대로 완벽하게 홀로 있기만 하면 이 몸이야 어느 곳에 있든지 아무런 상관없이 그 모든 것들은 바로 나 자신이다. 오직 나일뿐이지 다른 것은 존재할 수 없다. 반드시 이렇게만 알면 모든 존재가 저절로 그러한 도리에 계합하리라. 현재 이대로일 뿐 굳이 고치거나 다듬거나 바꾸거나 할 필요가 없다."라고 할 수 있다.

◉

깨치지 못하면 지옥보다 괴롭다

동산 선사가 어떤 승려에게 물었다.
"세상에서 무엇이 가장 고통스러운가?"
승려가 말하였다.
"지옥이 가장 고통스럽습니다."
동산 선사가 말하였다.
"그렇지 않다. 이 가사를 입고 큰일을 밝히지 못하는 것이 비로소 고통이다."

洞山 問僧 世間 是甚麼物 最苦 僧云 地獄 最苦 師云 不然 向此衣線下 不明大事 始是苦.

【강설】　사람들은 모두가 각자가 주력해야 할 분야가 있다. 자기 몫의 일을 등한시한다면 그것은 배임행위다. 학생은 학생대로 선생은 선생대로 공무원은 공무원대로 종교인은 종교인대로 모두가 주력해야 할 일에 충실해야 한다.

　　선어(禪語)에는 조고각하(照顧脚下)라는 글이 있다. 물론 화두를 잘 챙기라는 뜻과 마음을 잃지 말라는 뜻 외에도 자신의 소임에 충실하라는 의미이다. 절에서는 신발을 신을 때도 자신의 신발을 신고 남의 신발을 신지 말라는 뜻으로 마루 끝에다가 써서 붙여 놓는다.

　　지옥이 아무리 고통스럽다 해도 승속을 막론하고 불교에 귀의한 사람으로서 불교의 깊은 뜻을 깨닫지 못한다면 그것이야말로 진실로 고통스러운 일이다. 하물며 신도의 시주로 살아가는 전문 수행자로서 가사를 입은 승려는 그 책임이 더욱 무겁다. 불교의 이치를 깊이 깨닫지는 못하더라도 깨달으려고 노력하고 고민하는 자세라도 있어야 한다.

　　그런데 신도들의 시주로 살아가면서 불교에는 관심이 없고, 불교 이외의 일에 시간을 허비한다면 그것을 어떻게 평가해야 하겠는가? 승속을 막론하고 양심이 있고 눈 밝은 사람들이 그 문제를 바로 세워 주어야 한다.

　　조고각하(照顧脚下)라는 말을 잊지 말아야 한다. 자신의 발밑을, 즉 자신이 서 있는 위치를 항상 살피고 반성하며 살아야 하리라.

청평영준 선사

清平令遵 禪師

대밭에서 깨치다

영준 선사가 취미 선사에게 물었다.

"무엇이 조사가 서쪽에서 온 분명한 뜻입니까?"

취미 선사가 말하였다.

"사람이 아무도 없을 때 그대에게 말하리라."

영준 선사가 가만히 있다가 말하였다.

"사람이 없습니다. 스님께서는 말씀하여 주십시오."

취미 선사가 선상에서 내려와서 영준 선사를 이끌고 대나무 숲으로 들어가니 영준 선사가 또 말하였다.

"사람이 없습니다. 스님께서는 말씀하여 주십시오."

취미 선사가 대나무를 가리키면서 말하였다.

"이 한 줄기는 이렇게 길고 저 한 줄기는 저렇게 짧다."

영준 선사가 그 말에 크게 깨달았다.

令遵禪師 問翠微 如何是西來的的意. 微云 待無人時 向汝道 師 良久曰 無人也 請師說 微 下禪床 引師入竹林 師 又云 無人也 請師說 微 指竹 云 者一竿 得恁麼長 那一竿 得恁麼短 師 於言下 大悟.

【강설】　조사가 서쪽에서 오신 뜻이란 무엇인가? 즉 달마 대사가 인도에서 중국으로 건너온 것은 불법을 전하기 위해서다. 다시 말하면 달마 대사가 전하려고 했던 "불법이 무엇인가?"라는 물음과 같은 것이다. 불법을 잘 아는 취미 선사의 처지에서 보면 처음부터 질문할 게 못 된다. 그래서 사람이 없는데도 "사람이 아무도 없을 때 말해 주마."라고 하였던 것이다.

　　그렇게 친절하게 답을 하였지만 청평영준(淸平令遵, 845~919) 선사가 알아듣지 못하므로 하는 수 없이 예를 들어 대나무를 가리키며 "긴 것은 저렇게 길고 짧은 것은 저렇게 짧다."라고 하면서 참으로 싱거운 대답을 하였다. 그것은 대나무를 보는 사람이면 이미 설명을 하지 않아도 다 아는 사실이다.

　　"산은 산이고 물은 물이다.""할머니는 본래 여자다.""봄이 가면 여름이 오고 여름이 가면 가을이 온다."라는 말을 일부러 하는 사람은 없다. 왜냐하면 굳이, 할 필요가 없을 정도로 모두 다 아는 내용이기 때문이다. 진정한 불법이란 이처럼 아예 말로써 설명할 필요가 없는, 저절로 그러한 것이다. 영준 선사가 그 말에 크게 깨달았다고 한들 깨닫기 전과 무엇이 다르겠는가. 세상만사 모두가 저절로 그러한 것을.

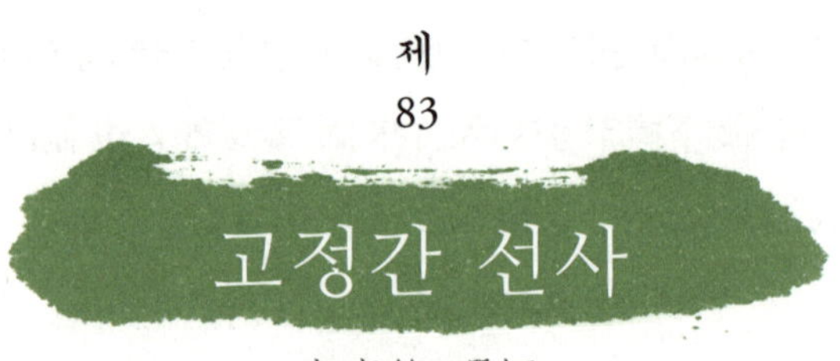

고정간 선사

高亭簡 禪師

◉

가던 길을 가버렸다.

고정간 선사가 초면에 강을 사이에 두고 덕산 선사를 보고는 멀리서 합장
하며 말하였다.

"안녕하십니까?"

덕산 선사가 손에 든 부채로써 부르는데 고정간 선사가 홀연히 깨달았
다. 그리고는 강을 따라간 후 다시는 돌아보지 않았다.

高亭簡禪師 初隔江 見德山 遙合掌呼云 不審 山 以手中扇子 招之 師
忽開悟 乃橫趨而去 更不迴顧.

【강설】　군더더기가 전혀 없는 참으로 간단하고도 통쾌한 만남이다. 저 멀리 강 건너의 사람에게 "안녕하십니까?"라고 한마디 하자, 상대방이 손에 들고 있던 부채로써 그 사람을 불렀다. 잘 아는 사람들끼리 얼마든지 있을 수 있는 광경이다. 단지 그 모습에서 깨달았다. 그리고 가던 길을 간 후 다시는 돌아보지 않았다.

다시 생각해 보면 우리 인생도 가고 오고 만나고 헤어지고 심지어 태어나고 죽는 것도 이와 같은데, 무슨 인연이 그리도 무겁고 미련은 그렇게도 많아서, 뜨거운 여름날 땀을 뻘뻘 흘리며 흙먼지 자욱한 길을 종일토록 걸으면, 몸에 달라붙은 때와 땀과 먼지들이 끈적거리는 것과 같이 하루하루를 살아가고 있는 것인가.

고정간 선사는 꿈에도 그리던 그 소중한 불법을 깨달았지만, 자신을 깨닫게 해 준 덕산 선사에게 인사도 하지 않고 가던 길을 휘적휘적 가버리고 다시는 돌아보지도 않았다. 이 얼마나 간단명료하고도 통쾌한 만남과 헤어짐인가. 만고에 길이 남을 빛나는 인생이다.

　　　　　　　　　　　　고정간 선사 ◉

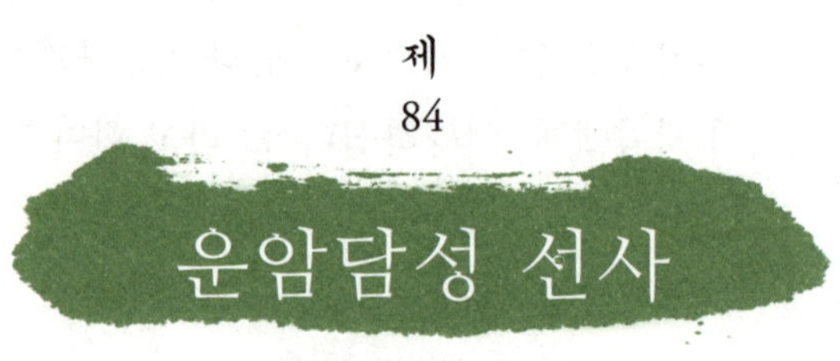

雲巖曇晟 禪師

무슨 경전인가?

운암 선사가 어떤 스님에게 물었다.

　"스님이 외우는 것은 무슨 경전인가?"

　"유마경입니다."

　운암 선사가 물었다.

　"외우는 것은 무슨 경전인가?"

　그 스님이 이 말에서 깨달아 들어갔다.

雲巖 問僧 闍梨念底 是甚麼經 對曰維摩經 師云 不問維摩經 念底 是
甚麼經 其僧 從此得入.

【강설】　사람은 일단 어떤 경전이든지 종이와 먹으로 만든 이름 붙여진 경전을 읽는다. 그래서 그 스님도 처음에는 "『유마경』"이라고 대답하였다. 그러나 운암 선사는 그와 같은 경전을 물은 것이 아니었다. 경전을 읽고 있는 그 당체로서의 경전, 즉 자성으로서의 경전을 물은 것이다.

『능엄경』에 반문문자성(返聞聞自性)이라는 말이 있다. 소리를 듣는데 듣는 그것을 되돌려서 소리를 듣고 있는 그 자체 주인공을 듣는다는 뜻이다.『능엄경』의 수행법은 이처럼 시심마(是甚麼) 화두 참구법과 같다.

선게(禪偈)에 "아유일권경 불인지묵성 전개무일자 상방대광명(我有一卷經 不因紙墨成 展開無一字 常放大光明)"이라는 글이 있다. 풀이하면, "나에게 한 권의 경전이 있는데 종이와 먹으로 만들어진 것이 아니다. 펼치면 글자 하나 없지만, 항상 큰 광명을 놓고 있다."는 내용이다.

이처럼 불교는 그 말의 대상이 무엇이든지 간에 속뜻은 언제나 모든 존재의 주인공, 주체에 있다. 무엇을 묻더라도 주체성을 떠나서 대답하면 그것은 이미 어긋나고 만다. 주인공을 버리고 경계를 좇아가는 일이 되기 때문이다.

운거도응 선사

雲居道膺 禪師

천공을 받아먹다

운거 선사가 동산삼봉에서 암자에 머물 때 여러 날을 승당에 가서 공양하지 않았다. 동산 선사가 물었다.

"그대는 왜 승당에 나와 공양하지 않는가?"

운거 선사가 말하였다.

"매일 천신이 있어서 음식을 보내옵니다."

동산 선사가 말하였다.

"그대가 괜찮은 사람인 줄 알았는데 오히려 그런 정도의 견해를 가졌구나. 저녁이 되거든 나에게 오너라."라고 하였다.

저녁 때 운거 선사가 늦게 오거늘 동산 선사가 불렀다.

"도응 스님!" 하고 부르니,

운거 선사가 "예"라고 대답하였다.

동산 선사가 말하였다.

"선도 생각하지 않고 악도 생각하지 않을 적에 어떠한가?"

운거 선사가 곧 암자로 돌아가서 편안히 앉아 있으니 천신이 여러 날을 와도 볼 수가 없어서 이에 울면서 돌아가 버렸다.

雲居 在洞山三峯 住菴時 多日 不赴堂齋 山 問 汝因何不赴堂齋 師云 每日有天神 送食來 山云 將謂汝是箇人 猶作者箇見解 在晚間上來 師 晚至 山 召云 膺闍梨 師 應諾 山云 不思善不思惡 是甚麼 師 便歸菴中 宴座 天神 累日來不見 乃哭泣而去.

【강설】　불교에는 도가 높으면 천신들이 천상의 공양을 올린다는 전설이 있다. 그러나 도가 더욱 높아지면 이제는 천신들이 공양을 올리지 않는단다. 원효 스님과 의상 스님에게도 그와 같은 이야기가 전하고 우두법융 선사에게도 역시 같은 전설이 있다. 법이 아주 높으면 평범한 보통사람과 같은데, 중간 정도의 도인에게는 아마 무슨 특별한 기운이 있는가 보다.

그러나 그와 같은 사실이 있든 없든 그것이 중요한 것이 아니라 제대로 된 공부인은 지극히 평범하여 보통사람과 다르지 않다는 뜻이다. 특이하거나 기이한 것은 결코 올바른 법이 아니라 외도들이나 삿된 마군이 하는 짓이라는 것을 깨우치기 위한 가르침이다.

세존께서도 제자 중에 신통이 제일인 목련 존자에게 신통을 사용하지 말라고 당부하셨다고 한다. 세존께서도 신통력이 있었지만 평소 기이한 현상을 나타낸 적이 없고 보통사람처럼 평범하게 사셨다. 걸식하여 배를 채우시고 늙어서는 병을 앓다가 돌아가셨다. 어느 날은 걸식하러 시내에 나갔으나 아무도 밥을 주는 사람이 없어서 빈 그릇

　　　　　운거도응 선사 ◉

으로 돌아오신 날도 있었다.

그렇기에 더욱 존경할 큰 어른이요, 인류의 스승이요, 위대한 분으로 칭송하는 것이다. 만약 누구와 같이 빵 한 조각으로 많은 사람을 배불리 먹이거나 또는 유리겔라나 해리포터와 같이 무슨 특별한 마술을 보이거나 신통을 나타내었다면 석가세존의 위상과 명예가 어떠했을까. 굳이 설명하지 않아도 능히 알 수 있는 일이라 생각한다.

천복승고 선사

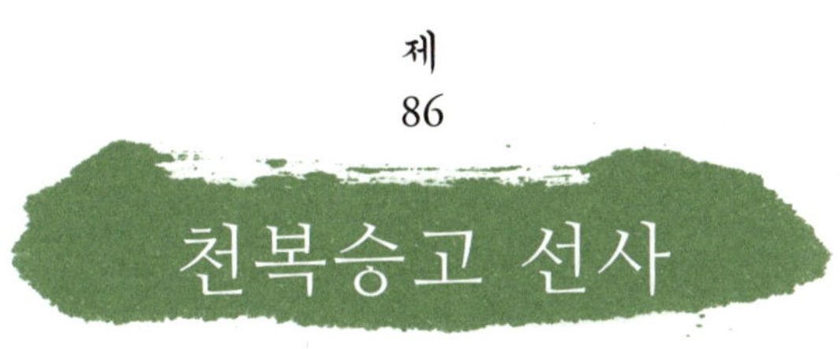

薦福承古 禪師

귀신에게 들키지 마라

천복승고 선사가 이 이야기를 들어 말하였다.

"여러 스님이여, 저 고인은 곧바로 몸과 마음이 이와 같은 경지에 이르렀더라도 오히려 귀신이 엿볼 수 있게 되었다. 어찌 하물며 그대들이겠는가. 요즘 사람들은 밤낮없이 자신을 속이고 있으니 천신과 토지신들이 그대들의 행동이 좋고 나쁨을 다 보느니라. 그들이 사람의 행동을 모두 다 알 수 있는 것은 그대들이 이 한 생각을 잊어버리지 못하기 때문이다.

지금 이 이야기의 큰 뜻은, 다만 여러 사람이 참구하여 배우는 마음과 수행하는 마음을 쉬도록 하려는 것이다. 마치 한 개의 돌덩어리와 같게 해야 하며, 또 불이 꺼지고 재가 식은 것과 같아야 한다. 만약 능히 이렇게 되면 법에 상응할 분이 있지만, 만약 그렇지 못하면 비록 그대가 육도만행을 닦아서 미래가 끝날 때까지 한다 하더라도 다만 보신과 화신의 부처만 얻게 될 뿐이다.

들지 못하였는가? '보신불과 화신불은 참다운 부처가 아니요, 또한 법
을 설하는 것도 아니라.'고 하니라."

薦福古 擧此話云 諸上座 他古人 直得身心 如是 尙被鬼神見 豈況你
今時人 終日竟夜自謾 天神 土地 一一見得你手脚 好之與惡 伊總識得
爲你這一念心 不忘 如今大意 只要諸人 息却衆學底心 息却修行底心
如一塊頑石頭去 如寒灰死火去 若能如是 却得相應分 若不如此 縱你
修行六度萬行 乃至盡未來際修 只得介報化佛 不見云 報化非眞佛 亦
非說法者.

【강설】　경전이나 어록을 인용하여 재해석하는 것이 일반적인 설법
형식이다. 안목이 부족한 지금은 더욱 그렇다. 법상에 올라가면 그 누
구도 드러내지 못한 자신의 법을 거량해야 하지만 이 시대에 특별하
고 기이한 법을 말한들 새로운 것이 있을 수 없다. 정직하게 경전이나
어록을 사견 없이 그대로 전하는 것이 가장 좋은 일이다.

천복승고(薦福承古) 선사는 앞에서 운거도응(雲居道膺, ?~902) 선사
가 그의 공부가 부족한 나머지 천신에게 들켜서 매일 천신의 공양을
받아먹었다는 이야기를 인용하여 대중을 꾸짖었다. 하늘의 신이든 사
람의 귀신이든 동물의 귀신이든 신들에게 엿보이는 것은 그만큼 공부
가 부족하다는 말이다. 마치 담장이 낮으면 지나가는 사람이 그 담을
넘겨다 볼 수 있는 것과 같다.

신들이 엿볼 수 있는 까닭은 마음이 무심하지 못하고 번뇌와 망상
으로 들끓기 때문이라고 하였다. 선과 악은 물론이요, 심지어 참선하
고 수행한다는 생각마저 쉬어야 한다고 하였다. 우리의 의식이 "마치
한 덩이 돌과 같게 해야 하며, 또 불이 꺼지고 재가 식은 것과 같아야
한다."라고 말하고 있다.

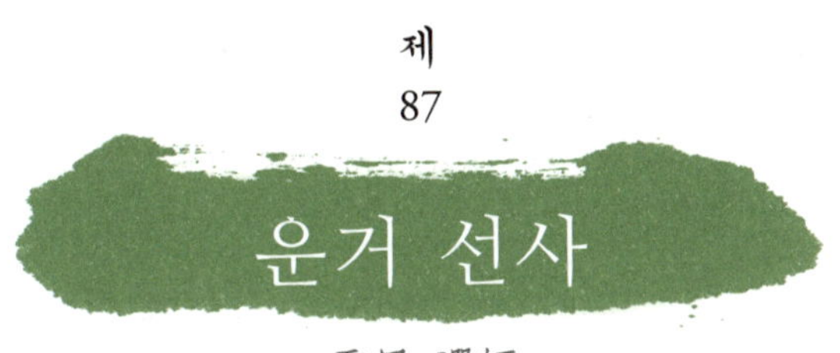

운거 선사

雲居 禪師

하나의 법이 만 가지 법이다

운거 선사에게 어떤 스님이 물었다.

"무엇이 하나의 법입니까?"

운거 선사가 말하였다.

"무엇이 여러 가지 법인가?"

그 스님이 말하였다.

"저는 모르겠습니다. 어떻게 이해해야 합니까?"

운거 선사가 말하였다.

"하나의 법은 그대의 본심(本心)이요, 모든 법은 그대의 본성(本性)이다. 또 말해보아라. 마음과 성품이 하나인가? 둘인가?"

그 스님이 예배하였다.

운거 선사가 이에 게송으로 말하였다.

"하나의 법은 모든 법의 근본이요, 만 가지 법은 한마음과 통한다. 마음만이 오직 그대의 성품이니 다르고 같음을 말하지 마라."

雲居 因僧 問 如何是一法 師云 如何是諸法 僧云 未審如何領會 師云
一法 是汝本心 諸法 是汝本性 且道 心之與性 是一 是二 僧 禮拜 師
乃有頌云 一法諸法宗 萬法一心通 唯心唯汝性 不說異兼同.

【강설】　세상만사를 평등으로 보면 한 가지 법이고 차별로 보면 만
가지 법이다. 그렇다면 어떤 입장이 평등이고 어떤 입장이 차별인가?
모든 존재는 그 본질과 현상이 있다. 본질에서 보면 일체가 평등한 하
나이지만 현상에서 보면 모두가 천차만별하다. 그런데 현상은 보이고
들리지만, 본질은 보이지도 않고 들리지도 않는다.

　보이지 않고 들리지 않는 본질은 보이고 들리는 현상에서 찾을 수
밖에 없다. 마음은 몸에서 찾고 몸의 동작에서 찾는다. 텅 비어 공한
이치는 눈에 보이는 물질에서 찾고 현상에서 찾는다. 마치 물은 물결
에서 찾고 금은 금의 형체에서 찾을 수밖에 없듯이.

　통일된 하나의 법은 여러 가지 현상에서 찾아야 한다. 그러므로
하나가 여러 가지이고 여러 가지가 하나이다. 다즉일 일즉다(多卽一 一
卽多)이다. 그리고 일미진중함시방 일체진중역여시(一微塵中含十方 一切
塵中亦如是)이다. 공간성만 그런 것이 아니라 시간성도 그와 같아서 무
량원겁즉일념 일념즉시무량겁(無量遠劫卽一念 一念卽是無量劫)이다.

　사람이든 물질이든 모든 존재는 시간적으로나 공간적으로 모두
통일된 하나이다. 간단한 하나의 예를 들자면, 김씨라는 한 사람이 빨
아들이는 공기 속에는 이 세상 모든 사람이 토해놓은 공기가 들어 있
다. 그뿐만 아니라 나무나 돌이나 흙이나 바람이나 구름이나 물이나
연기나 일체의 존재들이 토해놓은 공기가 다 들어 있다. 미운 사람, 고

운 사람의 호흡이 다 들어 있다.

한 사람의 호흡이 그렇듯이 모든 사람, 모든 존재도 똑같이 그렇다. 우리는 이렇게 한순간도 나 아닌 다른 것 없이는 존재할 수 없게 되어 있다. 이처럼 모두가 통일된 하나라는 이치를 잘 이해해서 그 이치에 맞게 살 줄 아는 것이 불교인다운 삶을 사는 일이다.

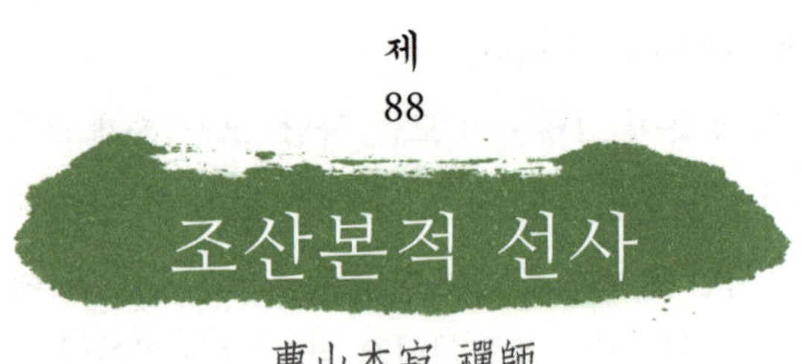

조산본적 선사

曹山本寂 禪師

이치와 현상

조산본적 선사에게 경청 스님이 물었다.

"맑고 텅 빈 이치에서 마침내 몸이 없을 때는 어떻습니까?"

조산본적 선사가 말하였다.

"이치는 이와 같으나 현상은 어떻게 할 것인가?"

경청 스님이 말하였다.

"이치도 그러하고 현상도 그러합니다."

曹山本寂禪師 因鏡清 問 清虛之理 畢竟無身時 如何 師曰 理卽如此
事又作麽生 曰如理如事.

【강설】　　조산본적(曹山本寂, 839~901) 선사는 천주(泉州) 사람이며 성은 황(黃)씨이다. 동산양개 선사와 함께 선종5가 중의 하나인 조동종을 새로 세운 선사다. 선사는 어려서 유학을 공부하다가 19세에 출가하여 25세에 구족계를 받았다. 당나라 함통(咸通, 860~873) 연간 초에 비로소 동산 선사를 뵙고서 선사의 깊은 법을 전수받았다. 무주(撫州)의 조산(曹山) 숭수원(崇壽院)에 있다가 다시 하옥산(荷玉山)으로 옮겨 법석을 융성시켰다. 호는 조산(曹山)이며 시호는 원증(元證) 선사다.

불교를 공부하는 데 있어서 처음이나 끝이나 크게 문제가 되는 것이 이치와 현실이 서로 어긋나는 점이다. 이치로는 늘 공(空)을 논하지만, 현실은 언제나 유(有)에 걸려 있다. 매사가 유에서 한 걸음도 옮기지 못하면서 말은 늘 공의 이치를 말한다. 이치는 언제나 보시를 말하지만, 현실은 항상 인색하고 지나친 욕심을 낸다. 이와 같이 불교에서 가르치는 온갖 이치가 너무나 당연하고 옳은 것이지만 불교인들의 현실생활은 전혀 다르다.

『직지』의 내용과 같이 맑고 텅 빈 이치에서 보면 이 몸은 없다. 몸이 없는데 명예와 재산과 부귀공명이 어디에 있겠는가마는 그와 같은 이치를 논하는 사람들의 현실은 전혀 다르다. 그래서 "이치는 이와 같으나 현상은 어떻게 할 것인가?"라는 질문이 나온 것이리라. 이치와 현실이 다른 이 문제는 이치를 논하는 사람들이 영원히 짊어시고 살아야 할 과제이리라.

　　　　　　　　　　　조산본적 선사　◉

조산 선사가 덕 상좌에게 물었다.

"'부처님의 참 법신은 허공과 같은데 중생에게 응하여 형상을 나타내는 것은 마치 물에 비친 달과 같다.'라고 하니 그 응하는 도리를 어떻게 설명하는가?"

덕 상좌가 말하였다. "마치 당나귀가 우물을 쳐다보는 것과 같습니다."

조산 선사가 말하였다.

"말인즉슨 바로 크게 말했으나 다만 8할만 말했을 뿐이로다."

덕 상좌가 말하였다. "화상께서는 또한 어떻게 하시겠습니까?"

조산 선사가 말하였다. "우물이 당나귀를 쳐다보는 것과 같다."

曹山 問德上座 佛眞法身 猶若虛空 應物現形 如水中月 作麼生說箇應底道理 德云 如驢覰井 師云 道卽大殺道 只道得八成 德云 和尙 又如何 師曰如井覰驢.

【강설】　덕 상좌가 인용한 "부처님의 참 법신은 마치 허공과 같은데 중생에게 응하여 형상을 나타내는 것은 마치 물에 비친 달과 같다."라는 말은 대승불교경전에서 부처님에 대해 설명할 때 자주 인용하는 내용이다. 특히 『화엄경』에서는 이와 같은 표현을 흔히 볼 수 있다.

불교는 어떤 가르침에서든 모두 부처님을 이야기하지만 부처님에 대한 이해와 설명은 각각 다르다. 이러한 것을 교학상으로는 견불차별(見佛差別)이라 한다. 즉 부처님에 대한 견해가 사람들의 이해와 수행의 수준에 따라서 각각 차별한다는 것이다.

견불차별 즉, 부처님에 대한 견해는 여러 가지가 있겠지만 가장 뚜렷하고 일반적인 부처님은 2천 6백여 년 전에 인도 카필라 국에서 태자의 신분으로 탄생하시어 출가 수도하시고, 6년 만에 진리를 깨달으신 뒤 45년 동안 중생을 깨우치시다가 열반에 드신 역사적인 부처님, 즉 세존 석가모니 부처님이다. 이처럼 역사적인 부처님을 이해하는 데는 이론의 여지가 없을 것이다. 그러나 역사적인 부처님의 차원을 넘어서 부처님의 '참 법신'을 말하고 있다. '참 법신'이란 석가세존의 '참 법신'이면서 모든 사람, 모든 생명, 나아가 모든 존재의 '참 법신'을 뜻하기도 한다. 경전에서는 부처님의 '참 법신'을 예를 들어 모든 사람의 '참 법신'을 깨닫게 하려는 것이 본래의 취지이다.

그러므로 "부처님의 참 법신은 마치 허공과 같은데 중생에게 응하여 형상을 나타내는 것은 마치 물에 비친 달과 같다."라는 말은 사람 사람들의 법신의 존재와 그 기능을 바르게 깨닫는 길로 나아가야 할 것이다. '내 생명 부처님 무량공덕생명'이라는 말도 '참 법신'에 대한 본래의 뜻을 설명하는 말이다. 이러한 점은 모든 사람의 참 생명이면서 불교만이 갖는 특별한 안목이기도 하다. 그런데 사람들은 다만 눈에 보이는 형상에 장애를 입어 형상 밖의 존재이면서 모든 유형무형을 다 아우르는 근본 법신 자리를 이해하지 못하고 있다.

덕 상좌와 조산 선사의 대화에서 "마치 당나귀가 우물을 쳐다보는 것과 같습니다."라고 하는 말이나 "마치 우물이 당나귀를 쳐다보는 것과 같다."라는 말은 간략하면서 의미심장한 말이다. 당나귀와 우물은 별개의 것이면서 또 다른 차원에서 보면 본래로 하나인 참 법신이다. 세상만유가 다 같이 이렇게 별개이면서 하나이고 하나이면서 별개인 양면성이 있다. 부처님도 역사적인 한순간의 존재이면서 또한 영원히 그리고 모든 유형무형에 두루 내재해 있는 존재의 실상이다.

 조산본적 선사 ●

경청도부 선사

鏡淸道怤 禪師

뱀이 개구리를 잡아먹다

경청 선사가 어떤 스님에게 물었다.

"문 밖에 무슨 소리인가?"

스님이 말하였다.

"빗방울 소리입니다."

경청 선사가 말하였다.

"중생이 전도되어 자기를 모르고 사물을 쫓아가는 구나."

또 어떤 스님에게 물었다.

"문 밖에 무슨 소리인가?"

"뱀이 개구리를 먹는 소리입니다."

경청 선사가 말하였다.

"장차 중생이 고통스러울 것이라고 말하려 하였는데 벌써 고통스러운 중생이 있구나."

鏡淸 問僧 門外 是甚麼聲 僧云 雨滴聲 師曰衆生 顚倒迷已逐物 又問
僧 門外 是甚麼聲 云 蛇咬蝦蟆聲 師云 將謂衆生苦 更有苦衆生.

【강설】　경청도부(鏡淸道怤, 868~937) 선사가 어떤 스님에게 질문하여
그의 대답을 듣고 이치를 밝히는 내용이다.

　첫째는 마침 비가 오는 중이었는데 빗소리를 들을 때에 경계에 이
끌리지 않고 수처작주(隨處作主)하는가에 대해서 물었다.

　그 스님이 빗소리가 들린다고 하자 "중생이 전도하여 자기를 모
르고 사물을 쫓아가는 구나."라고 하여 일에 당하여 주인으로 있지 못
하고 경계를 따라가는 것을 경계하였다.

　둘째는 세상은 고통이라고 말하려 하였는데 이미 그 고통이 눈앞
에서 벌어지고 있음을 지적하였다.

경청도부 선사　◉

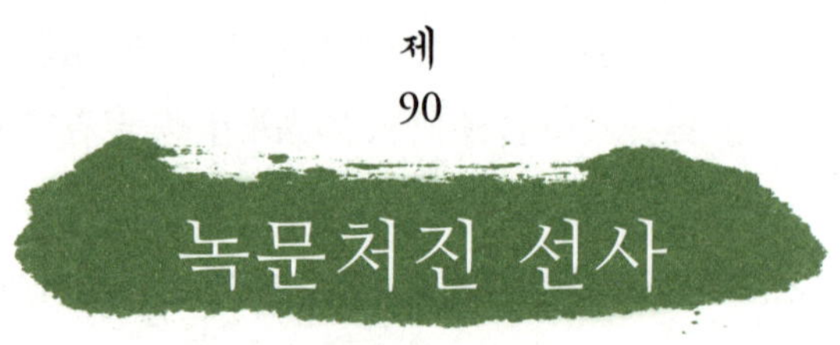

황금 만 냥으로도 바꿀 수 없다

처진 선사가 대중에게 말씀하였다.

한 조각 응연한 광명 그 빛이 찬란하지만
찾고 또 찾아보아도 마침내 보기 어렵다.
횃불처럼 밝게 던져 사람의 마음을 툭 터지게 하니
큰 사연이 분명하게 모두 다 마련되었네.
이것은 쾌활하여 얽매임이 없으며
만 냥의 황금으로도 바꾸지 못한다.
일천 성인이 나오더라도
모두가 그림자에서 나타난 것이라네.

處眞禪師 示衆云 一片凝然光燦爛 擬議追尋卒難見 炳然擲着豁人情
大事分明皆總辦 是快活無繫絆 萬兩黃金終不換 任他千聖出頭來 總
是向渠影中現.

【강설】　　녹문처진(鹿門處眞) 선사가 대중에게 보인 게송이다. 불교를
공부한 수행자들이 평생을 통해서 자신이 터득한 불교적 안목을 표현
하고 주장하는 길은 여러 가지이다. 혹자는 모든 존재가 연기의 이치
로 생멸 변화한다고 이해하여 가르치는 이도 있고, 혹자는 모든 것이
공하여 텅 빈 것이라고 이해한 이도 있고, 혹자는 모든 것은 인과의 도
리라고 이해한 이도 있다.

　　처진 선사는 한 물건의 광명에 대해서 깨달은 바가 있어서 온 천
지 만물과 삼라만상이 오로지 광명의 그림자이며, 설사 일천 성인이
나타난다 하더라도 그것 역시 광명의 그림자에 불과하다는 견해를 이
야기하고 있다.

　　그 광명은 자유 자재한 존재라서 쾌활하고 걸림 없는 대 해탈의
존재이며, 그 가치는 만 냥 황금으로도 바꿀 수 없는 어마어마한 존재
라고 한다. 이렇게 분명한 것이지만 어떤 사물을 찾듯이 찾으면 그렇
게 찾아지는 것은 아니라고도 하였다. 온 천지에 가득히 존재하시반
찾으면 그 어디에도 없다는 것이다. 진공묘유(眞空妙有)라고나 할까.
아니면 "경계 위에서 행위를 하는 견해에는 혼연히 크게 있으나 안과
밖, 그리고 중간 그 어디에도 찾을 수 없다[境上施爲渾大有 內外中間覓摠
無]."라고 한 그대로이다.

　　　　　　　　　　　　　　　　　　　녹문처진 선사　◉

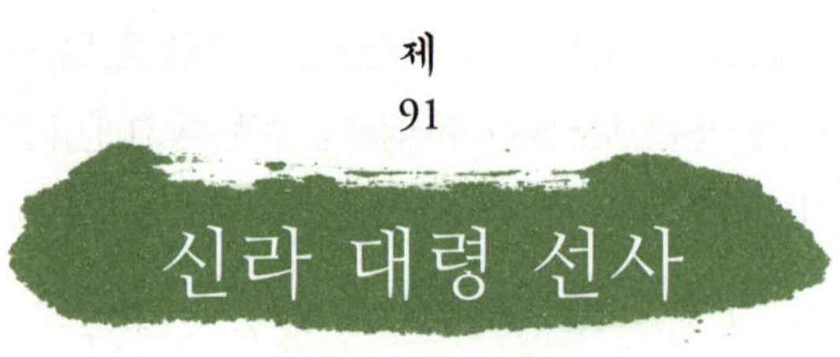

新羅 大嶺 禪師

조각조각이 보배이다

신라의 대령 선사에게 어떤 스님이 물었다.

"무엇이 일체처가 청정한 것입니까?"

대령 선사가 답하였다.

"옥을 자르면 마디마디가 모두 보배요, 전단향을 쪼개면 조각조각이
모두 향이다."

또 게송으로 말하였다.

하늘과 땅이 모두 황금이요,
만유가 전부 청정하고 미묘한 몸이로다.

新羅大嶺禪師 因僧問 如何是一切處淸淨 師云 截瓊枝 寸寸是寶 析旃
檀 片片皆香 頌云 乾坤盡是黃金國 萬有全彰淨妙身.

 무비 스님의 직지 강설 ◉

【강설】　어떤 스님이 청정한 세상을 물었다. 불교에서는 이상 세계를 표현한 말이 여러 가지가 있다. 극락세계, 화장장엄세계, 대적광토 등이다. 이러한 이상 세계들은 과연 어디에 있으며 어떻게 실현할 것인지가 아주 중요한 문제이므로 경전과 어록에 따라 설명이 구구하다.

　　대령 선사는 "옥을 자르면 마디마디가 모두 보배요, 전단향을 쪼개면 조각조각이 모두 향이다." "하늘과 땅이 모두 황금이요, 만유가 전부 청정하고 미묘한 몸이로다."라고 하였다. 『아미타경』처럼 10만 8천억 국토를 지나서 어떤 특수한 세계가 있다고 하지 않고 자신이 청정하면 모든 세상이 그대로 다 청정하다고 하였다. 자신에게는 지금 여기 이대로가 황금 국토이며 이 몸 이대로가 청정 법신 부처님이라고 하신 것이다.

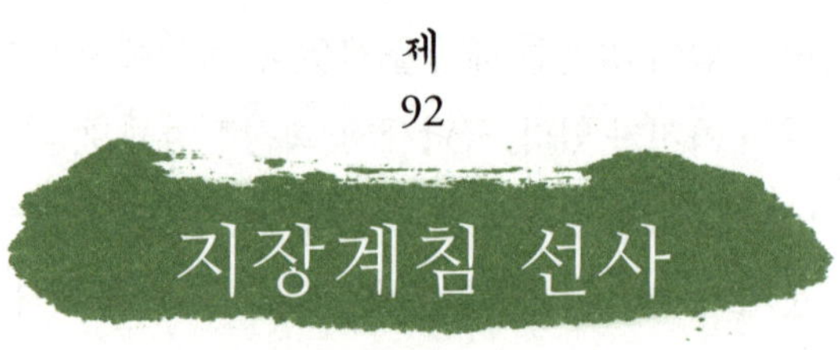

지장계침 선사

地藏桂琛 禪師

농사 지어 밥을 먹다

지장계침 선사가 수산주에게 물었다.

"어느 곳에서 왔는가?"

"남방에서 왔습니다."

"요즘 남방의 불법이 어떤가?"

"생각과 사량 분별이 많습니다."

"어찌 내가 여기에서 밥을 먹는 것과 같으랴."

"이 삼계는 어찌하겠습니까?"

"무엇을 불러서 삼계라고 하는가?"

수산주가 그 말에 깨달음이 있어서 게송으로 말하였다.

논밭에 곡식을 심어서 밥을 먹는 것은 집안의 일상사이다.

공부를 깊이 해 본 사람[飽參人]이 아니면 알지 못하리라.

桂琛禪師 問修山主 甚麼處來 主云 南方來 師云 南方近日佛法 如何
主云 商量浩浩 師云 爭如我這裏博飯喫 主云 爭乃三界何 師云 你喚甚
麼 作三界 主 言下 有省 頌曰 種田博飯家常事 不是飽參人不知.

【강설】　　　지장계침(地藏桂琛, 867~928) 선사가 어느 날 참문하러 온 수
산주라는 수행자의 눈을 열어주는 법문이다. 수산주가 남방에서 왔다
고 하니 남방의 불법이 어떤지를 물었다. 땅이 끝없이 넓은 중국에서
그것도 교통수단이라 해 봐야 걷거나 우마차를 타고 다닐 수밖에 없
던 시절에는 지역 간의 교류가 어려워 불법을 공부하는 분위기와 내
용과 수행 방법에도 큰 차이가 있었을 것이다. 그러므로 선종 사서에
는 "그곳의 불법은 어떠냐?"라는 질문이 종종 등장한다.

　　수산주는 "생각과 사량 분별이 많습니다."라고 답하였다. 아마도
교학이 발달하였다는 것을 그렇게 표현한 것이리라. 계침 선사의 말
씀은 "어찌 내가 여기에서 밥을 먹는 것과 같으랴."라고 하였다. 불법
은 그렇게 복잡하게 생각하고 분별하고 따지고 계산하는 것이 아니라
배가 고프면 밥을 먹고 피곤하면 잠을 자는 것처럼 단순하고 간단명
료한 것이라고 가르친 것이다.

　　"그렇다면 눈앞에 펼쳐져 있는 3계 25유, 즉 세상만사는 어떻게
해야 하는가?"라는 질문에 "무엇을 불러서 삼계라고 하는가?"라고 간
단히 부정하여 버렸다. 지금 이 순간 한 생각뿐인데 무슨 세상만사를
거론하느냐는 뜻이다.

　　　　　　　　　　　　　　　　　지장계침 선사 ◉

눈을 막지 않는다

지장 선사가 보복사라는 절의 스님에게 물었다.

"그곳에서는 불법을 어떻게 가르치는가?"

스님이 답하였다.

"보복 선사가 말하기를, '어떤 때는 그대의 눈을 막아서 그대로 하여금 보지 못하게 함이요, 어떤 때는 그대의 귀를 막아서 그대로 하여금 듣지 못하게 함이요, 어떤 때는 그대의 뜻을 막아서 머물게 함이니 그대로 하여금 분별하지 못하게 한다.'라고 합니다."

지장 선사가 말하였다.

"내가 그대에게 묻는 것은 내가 그대의 눈을 막지 않음이니 그대는 무엇을 보며, 그대의 귀를 막지 않음이니 무엇을 들으며, 그대의 뜻을 막지 않음이니 어떻게 분별하는가?"

그 스님이 그 말에 크게 깨달았다.

地藏 問保福僧 彼中 佛法 如何示人 僧云 保福 有時 云 塞却汝眼 敎汝 覰不見 塞却汝耳 敎汝聽不聞 坐却汝意 敎汝分別不得 師云 吾問你 我 不塞汝眼 汝見介甚麼 不塞汝耳 聞箇甚麼 不坐汝意汝作麼生分別 僧 於言下 大悟.

【강설】　보복사 보복 선사의 회상에서 온 객스님이 지장 선사를 참배하고 불법에 대하여 나눈 대화를 통해서 크게 깨달았다는 내용이다. 보복 선사의 법문은 보고 듣고 분별하는 것을 모두 멈추고 생각이 끊어지고 사량이 멈춘 목석처럼 무심한 공부를 가르쳤으나 지장 선사

무비 스님의 직지 강설 ◉

는 그와 반대의 관점에서 말씀하였다.

　즉 "나는 그대의 눈을 막지 않고 마음껏 보게 하는데 그대는 과연 무엇을 보는가?" "보는 주관과 보이는 객관은 과연 주객으로 나뉘는 것인가? 서로 다른 것인가?" "듣는 것도 사물을 분별하는 것도 역시 같은 의미이다."라고 하였다. 그러자 이 말에 보고 듣고 알고 하던 것을 차단하고 있다가 보고 듣고 알고 하는 작용이 한껏 자유롭게 경계를 벗어나 대 해탈, 대 자유를 누리게 된 것이다.

지장계침 선사　◉

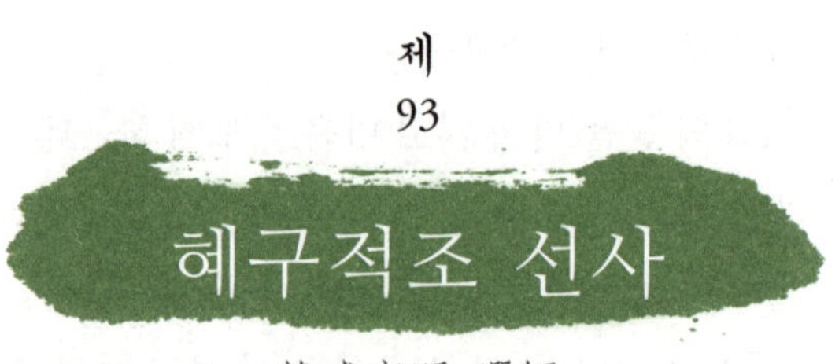

혜구적조 선사

慧球寂照 禪師

착한 일로도 부처가 되지 못한다

혜구적조 선사가 대중에게 법문하였다.

"내가 여기에서 죽과 밥의 기력으로 형제들을 위하여 법을 거량하는 것은 마침내 항상한 것이 아니다. 만약 요점을 얻게 되면 도리어 산하대지가 그대와 더불어 빛을 발하므로 그 도가 항상한 것이며, 또한 능히 구경이 된다. 만약 문수의 문으로 들어간 사람이라면 일체 유위인 흙과 나무와 기와와 돌이 그대의 기를 발함을 도울 것이다. 만약 관음의 문으로 들어간 사람이라면 일체 선과 악의 소리와 내지 개구리와 지렁이가 그대를 위해서 법을 거량할 것이다. 만약 보현의 문으로 들어간 사람이라면 걸음을 움직이지 아니하고 이르리라.

내가 지금 이 세 가지 문의 방편으로 그대들에게 보이는 것은 마치 한 짝의 부러진 젓가락을 가지고 큰 바닷물을 저어서 고기와 용들로 하여금 물이 생명이 된다는 사실을 알게 하는 것 같은 것이다. 알겠는가? 만약

지혜의 눈으로 자세히 살피지 않는다면 그대의 백 가지 재주에 맡기더라
도 구경이 되지 못할 것이다.”

慧球禪師 示衆云 我此間 粥飯氣力 爲兄弟擧唱 終是不常 若得省要 却
是山河大地 與汝發明 其道是常 亦能究竟 若從文殊門入者 一切有爲
土木瓦礫 助汝發機 若從觀音門入者 一切善惡音響 乃至蝦蟆蚯蚓 爲
你擧揚 若從普賢門入者 不動步而到 我今以此三門方便 示汝 如將一
隻折箸 攪大海水 令彼魚龍 知水爲命 還會麽 若無智眼而審諦之 任你
百般善巧 不爲究竟.

【 강설 】　　　혜구적조(慧球寂照, ?~913) 선사는 법에서 요점[省要]을 얻는
것이 항상한 것이 되며 구경이 된다고 하였다. 불교 공부를 하면서 무
엇보다 중요한 것은 요점을 간추려 내는 일이다. 팔만대장경에서의
요점을 알아야 하고, 어록에서의 요점을 알아야 한다. 적조 선사는 문
수보살의 문과 관음보살의 문과 보현보살의 문을 열거하였는데, 문수
보살의 문은 지혜의 문이며, 관음보살의 문은 자비의 문이며, 보현보
살 문은 실천의 문이다.

　　이러한 세 분의 보살에 대한 특징을 간단하게 열거하여 “나는 지
금 이 세 가지 문의 방편으로 그대들에게 보이는 것이다.”라고 하였
다. 또한, 이 세 가지의 이치만 알면 “부러진 젓가락을 가지고 큰 바닷
물을 저어서 고기와 용들로 하여금 물이 생명이 된다는 사실을 알게
할 것이다.”라고 하였다.

　　그렇다. 불교는 팔만대장경으로 가르쳐도 말이 부족할 수도 있지
만, 손가락 하나를 세워서 가르쳐도 남을 때가 있다. 불교에서 성인의
이름을 통해서 존재의 이치와 지혜롭게 살아가는 지침을 세워 보이

　　　　　　　　혜구적조 선사 ◉

는 데는 앞에서 든 세 분의 보살이 가장 우수하다. 즉 문수보살의 지혜
와 관음보살의 자비와 보현보살의 실천을 갖추었다면 완벽한 불교라
고 할 수 있을 것이다. 지혜를 갖추고 그 위에 자비심을 더하고 지혜와
자비를 구체적으로 실천할 행동이 뒤따른다면 그것이 온전한 불교다.
달리 그 이상의 가르침은 필요하지 않다. 만약 고준한 도리나 일컫고
이 세 가지를 등한히 한다면 그것은 다리와 팔이 없는 몸통뿐인 불교
라고 할 수 있을 것이다.

　그래서 혜구 선사는 "만약 지혜의 눈으로 자세히 살피지 않는다
면 그대의 백 가지 재주에 맡기더라도 구경이 되지 못할 것이다."라고
하신 것이다.

　　　　　　　　무비 스님의 직지 강설 ●

파릉호감 선사

巴陵顥鑑 禪師

선과 교란

파릉 선사에게 어떤 스님이 물었다.

"조사의 뜻과 교학의 뜻이 같습니까? 다릅니까?"

파릉 선사가 말씀하였다.

"닭은 추우면 횃대에 올라가고 오리는 추우면 물속으로 들어간다. 근원은 같으나 갈래가 다르니라."

[예를 들자면 입에 올리면 그를 일러 교라 하고 마음에 전하면 그를 일러 선이라 한다. 그 근원을 통달한 사람은 선도 없고 교도 없지만, 그 갈래를 나누는 사람들은 선과 교에 각각 집착한다.]

巴陵 因僧 問 祖意 敎意 是同 是別 師云 鷄寒上樹 鴨寒下水 源同派別.
[如云 登之於口 謂之敎 傳之於心 謂之禪 達其源者 無禪無敎 列其派者 禪敎
各執]

【강설】　파릉호감(巴陵顥鑑) 선사의 선과 교에 대한 법문이다. 불교가
중국에 들어오면서 선불교가 생기고 선불교로 말미암아 교학과의 관
계와 차이에 대한 논란도 많이 발생하게 되었다. 어떤 스님이 파릉 선
사에게 이 문제를 물었다. 날씨가 추워지는 것은 한 가지 일인데 닭과
오리가 추위를 대처하는 방법이 다르듯이 선과 교가 근원은 같으나
그 갈래가 다를 뿐이라고 하였다. 그래서 『직지』를 편찬하신 백운 선
사는 언어나 문자로 표현하면 그것을 교라 하고 마음에 전하면 선이
라고 하였다. 이 말을 받아들인 서산 스님은 선시불심(禪是佛心)이요,
교시불어(敎是佛語)라고 표현하였다. 역시 같은 뜻이다.

　　“근본을 알면 선도 없고 교도 없지만, 그 갈래를 나누는 사람은 각
각 집착한다.”라고 하였다. 그렇다. 불교를 제대로 아는 사람은 선이라
하든지 교라 하든지 관계없는데 불교의 근본을 모르는 사람들은 일일
이 집착과 고집으로 꼭 선이라야 한다느니 꼭 교라야 한다느니 하여
세상을 혼란하게 한다. 무엇이든 부처님의 가르침에 대한 취지를 바
로 알자는 방편이다. 방편을 붙들고 근본 취지를 망각한다면 물결을
집착하여 물을 망각한 사람과 같다.

　　　　　　　　　　　　　무비 스님의 직지 강설　●

동산수초 선사

洞山守初 禪師

야, 이 밥통아

동산수초 선사에게 운문 선사가 물었다.

"요즘에 어디에서 왔는가?"

수초 선사가 말하였다.

"사도에서 왔습니다."

운문 선사가 물었다.

"여름에는 어디에 있었는가?"

수초 선사가 말하였다.

"호남 보자사에 있었습니다."

운문 선사가 또 물었다.

"언제 그곳에서 떠나왔는가?"

"8월 25일입니다."

운문 선사가 "그대에게 세 차례 몽둥이를 때리겠다."

다음날 수초 선사가 물었다.

"어제 화상에게 제가 세 차례나 몽둥이를 맞았는데 저의 허물이 어디에 있습니까?"

운문 선사가 말하였다.

"이 밥자루여, 강서와 호남에도 또한 그렇게 갔었구나."

수초 선사가 그 말에 크게 깨달았다.

洞山守初禪師 因雲門 問 近離甚麼處 師云 査渡 門云 夏在甚麼處 云湖南普慈 門云 幾時 離彼中 云 八月二十五 門云 放汝三頓棒 次日 師却問云 昨蒙和尙 放某甲三頓棒 未審過在甚麼處 門云 飯袋子 江西 湖南 又恁麼去也 師 於言下 大悟.

【 강설 】　선사들의 법거량에는 몽둥이로 사람을 후려치는 일이 자주 등장한다. 가장 흔하게 알려진 것은 임제 선사가 황벽 선사를 참례하고 불법의 대의를 물었다가 세 번이나 얻어맞은 60통방이 유명하다. 대개는 법을 보여주기 위해서 때리는 것이지만 얻어맞는 사람은 허물이 있어서 때리는 줄 안다. 수억 겁 동안 잠들어 있는 진정한 생명의 근원을 일깨워 주는 데는 이처럼 극약 처방을 쓰는 것이 효과적이기 때문에 방이라는 방편을 쓴다.

　운문 선사도 또한 마찬가지이다. 강서에 갔다가 호남으로 가고, 또 묻는 대로 말을 따라 대답하고 하는 동산수초 선사가 쉽게 눈을 뜰 것 같지 않았다. 그래서 "그대에게 세 차례 몽둥이를 때리겠다."라고 한 것이다. 이 일에 수초 선사는 순진하게도 다음날 "어제 화상에게 제가 세 차례나 몽둥이를 맞았는데 저의 허물이 어디에 있습니까?"라고 물었다. 아무런 소득도 없이 강서로, 호남으로 돌아다니는 동산수초(洞山守初, 910~990) 선사를 꾸짖어서 크게 깨닫게 하였다.

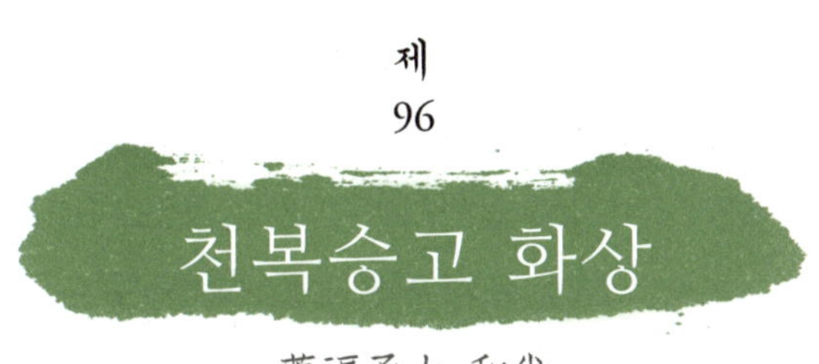

천복승고 화상

薦福承古 和尚

정법안장

천복 화상이 대중에게 법문하였다.

　"곧바로 공겁 때를 향하여 자기가 아기집에서 몸이 이루어지기 이전을 잘 알아야 한다. 무엇이 공겁 때의 자기인가? 본래 이름이 없는데 방편으로 여래의 정법안장 열반묘심이라 부르느니라."

薦福 示衆云 直須向空劫時 了取自己 未具胞胎已前認取 何者 是空劫時自己 本無名字 方便呼爲如來正法眼藏涅槃妙心.

【강설】　천복승고(薦福承古, ?~1045) 화상의 법문을 좀 더 자세하게 말하자면 이렇다. 우주가 있고 우주 가운데 지구가 있고 지구에 사람이 있다. 우주도 지구도 사람도 연기의 법칙에 따라 오랜 세월 이전부터 성주괴공(成住壞空)이라는 순환의 이치대로 처음도 끝도 없이 생기고 머물고 변해가고 텅 빈 공으로 돌아간다. 공에서 다시 생기고 머물고 변화하고 또다시 공으로 돌아간다. 어느 점이 처음이라는 것도 없다. 불교에서 공겁이라고 하는 말은 지구가 생기기 이전과 우주가 생기기 이전을 의미한다. 사람과 뭇 생명체들은 지구가 탄생하고 나서 길고 긴 시간이 흐른 뒤에 생겼다. 아무리 전생, 전생, 전생이라 하더라도 지구의 역사나 우주의 역사에 비교하면 불과 얼마 되지 않는 세월이다.

천복 화상은 존재의 실상과 존재의 참다운 이치를 깨달으려면 이 우주가 생기기 이전의 텅 빈[空劫] 그 자리에서 그리고 어머니가 모태에서 자기를 품기 이전의 자신을 찾아보라는 것이다. 스스로 답하기를, "무엇이 우주가 생기기 이전의 자신인가? 자신이라는 이름을 지어서 편의상 부르지만 사실 그 자리는 본래 자신, 사람, 우주, 지구라고 하는 이름이 없는 자리이다. 이름이 없다면 우주도 지구도 사람도 존재하는 그 무엇도 없는 본래로 공이다. 텅 빈 공으로 돌아가라. 그 자리를 방편으로 이름을 지어서 여래의 깨달은 자리, 즉 여래의 정법안장 열반묘심(正法眼藏 涅槃妙心)이라." 하였다.

　　　　　　　　　　　　　　무비 스님의 직지 강설　●

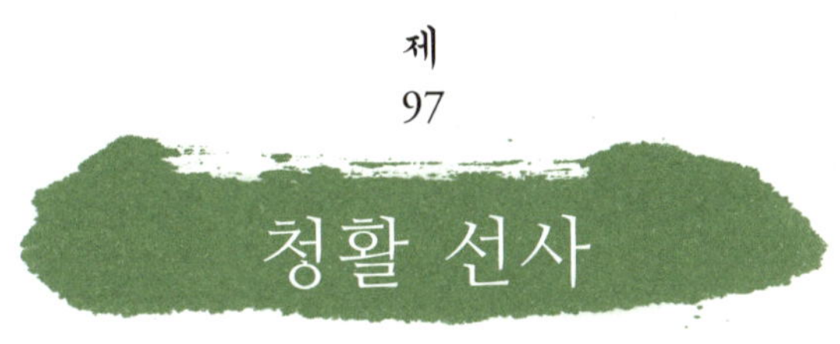

청활 선사

清豁 禪師

◉

깨달음은 곧 깨달음이 아니다

청활 선사가 처음 계여 암주를 참례하고 뒤에 수룡도부 선사를 친견하였다. 수룡 선사가 하루는 청활 선사에게 물었다.

"어떤 선지식을 친견하였으며 또한 깨달았는가?"

청활 선사가 말하였다.

"청활이 일찍이 대장의 계여 암주를 친견하여 들어간 곳을 얻었습니다."

수룡 선사가 이에 법당에 올라가 대중을 모아놓고 청활 선사를 불렀다.

"대중에 대하여 향을 사루고 깨달은 것을 말해 보라. 노승이 그대와 더불어 증명해 주리라."

청활 선사가 문득 나와서 향을 들고 말하였다.

"향은 이미 사루었거니와 깨달음은 곧 깨달음이 아닙니다."

수룡 선사가 크게 기뻐하여 허락하였다.

淸豁禪師 初㕘契如菴主 後見睡龍 龍 一日 問師 見何尊宿來 還悟也未
師云 豁 嘗訪大章 得箇入處 龍 於是 上堂集衆 召淸豁闍梨出 對衆燒
香 說悟處看 老僧 與你證明 師 便出 拈香 乃云 香卽已燒 悟卽不悟 龍
大悅而許之.

【강설】　참선하는 선객들은 이곳저곳으로 돌아다니면서 여러 지방
의 가풍을 배우고 수많은 선지식을 찾아뵙고 자신의 수행을 갈고 닦
는 것이 가장 중요한 일이다. 그러므로 조주 선사는 깨달음을 성취하
고도 80세까지 행각을 하였다고 한다.

　　청활 선사도 많은 선지식을 찾아뵙던 중 수룡 선사에게 점검을 받
는 광경을 소개하였다. 수룡 선사가 대중에게 향을 사루는 공양을 올
리라고 하니, "향은 이미 사루었거니와 깨달음은 곧 깨달음이 아닙니
다."라고 하였다.『금강경』에서 "깨달음이 곧 깨달음이 아니라 그 이름
이 깨달음이라."는 말과 같다. "설법이 곧 설법이 아니라 그 이름이 곧
설법이라."는 말도 있다. 모든 존재의 실상은 "그것이 곧 그것이 아닌
즉비(卽非)의 이치"를 알면 훌륭한 깨달음이리라.

　　　　　　　　　　　　　무비 스님의 직지 강설 ●

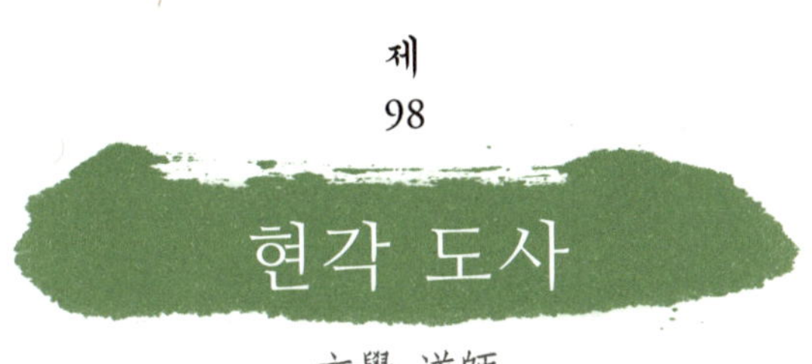

현각 도사

玄覺 道師

여래의 정법을 비방 마라

현각 도사가 비둘기 우는 소리를 듣고 어떤 스님에게 물었다.

"이것이 무슨 소리인가?"

"비둘기 소리입니다."

현각 도사가 말하였다.

"무간지옥에 떨어지는 업을 짓지 않으려면 여래의 정법을 비방하지 마라."라고 하였다.

玄覺道師 聞鳩子鳴 乃問僧 是甚麼聲 云 鶉鳩聲 師云 欲得不招無間業 莫謗如來正法輪.

【강설】 비둘기소리를 듣고 비둘기소리라고 대답을 했는데 왜 "무간지옥에 떨어지는 업을 짓지 않으려면 여래의 정법을 비방하지 말라."라고 하였는가? 경계에 떨어졌다는 뜻인가? 그렇다면 경계는 진여불성과 열반묘심이 아니라는 말인가?

"무간지옥에 떨어지는 업을 짓지 않으려면 여래의 정법을 비방하지 마라."라는 말은 영가현각 선사의 증도가의 내용이다. "여래의 정법을 비방하면 무간지옥에 떨어진다."라는 말은 어록에 자주 등장하는 말이다. 정법을 비방한다는 말은 진리를 등진 삶을 뜻한다. 사람으로서 세상과 인생의 바르고 참된 이치를 등지고 살면 언제나 고통스럽다. 참된 이치를 모르는 어리석은 삶은 고통이 따를 수밖에 없고 그것을 무간지옥이라고 표현하는 것이다.

그러므로 세존은 삶의 참되고 바른 이치를 깨우쳐 주려고 49년이라는 길고 긴 세월 동안 뜨거운 햇볕을 받으며 전법의 길을 걸으셨던 것이다.

   무비 스님의 직지 강설 ●

천태덕소 국사

天台德韶 國師

무엇이 본래 몸인가

덕소 국사에게 어떤 스님이 물었다.

"나타 태자가 뼈를 깎아서 아버지에게 돌리고 살을 깎아서 어머니에게 돌린 뒤에 연꽃 자리 위에서 본래의 몸을 나타내어 어머니를 위하여 설법하였다 하니 무엇이 태자의 본래 몸입니까?"

덕소 국사가 말하였다.

"대중은 이 상좌의 질문하는 것을 들었는가?"

그 스님이 말하였다.

"그렇다면 대천세계가 같은 진여성품입니다."

덕소 국사가 말하였다.

"어렴풋이 곡조가 비슷해서 겨우 들을 만하더니 다시 다른 곡조에 바람까지 불어버렸구나."

韶國師 因僧 問 那吒太子 折骨還父 析肉還母然後 於蓮花臺上 現本身
爲母說法 未審如何是太子 本來身 師曰 大家 見上座問 僧云 恁麼則大
千 同一眞如性 師曰 依稀似曲 才堪聽 又被風吹別調中.

【강설】　천태덕소(天台德韶, 891~972) 국사는 앞에서도 잠깐 소개된 분
이다. 속성은 진(陳)씨, 절강성 처주부(處州府) 진운현(縉雲縣)에서 출생
하였다. 열다섯 살에 출가하여 열여덟 살에 비구계를 받고 투자(投子),
용아(龍牙), 소산(疎山) 등 다섯 분의 선지식을 찾아다녔으나 얻은 바가
없었다. 다시 임주(臨州)의 법안(法眼) 선사의 회상에 갔지만 법문을 묻
고 대답하는 데 싫증이 나서 대중을 따라다니기만 하였다.

　　하루는 법안 선사가 상당하여 설법하는데 어떤 스님이 묻기를 "어
떤 것이 조계의 한 방울 물입니까?"라고 하니, 법안 선사가 대답하기를
"이것이 곧 조계의 한 방울 물이니라."라고 하였다. 이에 한쪽 구석에
앉아 듣고 있던 천태 국사가 크게 깨치고 법안 선사의 법을 이었다.

　　그 뒤에 천태산에 모셔진 지자(智者) 대사의 유적이 모두 허물어진
것을 보고 다시 수십 곳을 중수하였다. 고려의 충의왕(忠懿王)에게 사
람을 보내어 천태종(天台宗)의 책을 빌려다가 중국에 펴기도 하였다.
송나라 태조 개보 5년에 82세로 입적하였다. 그의 법을 이은 제자가
백여 명이나 되었고 그 가운데 보문희변(普門希辯) 선사에게서 고려의
혜홍(慧洪) 선사가 배출되었다.

　　덕소 국사가 그 스님의 질문은 그런 대로 좋았으나 뒷말이 의리적
으로는 그럴듯하지만, 너무 군더더기 같아서 오히려 앞의 말을 망쳐
놓았다는 뜻으로 평하였다. 흔히 있는 경우이다. 선문답은 안목과 언
어가 마치 물이 흐르듯 앞과 뒤가 자연스럽게 흘러야 한다. 정신은 맑
고 곡조는 우아하고 가풍은 드높아야 한다.

　　　　　　　　　무비 스님의 직지 강설　◉

목암법충 선사

牧菴法忠 禪師

본래의 몸

목암법충 선사가 위의 말에 대해서 말하였다.

"대중이여, 알고자 하는가? 골육을 모두 부모에게 돌리니 분명히 본래 몸을 보게 되었도다. 그러므로 말하기를, '부모도 나의 친한 이가 아니다. 누가 가장 친한 사람인가?'라고 하였으니 다만 여러 사람이 매일 울력을 하는데 흙을 운반하고 나무를 짊어지니 일러보아라. 이것은 본래 몸인가? 부모가 준 몸인가? 만약 부모가 준 몸이라고 말하면 본래 몸을 저버리는 것이 되고 만약 본래 몸이라고 말한다면 또한 부모가 준 몸을 저버리게 된다.

일러 보아라. 결국 무엇인가? 홀연히 어떤 사람이 나와서 두 개라고 말한다면 그대는 어떻게 그 사람을 대할 것인가?"라고 하였다.

牧菴忠 拈 大衆 要會麼 骨肉 盡將還父母 分明方見本來身 所以道 父
母 非我親 誰是最親者 只如諸人 每日普請 搬土負木 且道 是本來身
是父母身 若道是父母身 則辜負本來身 若道是本來身 又辜負父母身
且道 畢竟如何 忽有人 出來 道兩箇 你如何對他.

【강설】　　목암법충(牧菴法忠, 1084~1149) 선사가 앞의 항목에서 천태덕
소 선사와 어떤 스님의 대화를 예를 들어서 문제 삼고[拈] 대중에게 하
신 법문이다. 선어록에는 자주 등장하는 예이다. 『선문염송집(禪門拈頌
集)』은 강원에서 대교과를 마치고 수의과에서 『법화경』과 『전등록』과
함께 공부하는데 염송집의 내용은 모두가 과거의 경전이나 어록의 내
용을 다시 이끌어서 대중에게 법문으로 활용한 내용을 수집한 글이
다. 게송으로 또는 논설로 상당법어로 비판도 하고 찬탄도 하고 대신
해서 대답하기도 하고 때로는 간단한 착어를 붙여서 과거 사람들이
거량한 법어를 또다시 거량하기도 한다.

　　본문에서 "부모도 나의 친한 이가 아니다. 누가 가장 친한 사람인
가?"라는 말에는 "눈먼 거북이요, 다리 부러진 자라이다[盲龜跛鼈]."라
는 대답이 있다. 인간 감정의 궁극적 차원에서 보면 누가 가깝고 누가
멀겠는가. 모두가 근원은 하나이므로 평등하다. 천지는 나와 같은 뿌
리이고 만물은 나와 한 몸이다.

　　부모로부터 받은 몸과 부모가 나를 낳아주기 이전의 본래의 몸에
대해서 분명하게 일러보라는 목암 선사의 법문이 이 단락의 중요한
내용이다. 사람이 일할 때 모두가 부모로부터 물려받은 몸으로 일을
한다. 그런데 그것과 달리 본래의 몸이라니 그렇다면 부모에게 받은
몸은 무엇인가? 둘인가? 하나인가? 같은가? 다른가? 맹구파별(盲龜跛
鼈)이니라.

낭야혜각 선사

瑯琊慧覺 禪師

● 청정본연

낭야혜각 선사에게 장수 좌주가 물었다.

"청정 본연한데 어찌하여 홀연히 산하대지가 생겼습니까?"

낭야 선사가 큰 소리를 지르면서 말하였다.

"청정 본연한데 어찌하여 홀연히 산하대지가 생겼는가?"

좌주가 그 말에 크게 깨달았다.

瑯琊 因長水座主 問 淸淨本然 云何忽生山河大地 師 抗聲曰淸淨本然
云何忽生山河大地 主 於言下 大悟.

【강설】 『능엄경』 4권에서 부루나가 부처님께 질문하였다.

"청정본연(淸淨本然)하거늘 어찌하여 문득 산하대지(山河大地)가 생겼습니까?"

부처님이 말씀하였다.

"부루나여, 그대가 말한 것과 같이 청정본연한데 어찌하여 홀연히 산하대지가 생겼겠는가? 그대는 내가 늘 '성각(性覺)이 묘명(妙明)하고 본각(本覺)이 명묘(明妙)하다.'고 하는 말을 듣지 못했는가?"

낭야혜각(瑯琊慧覺) 선사와 장수 좌주와의 문답도 세존과 부루나의 문답과 똑같다. 실로 청정본연하다면 산하대지와 세상만사가 아무리 차별하더라도 그대로 청정본연한 것으로 보았을 텐데 세상만사가 청정본연하다는 사실을 제대로 알지 못하기 때문에 그와 같은 의문이 생긴 것이다. 그래서 세존은 그 말을 받아서 되물은 것이며 낭야 선사도 되물은 것이다. 마침내 좌주가 그 말에 크게 깨달았다.

于迪 相公

이것은 무엇인가?

우적 상공이 약산 선사를 방문하여 물었다.

"무엇이 부처입니까?"

약산 선사가 상공을 부르니 상공이 대답하였다. 약산 선사가 말하였다.

"이것은 무엇인가?"

상공이 그 말에 깨달았다.

于迪相公 特訪藥山 乃問 如何是佛 山 召相公 公 應諾山云 是甚麼 公

於言下 悟去.

【강설】　　우적(于迪)이라는 재상이 약산유엄 선사를 찾아가서 부처가 무엇인가에 대해서 물었다.

“우적 상공” 하고 불렀다.

“예” 하고 대답하였다.

“이것은 무엇인가?”

즉 부르니 대답할 줄 아는 그 당체를 무엇이라 해야 좋은가? 부르면 대답만 할 줄 아는 것이 아니라 춥고 더운 것도 안다. 사랑할 줄도 알고, 미워할 줄도 안다. 그리고 화내고 슬퍼할 줄도 안다.

세상에서 가장 존귀하고 값지고 기묘한 그 물건을 세상의 표현으로 가장 아름답고 존경스럽게 가장 뜻 깊게 부를 수 있는 말이 무엇일까?

부처라는 말보다 더 값진 말이 또 있을까. 만약 있다면 그것으로 표현해야 하리라. 사람으로서 울고 웃고 화내고 슬퍼하고 하는 이 사실, 이 능력보다 뛰어난 부처는 없다.

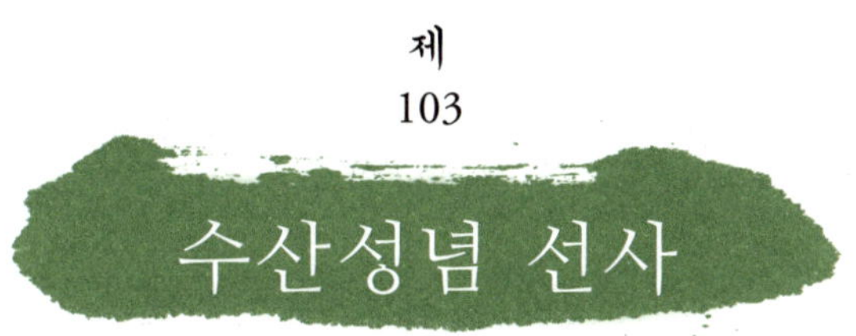

수산성념 선사

首山省念 禪師

조용조용하라

수산 선사에게 어떤 스님이 물었다.

"일체 모든 부처님이 이 경전으로부터 나왔다고 하시니 어떤 것이 이 경전입니까?"

수산 선사가 말하였다.

"조용 조용하라."

首山 因僧 問 一切諸佛 皆從此經出 如何是此經 師曰低聲低聲.

【강설】　『금강경』에 "모든 부처님과 부처님의 최상의 깨달음의 법이 모두 이 경에서 나왔느니라."라는 말이 있다. 그 스님은『금강경』의 이 내용을 인용하여 무엇이 이 경전인가를 질문하였다.

　　수산성념(首山省念, 926~993) 선사의 말씀은 뜻밖에도 "조용 조용하라."라는 것이었다. 누군가가 들을까 무서우니 조용하라는 것이다. 다른 사람이 알면 안 되는 극비의 법문을 그렇게 큰 소리로 떠들면 비밀이 다 알려지지 않느냐는 뜻이다. 그렇게 극비의 법문이라면 대중은 잘 귀담아 듣고 반드시 깨달아야 하리라.

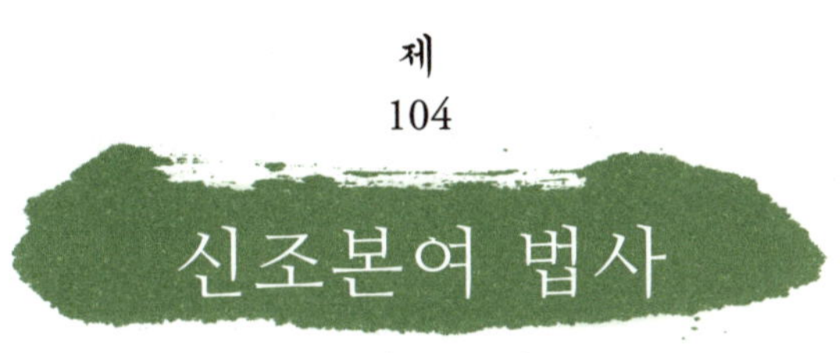

신조본여 법사

神照本如 法師

곳곳이 다 돌아갈 길

신조본여 법사가 법지 존자에게 물었다.

"어떤 것이 경전의 왕입니까?"

존자가 말하였다.

"그대가 나를 위하여 3년 동안 창고의 일을 맡아주면 그대에게 말하리라."

본여 법사가 그 명령을 공경히 받들어 3년을 마치고 다시 청하였다.

"지금 마땅히 설하여 주소서."

법지 존자가 본여 법사를 크게 부르는 한 소리에 홀연히 크게 깨달았다. 게송을 지어 말하였다.

"곳곳마다 돌아가는 길을 만나고 낱낱이 옛 고향이라.

본래 완전하게 이루어진 사실이니 하필 생각함을 기다리겠는가."

神照如法師 問法智尊者曰如何是經王 尊者曰汝爲我 主三年庫事 却
向汝道 如 敬承其命 三年畢 如 再請曰今當說之 尊者 大喚本如一聲
忽然大悟 作偈曰 處處逢歸路 頭頭是古鄕 本來現成事 何必待思量.

【강설】　　신조본여(神照本如, 981~1050) 법사는 법사답게 수많은 경전 중에서 왕이라고 할 만한 경전이 무엇인가를 물었다. 불교에는 부처님이 설한 경전도 많고 조사의 어록들도 많다. 경전이든 어록이든 수준이 낮은 경전이라고 표현한 것은 하나도 없다. 모두가 훌륭한 가르침이라고 설하고 있다. 특히『화엄경』은 경전 중에서 가장 큰 대경(大經)이라고 하며,『법화경』은 경전 중의 왕이라고 하였다. 실로『화엄경』과『법화경』은 대경이며 경 중의 왕이라고 할 만하다.

　　그러나 선게(禪偈)에 "나에게 한 권의 경전이 있는데 종이와 먹으로 만들어진 것이 아니다. 펼쳐보아야 글자 하나 없지만, 항상 광명을 놓고 있다[我有一卷經 不因紙墨成 展開無一字 常放大光明]."라고 한 그 경전이 아마도 경전 중의 왕이리라.

　　법지 존자도 본여 법사를 3년이나 창고의 소임을 보게 한 뒤에 그를 큰 소리로 불렀고, 그는 비로소 큰 광명을 발하게 되었다. 눈을 뜨고 보니 두두 물물이 모두가 경전이며 옛 고향이더라는 게송을 짓기에 이르렀다.

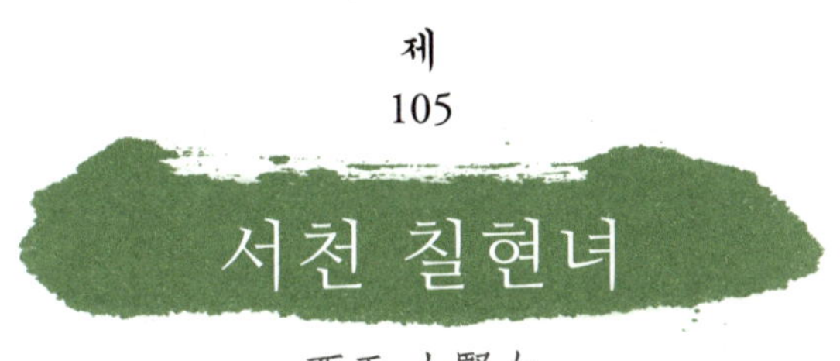

서천 칠현녀

西天 七賢女

사람은 어디로 갔나

서천의 일곱 명의 현명한 여인이 시체를 버리는 숲에서 함께 놀다가 시신 한 구를 보았다. 그 가운데 한 여인이 시신을 가리키면서 동생들에게 말했다.

"시신은 여기에 있으나 사람은 어디에 갔는가?"

그중에 한 여인이 말하였다.

"어찌 됐을까? 어찌 됐을까?"

여러 현녀가 자세히 관찰하여 각각 깨달았다. 감동한 제석천신이 꽃을 흩어 공양을 올리면서 말하였다.

"오직 원하노니 여러 현녀들이여, 필요한 것이 무엇인가? 내가 마땅히 종신토록 공급하리라."

현녀가 말하였다.

"우리 집에는 네 가지로 섬기는 의복, 음식, 와구, 의약품과 일곱 가지의 보물들을 모두 갖추고 있습니다. 그래서 오직 세 가지 물건이 필요합니다. 첫째는 음과 양이 없는 땅 한 조각이 필요하고, 둘째는 뿌리가 없는 나무 한 그루가 필요하고, 셋째는 불러도 메아리가 없는 산골짜기 한 곳이 필요합니다."

제석천신이 말하였다.

"일체 필요한 것을 내가 다 가지고 있으나 이와 같은 세 가지 물건은 나는 실로 없습니다."

현녀가 말하였다.

"그대는 이러한 물건이 없으니 어찌 사람을 제도할 줄 알겠는가."

제석천신이 아무 말이 없었다.

西天 七賢女 同遊屍多林 見一死屍 中有一賢女 指屍謂姉曰屍在這裏 人向甚處去 中有一賢女云 作麽作麽 諸賢女 諦觀 各各契悟 感帝釋 散花供養云 惟願諸賢女 有何所須 我當終身供給 女云 我家 四事七珍 悉皆具足 唯要三般物 一 要無陰陽地一片 二 要無根樹子一株 三 要叫不響山谷一所 帝釋云 一切所須 我悉有之 若此三般物 我實無 女云 汝無此物 爭解濟人 帝釋 無語.

【강설】　직지를 편찬한 백운 선사가 문득 『불설칠현녀경(佛說七賢女經)』의 내용을 이끌어 왔다.

한 여인이 시체를 보고 "시신은 여기에 있으나 사람은 어디에 갔는가?"라고 하면서 인간 존재의 실상을 꿰뚫어 관찰하는 명상을 통해서 일곱 명의 현녀들이 모두 깨달음을 성취한 내용이다.

설사 시체가 아니더라도 같은 관찰을 할 수 있는 공부법이다. 살아 있는 자신을 두고도 가능한 매우 훌륭한 명상법이다. 사진이나 그

　무비 스님의 직지 강설　◉

림이나 탱화나 영정 같은 것을 두고도 얼마든지 같은 관찰을 할 수 있다. 수식관이나 화두참구법이 아니라도 공부의 소재는 곳곳에 널려 있다고 보는 것이 불교적 안목이다.

일곱 현녀의 깨달음에 감동한 제석천신이 공양을 바치겠다고 하니 세 가지 공양을 요구하였다. 음양이 없는 땅, 뿌리 없는 나무, 메아리 없는 산이다. 상식적으로는 있을 수 없는 것을 달라고 요구하였다. 현녀는 제법공상(諸法空相)의 이치를 가르친 것이다. 제법이 텅 비어 공한 자리에서 보면 모든 존재가 그와 같은 것이다.

서천 칠현녀 ◉

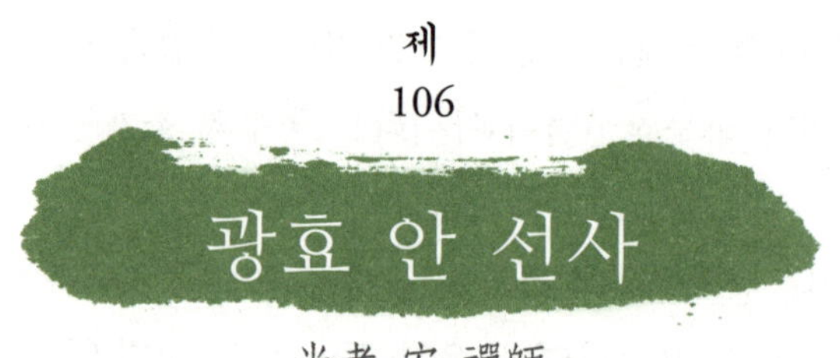

광효 안 선사

光孝 安 禪師

향로를 넘어뜨리다

광효 안 선사가 천태산 운봉에 가서 떳집을 지어 살면서 장좌불와하고, 하루에 한 끼만 먹고, 비단이나 솜옷은 입지 않은 채 오직 한 벌의 누더기 옷으로 겨울과 여름을 지냈다.

그러다가 덕소 국사를 뵈니 덕소 국사가 물었다.

"삼계에 법이 없는데 어느 곳에서 마음을 구하며, 사대가 본래 공한데 부처는 어디에 머물며, 그대는 어느 곳을 향해 노승을 보는가?"

광효 안 선사가 말하였다.

"오늘 화상의 견처를 잡아 깨뜨리겠습니다."

덕소 국사가 말하였다.

"무엇이냐?" 하니,

광효 안 선사가 향로를 흔들어 넘어뜨리고 나가버리거늘 덕소 국사가 그를 법의 그릇으로 여겼다.

光孝安禪師 往台之雲峯 結茅而居 長坐不臥 一食終日 不衣繒纊 唯一壞衲 以度寒暑 尋謁韶國師 師 問曰三界 無法 何處 求心 四大 本空 佛依何住 你向甚麼處 見老僧 安曰今日 捉敗和尚見處 師曰是甚麼 安 掀倒香臺而出 師 器之.

【강설】　불교에는 여러 가지 수행법이 있다. 부처님 당시에는 부처님께서 가르치신 진리의 말씀을 듣고 그 내용을 깊이 명상하는 것이 많이 행해졌다. 또는 진리의 말씀을 반복해서 외우고 익히는 것을 수행의 방법으로 삼기도 하였다.

불교가 중국으로 건너와 선도(仙道)와 만나면서 독특한 선불교(禪佛敎)가 탄생하였다. 즉 불교의 고행법과 신선이 되는 방법이 가미되면서 간혹 특별한 생활을 하는 사람들이 생겼는데, 즉 광효 안 선사와 같이 깊은 산중의 굴속에 홀로 살면서 장좌불와하고 하루에 한 끼만 먹으면서 누더기 한 벌로 추위와 더위를 이겨내는 생활을 하였다. 필자도 한때는 신선처럼 살기 위해서 벽곡을 연습하기도 하였다. 솔잎이나 잣나무 잎을 콩과 함께 먹는 수련이었다.

광효 안 선사는 일상을 그렇게 사는 것이 최상의 수행법인 줄 알았으나 덕소 국사를 뵙고는 모든 존재의 참다운 이치에 대한 설법을 듣게 되었다. 광효 안 선사는 선불교적 입장에서 법의 그릇으로 여길 만한 안목을 가지고 있었지만, 만약 그러한 안목도 없이 일생을 세상과 사람들을 등진 채 나무처럼 돌처럼 소중한 한 생을 보내버린다면 그것이 과연 불교의 출가수행자로서 가장 값진 삶이라고 할 수 있을까?

　　　　　　　　　　　광효 안 선사 ◉

현묘한 지취를 발하다

광효 안 선사가 어느 날 『화엄경』을 읽다가,

"몸에는 취할 바가 없으며, 수행에는 집착할 바가 없으며, 법에는 머무는 바가 없으며, 과거는 이미 소멸하였으며, 미래는 아직 오지 않았으며, 현재는 공적하였다."는 곳에 이르러 활연히 선정에 들어 10여 일을 지나고 나서 바야흐로 선정에서 일어났다. 몸과 마음이 상쾌해서 몰록 현묘한 지취를 발하였다.

安 一日 閱華嚴經 至於身 無所取 於修 無所着 於法 無所住 過去 已滅 未來 未至 現在 空寂 到者裏 豁然入定 經旬餘 方從定起 身心 爽利 頓 發玄旨.

【강설】 『화엄경』「범행품」에 이렇게 말하였다.

"만약 계율이 범행(梵行)이라고 한다면 계단이 계인가? 계를 받을 때에 '청정한가?'라고 묻는 것이 계인가? 위의를 가르치는 것이 계인가? 갈마를 세 번 설하는 것이 계인가? 화상이 계인가? 아사리가 계인가? 삭발이 계인가? 가사를 입는 것이 계인가? 걸식이 계인가? 정명(正命)이 계인가? 이처럼 관찰하여 마치고 나니 '몸에는 취할 바가 없으며, 수행에는 집착할 바가 없으며, 법에는 머물 바가 없으며, 과거는 이미 소멸하였으며, 미래는 아직 오지 않았으며, 현재는 공적하였으며,' 업을 짓는 자도 없고, 과보를 받는 자도 없으며, 이 세상도 동요하지 않고, 저 세상도 변하지 않느니라."

광효 안 선사가 위와 같은 경문을 읽고 곧 선정에 들어 10여 일을 지난 뒤에 선정에서 일어나 몸과 마음이 상쾌해지고 현묘한 지취를 발하였다고 하였다. 이처럼 경전을 읽다가 깨달은 사람이 많다. 흔히 잘 알려진 6조 혜능 선사가 『금강경』읽는 소리를 듣고 깨달았으며, 영가현각 선사도 『유마경』을 읽다가 깨달았다. 부처님의 말씀이나 조사 스님들의 말씀을 직접 듣고 깨달은 사람들은 더욱 많다.

모든 불조의 가르침은 존재의 본질과 실상을 깨닫게 하기 위한 가르침이므로 이러한 방편을 통하여 깨달음에 이르는 길이 수행의 정도이며 가장 쉬운 방법이다. 그러므로 불조의 말씀을 통해서 깨달음에 드는 사람들이 가장 많다.

◉

세상 이야기는 하지 않았다

광효 안 선사는 그 뒤 오직 좌선에 힘을 써서 큰 선정에 들어간 것 같았다. 하루는 선정 중에서 보니 두 스님이 법당 난간에 의지하여 이야기를 나누고 있었는데, 천신이 호위하며 오랫동안 듣고 있었다. 다음에는 악귀가 침을 뱉고 다시 그 스님들의 발자국을 쓸어버렸다. 그래서 그 스님들에게 까닭을 물었더니 처음에는 불법을 의논하다가 뒤에는 세상 이야기를 했다고 하였다.

광효 안 선사가 말하였다. "예사롭게 하는 말도 오히려 그러한데 하물며 법을 주관하는 사람이 북을 치고 법좌에 올라가서 쓸데없는 일을 이야기해서야 되겠는가?"라고 하였다.

광효 안 선사는 이때부터 종신토록 하루도 세상일을 이야기한 적이 없었다. 그러므로 광효 안 선사가 돌아가시고 화장을 하니 혀가 타지 않고 그대로 있으며 유연하기가 마치 붉은 연꽃과 같았다.

 　　　　　　　　　　　　　　　　　　　　광효 안 선사 ◉

後 唯務宴坐 如入大定 一日定中 見 二僧 倚殿檻語話 有天神 侍衛 傾
聽久之 俄有惡鬼 唾罵 復掃足跡 及詢倚檻僧所以 乃初論佛法 後談世
諦 安曰閑論 尙爾 況主法者 擊鼓陞座 說無益事耶 安 自此 終身未嘗
一日談世諦 故 安死闍維 舌根 不壞柔軟 如紅蓮花.

【강설】　법상에 올라가서 대중을 상대로 법문하는 일은 예삿일이 아
니다. 실은 법이 없으면 법상에 올라가서는 안 된다고 한다. 만약 법상
에 올라갔으면 부처님 말씀이나 조사스님들의 가르침을 정직하게 전
달하는 것이 자기 자신의 법이 없는 사람이 가져야 할 바른 도리이다.

　　부처님의 법을 전하는 자리에 앉아 세상의 일이나 논하고, 웃기는
이야기나 유행가를 부르면서 법문이라고 한다면 큰 잘못이다. 옛날
어떤 스님은 시장에 소를 팔러 다니던 이야기를 법상에 올라가서 했
다고 하여 오랫동안 웃음거리로 전해지기도 하였다.

　　반면에 평생을 수행에 전념하여 많은 사람으로부터 존경을 받고
큰스님이라고 추앙을 받던 분도 일생에 단 한 번도 법상에 올라가지
않은 분도 있었다. 또 자질이 뛰어난데다 참선을 많이 하였으며 지식
도 빼어나서 이론에도 매우 밝은 어떤 선사는 대중의 존경을 받아 이
름 있는 선원의 조실로 모셨으나 끝내 조실 자리를 사양하고 수좌라
는 이름으로 있으면서 끝까지 상당법문을 사양한 분도 있었다.

　　광효 안 선사가 선정에서 보고 들은 일이 일생의 큰 교훈이 되어
종신토록 부처님의 법을 말하는 것이 아니면 세상사는 한마디도 하지
않았다는 이 글은 오늘날 법문과 법상을 가볍게 생각하여 아무런 이
야기나 함부로 하는 사람들에게 큰 경책이 될 것이다.

　　국민 선사 성철 스님은 평소에 법상에 올라가면 반드시 고준한 상
당법어만을 말씀하시고 불조의 가르침을 쉽게 강설하지는 않았다. 만

　　　　　　　　　　　　　　　무비 스님의 직지 강설　●

약 불교를 자세하고 쉽게 설명해 줘야 할 경우가 있으면 소참법어라고 하여 법상에는 올라가지 않고 간단한 의자에 앉아 설명하였다. 해인사에 총림이 개설되고 열었던 소위 100일 법문이라고 널리 알려진 것도 100일 동안 법상에 올라가지 않고 간단한 의자에 앉아 설명한 것이다. 법상에 올라가서 한 법문이 아니어서 내용과 격식도 달랐다.

오늘날에는 아무도 그와 같은 격식을 차려서 법문하는 사람이 없다. 법을 아는 사람이 없으니 법을 전하는 격식도 사라지는 것인가?

광효 안 선사 ◉

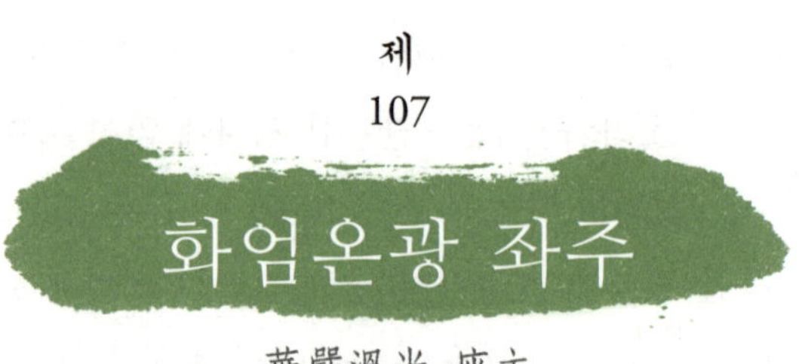

화엄온광 좌주

華嚴溫光 座主

푸르고 푸른 대나무

화엄온광 좌주가 선사에게 물었다.

"무슨 까닭으로 푸르고 푸른 대나무가 모두 진여이며, 무성하게 우거진 누런 꽃이 모두 반야라고 허락하지 않습니까?"

대주 선사가 답하였다. "법신은 형상이 없는데 푸른 대나무에 응하여 형상을 이루고, 반야는 앎이 없는데 누런 빛깔의 꽃에 대하여 형상을 나타낸다. 저 누런 꽃과 푸른 대나무가 아니라 법신과 반야가 있다. 그러므로 경전에 이르기를, '부처님의 참다운 법신은 마치 허공과 같아서 사물에 맞추어 형상을 나타내는 것이 물에 비친 달과 같다.'고 한다. 누런 꽃이 만약 반야라면 반야는 곧 무정물과 같고, 푸른 대나무가 만약 법신이라면 푸른 대나무가 또한 능히 작용하여야 하리라."

좌주가 항복하고 그 뜻을 깨달았다.

華嚴座主 問禪師 何故 不許青青翠竹 盡是眞如 鬱鬱黃花 無非般若 大
珠禪師 答曰 法身無相 應翠竹以成形 般若 無知 對黃花 而現相 非彼
黃花 翠竹 而有法身般若 故 經云 佛眞法身 猶若虛空 應物現形 如水
中月 黃花 若是般若 般若 卽同無情 翠竹 若是法身 翠竹 還能應用 座
主 降伏 領悟其旨.

【강설】　불교에는 진여, 반야, 법신 등 차원 높은 용어들이 많다. 이 말
의 내용과 사람의 마음은 다른가? 같은가? 하는 문제를 생각하게 하는
법문이다. 『화엄경』에서는 두두 물물이 모두 진여·반야·법신이라는
뜻으로 "물도 신이요[主水神], 불도 신이요[主火神], 바람도 신이다[主風
神]."라고 하여 삼라만상을 모두 신격시(神格視) 한다. 신격이라는 말은
곧 불격(佛格)·보살격이라는 뜻까지 포함하고 있다. 그러므로 반야니
법신이니 진여니 하는 말도 다 그 속에 포함된다. 그래서 『화엄경』을 전
공하는 강사가 『화엄경』의 견해에 근거하여 대주 선사에게 선불교에서
는 "무슨 까닭으로 푸르고 푸른 대나무가 모두 진여이며, 무성하게 우
거진 누런 꽃이 모두 반야라고 허락하지 않습니까?"라고 물었다.

　　대주 선사는 세상의 유정과 무정의 온갖 존재와 사람의 마음을 나
눠놓고 설명하여 사람의 마음이 개입되지 않으면 진여니 반야니 법
신이니 하는 것은 있을 수 없다는 견해로서 "누런 꽃이 만약 반야라면
반야는 곧 무정물과 같고, 푸른 대나무가 만약 법신이라면 푸른 대나
무가 또한 능히 작용하여야 하리라."라고 한 것이다. 『화엄경』을 전공
한 좌주도 『화엄경』의 이치에 확실한 소신이 없으므로 그 말에 항복하
였다고 하였다. 마음 없는 사물이 어디 있으며, 사물 없는 마음이 어디
있겠는가? 그러므로 삼계유심(三界唯心) 만법유식(萬法唯識)이라 하였
으며, 촉목개진(觸目皆眞)이요, 만목청산(滿目靑山)이라 한 것이다.

화엄온광 좌주 ◉

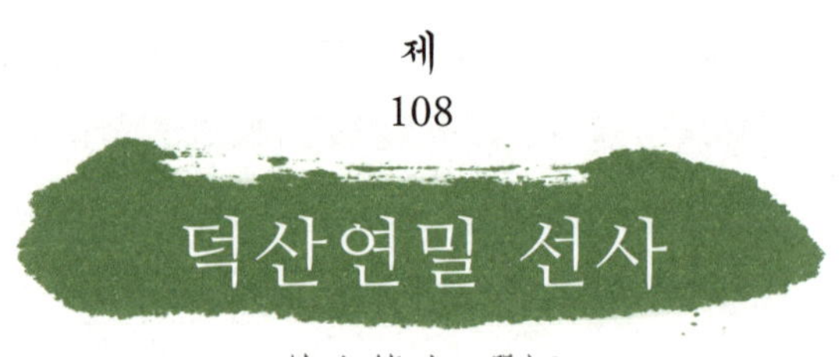

덕산연밀 선사

德山緣密 禪師

개 입 속으로 머리를 처넣다

덕산연밀 선사 회하에 어떤 한 선객이 있었다. 공부하는 데 매우 예리하여 "개에게 불성이 없다."라는 화두를 들되 오랫동안 들어가는 바가 없더니 하루는 개의 머리가 마치 해처럼 큰데 입을 벌려 그를 잡아먹으려고 하는 것을 보았다. 선자가 두려워서 자리를 피하고 도망을 가는데 이웃 사람이 그 까닭을 물었다. 선자가 그 사실을 갖추어 설명하였다.

드디어 덕산연밀 선사에게 알리니 선사가 말하였다.

"반드시 두려워할 필요는 없다. 다만, 통렬하게 정신을 차려서 개가 입을 벌리기를 기다려서 그 속으로 치고 들어가면 끝날 것이다."

선자가 가르침을 의지하여 한밤중까지 앉아 있었는데 개가 다시 나타났다. 선자가 머리로 있는 힘을 다해서 한 번 들이받으니 곧 꿰짝 속에 있었다. 그리하여 확연히 깨달았다. 뒷날 문수사에서 출세하여 도법을 크게 드날리니 그가 곧 응진(應眞) 선사이다.

德山密禪師會下 有一禪客 用功甚銳 看狗子無佛性話 久無所入 一日
忽見狗頭 如日輪之大 張口欲食之 禪者 畏避席而走 隣人 問其故 禪者
具陳其事 遂白德山 山曰不必畏矣 但痛加精彩 待渠開口 撞入裏許便
了 禪者 依敎 坐至中夜 狗復現前 禪者 以頭 用極力一撞 則在函櫃中
於是 廓然契悟 後 出世文殊 道法 大振 卽眞禪師也.

【강설】　선불교의 전통이 오래 되면서 독특한 공부법에 의하여 별별
기이한 현상들이 등장하였는데 여기에 소개하는 이 이야기도 참으로
신이하고 통쾌하다. 무엇보다 덕산연밀(德山緣密) 선사의 적절한 지도
가 빼어나 보인다. 근래에는 그와 같이 공부에 진정으로 힘을 쏟는 사
람도 볼 수가 없거니와 설령 있다 하더라도 공부를 제대로 지도할 눈
밝은 스승도 드물다.

　그 선자가 "개에게 불성이 없다."는 화두에 얼마나 마음을 기울이
고 공을 들였으면 개의 머리가 저 태양과 같이 크고 입을 벌려 그를 잡
아먹으려고 하는 환영에 사로잡혔겠는가. 무슨 일에나 이처럼 힘을
쓰고 공을 들인다면 이루지 못할 일이 없다. 그러므로 그는 크게 깨달
아 뒷날 대종사가 되어 세상에 빛을 드리우게 되었던 것이다.

덕산연밀 선사 ◉

규봉종밀 선사

圭峯宗密 禪師

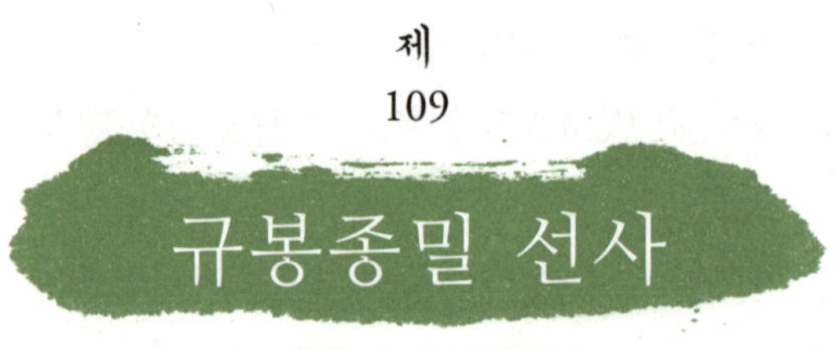

망념을 따르지 마라

규봉종밀 선사가 말하였다.

"다만, 가이 공적으로써 자체를 삼고 색신을 오인하지 말며 영지로써 자신의 마음을 삼고 망념을 오인하지 마라. 망념이 만약 일어나더라도 절대로 따라가지 아니하면 목숨을 마칠 때에 저절로 업에 매이지 아니하고 천상이나 인간에 마음대로 가게 되리라. 이것이 이치를 깨달은 사람의 아침과 저녁으로 수행하는 요긴한 조목이다."

圭峯宗密禪師云 但可以空寂 爲自體 勿認色身 以靈知 爲自心 勿認妄念 妄念 若起 都不隨之 則臨命終時 自然業不能繫 天上人間 隨意寄托 此是悟理之人 朝夕修行要節.

【강설】　규봉종밀(圭峯宗密, 780~841) 선사는 당(唐)나라 덕종(德宗) 건중(建中) 원년(780)에 과주 서윤현에서 태어났다. 그가 태어났을 무렵 그의 스승인 화엄종의 징관(澄觀) 대사 청량(淸凉) 스님은 43세였다. 종밀 선사는 천부적인 재질을 받아 태어났는데, 7세부터 10여 년간은 유교의 학문을 배우고, 18세부터 약 3년간은 재가 불자로서 불교의 경론을 배웠다. 그 후 다시 23세부터 2년간은 사천성 서쪽 연안에 있는 수주(遂州)에 건너가 의학원(義學院)에서 유학을 연구했다.

25세 되던 해 서천(西川)으로부터 수주로 가끔 교화하러 나오던 6조 혜능 대사의 남돈선(南頓禪)을 계승한 도원(道圓) 스님을 만나 마침내 머리를 깎고 출가하여 그의 제자가 되었다. 종밀 선사가 득도하여 아직 사미(沙彌)로 있을 무렵, 우연히 재(齋)에 초대를 받아 어느 단월(檀越)의 집에 이르러 독경을 하게 되었는데『원각경』이었다. 경전을 받아 들고 겨우 두어 쪽을 읽었을 때 자신도 모르게 몸과 마음이 쇄락(灑落)하고 경쾌해지며 깨달음을 얻었다. 이러한 인연으로 특히『원각경』의 연구에 많은 힘을 기울였다.

그 후 그는 여러 해 동안『원각경』의 많은 소초들을 입수하여 연구에 연구를 거듭하였다. 그는『원각경』을 가리켜 "법성(法性)과 법상(法相) 및 파상(破相), 즉 성상공(性相空) 세 종(宗)의 경론과 남북돈점(南北頓漸)의 선종과 화엄원교(華嚴圓敎)의 교리를 두루 겸비한 위대한 경전이다."라고 극구 찬양하였다.

종밀 선사는 많은 스승을 참례하다가 뒤에 낙양의 신조(神照) 선사를 참예(參詣)하였는데 신조 선사는 종밀 선사를 향해 "그대는 진정으로 보살의 화현이다. 하지만, 누가 능히 그대의 그릇을 알랴."라고 하였다고 한다. 종밀 선사의 사상 형성에 커다란 영향을 끼친 것은『원각경』과 아울러 화엄 교학이었다. 종밀 선사가 최초로 화엄 교학과 만나게 된 것은 도원 화상에게 사사했을 당시 두순(杜順) 화상의 법계관문

(法界觀門)을 손에 넣고 이를 연구한 데서 비롯된다.

그러나 종밀 선사가 본격적으로 화엄교학에 몰두하게 된 것은 화엄종의 제5조 징관(澄觀) 대사 청량(淸凉) 스님과의 만남이다. 징관 대사와의 만남을 주선한 사람은 징관 대사의 제자인 회각사(恢覺寺)의 영봉(靈峰) 스님이었다.

원화 5년(810) 양주(襄州)에서 신병으로 병석에 누운 영봉 스님은 징관 대사의 『화엄대소(華嚴大疏)』 20권과 대소초 40권을 종밀에게 전했다. 종밀 선사는 이를 받아 들고 무한히 감격하여 말하기를 "나는 선(禪)은 남인(南印) 즉 남종선과 만났고, 교(敎)는 원각(圓覺)을 만나 두 말 할 나위 없이, 한마디로 심지(心地)가 열렸으며, 이제 또다시 이 큰 법을 얻게 되니 어찌 다행하지 않으랴."라고 하였다.

원화 6년(811), 서른두 살 때에 동도(東都)에 가서 조사탑을 참배하고 영목사(永穆寺)에 들어가 최초로 『원각경』을 강의하였다. 출중한 그의 강의를 듣기 위해 구름처럼 많은 사람이 모여들었다. 한편, 그의 강의를 가끔 듣던 문인 태공(泰恭) 스님은 강의 내용에 감격한 나머지 자기의 팔을 제 손으로 잘랐다고 한다.

원화 6년 9월 13일, 종밀 선사는 그의 제자인 현규(玄珪) 스님과 지휘(智輝) 스님을 징관 대사의 문하에 보내어 편지를 봉정하였다. 그때 징관 대사의 나이는 74세, 이미 많은 저술을 남겼으며 공명은 중국 천하를 휩쓸 때였다. 그로부터 한 달 뒤에 징관 대사는 종밀 선사에게 답장을 보냈는데, 답장을 받고 종밀 선사는 다시금 10월 23일 징관 대사에게 편지를 보냈다. 이들 사이에 왕래하였던 편지들은 『원각경약소(圓覺經略疏)』 권말에 모두 수록되어 있다. 그로부터 2년간 징관 대사에게 직접 가서 화엄학을 배웠다.

종밀 선사에게 화엄학을 교수하던 징관 대사는 종밀 선사의 재능이 누구보다도 뛰어남을 높이 평가하여 말하기를 "비로자나의 화장장엄세계에서 능히 나를 따라서 마음대로 유유자적하는 자는 오직 그대 말고는 아무도 없을 것이다.”라고 하였다고 한다. 그리고 종밀 선사를 화엄학의 제6조로 인가하였다. 종밀 선사는 그 후 징관 대사 곁에서 주야로 스승을 모시면서 가르침을 받았다.

원화 11년(816)에 종밀 선사는 장안의 남쪽에 있는 종남산 지거사(智炬寺)에 머물면서 많은 저작을 남겼는데, 그때 남긴 저작이 『원각경과문(圓覺經科文)』 1권과 『원각경찬요(圓覺經纂要)』 2권이었다. 그로부터 3년 뒤, 원화 14년(819)부터 돌연 유식학(唯識學) 관계 연구에 몰두하면서 『유식론소』 등을 저술함과 동시에 『금강경』, 『대운경(大雲經)』, 『조론(肇論)』 등의 연구에 종사하였다. 그때 연구한 결과로서 『금강경소론찬요소(金剛經疏論纂要疏)』 1권과 같은 경전의 소초 1권, 그리고 『대운경소』와 『조론주소(肇論注疏)』 등을 저술했다.

원화의 시대가 가고 장경(長慶)의 시대에 접어들던 해(821) 종밀 선사의 나이 42세가 되었을 때 그는 종남산 초당사(草堂寺)로 물러나 있었다. 종남산에 들어간 것은 종밀 선사의 사상에 하나의 커다란 전환기라는 생각이 든다. 산으로 들어간 이후 그는 3년 동안 대장경을 두루 열람하고 거기서 얻은 지식을 기초로 하여 비로소 『원각경』의 본격적인 연구에 착수하였던 것이다.

그리고 장경(長慶) 2년에서 3년에 걸쳐 실제로 많은 서삭 활동을 하였는데, 『원각경대소(大疏)』 12권과 『원각경대소초』 13권, 『원각경약소초』 12권, 『원각경도량수증의(道場修證義)』 5권이 이루어졌다. 종남산 풍덕사(豊德寺)에 머물면서 『화엄윤관(華嚴綸貫)』 5권과 『사분율소(四分律疏)』 3권 등을 저술하였다. 장경 3년 이후 열반에 들 때까지 저술한 것들이 매우 많은데 연대는 분명치 않다.

그러나 그들 책명을 적어보면 다음과 같은 것들이 있다. 『원인론(原人論)』 1권, 『기신론주소(起信論注疏)』 4권, 『우란분경소(盂蘭盆經疏)』 2

권,『화엄경행원품소과(華嚴經行願品疏科)』1권,『화엄경행원품소초』6권,
『주화엄경법계관문(注華嚴經法界觀文)』1권,『화엄심요법문주(華嚴心要法
門注)』1권 등이 있다.

　　종남산 초당사에 머물면서 오로지 학문 연구에 몰두하였던 종밀
선사는 태화(太和) 2년(828) 경성절(慶成節)에 문종(文宗)에게 초빙되어
궐내에 들어가 자금색 법복을 하사받고, 또 임금의 명령에 의해 대덕
(大德)이라는 칭호를 받았다. 태화 3년부터 2, 3년간은 성내에 머물다
가 그 후 다시 4, 5년간은 초당사에 주석하였다. 이를 전후하여 배휴
(裴休)의 구법에 응해『중화전심지선문사자승습도(中華傳心地禪門師資承
襲圖)』를 저술하였다.

　　백운 스님이『직지』에 인용한 글은 그 많은 저술 중에서 매우 긴요
한 가르침이라는 생각에서 이끌어 왔으리라. 종밀 선사는 스스로 "이
것은 이치를 깨달은 사람이 아침과 저녁으로 수행하는 요긴한 조목이
다."라고 하였다.

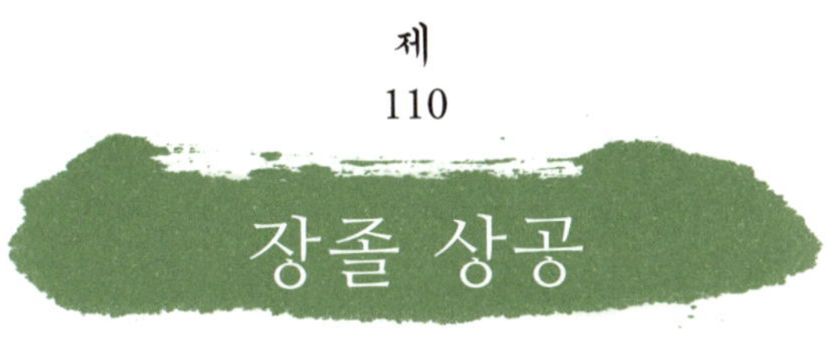

장졸 상공

張拙 相公

졸렬함은 어디서 왔는가?

장졸 상공이 석상 선사를 참배하니 석상 선사가 물었다.

"선배는 성이 무엇입니까?"

"이름은 졸(拙)이고 성은 장(張)입니다."

석상 선사가 말하였다.

"교묘함을 찾아도 마침내 찾을 수 없는데 서투름은 어디에서 왔습니까?"

장졸 상공이 그 말에 깨닫고 이에 게송을 지었다.

광명이 고요히 비추어 온 우주에 두루 하니 범부와 성인과 모든 생명이 모두 한집이더라. 한 생각이 일어나지 않으면 전체가 나타나고 6근이 움직이면 구름에 가리네. 번뇌를 끊어 제하면 병만 더 무거워지고 보리에 나아가는 것은 또한 삿된 짓이라. 온갖 인연을 수순함에 걸림이 없으니 열반과 생사가 허공의 꽃이더라.

張拙相公 叅石霜 霜 問 先輩 何姓 曰名拙姓張 師云 覓巧了不可得 拙 自何來 張 於言下有省 乃述頌云 光明寂照徧河沙 凡聖含靈共一家 一 念不生全體現 六根才動被雲遮 斷除煩惱重增病 趣向菩提亦是邪 隨 順衆緣無罣碍 涅槃生死是空花.

【강설】　선지식들이 사람을 대할 때 반드시 법을 깨우쳐주어야 하는 데 그 기연을 무엇에서 찾을 것인가 하는 것이 매우 중요하다. 혹은 살던 지방이나 사찰이나 사찰의 법도나 모시던 선지식이나 그 선지식이 주로 거량하는 법이나 이와 같은 것을 먼저 물어서 그 대답을 활용한다. 석상 선사는 상대방의 이름을 물어서 그 이름에 담긴 뜻으로 법을 거량하였다. 장졸 상공은 자신의 이름 덕택에 법의 눈을 뜨게 된 사연이다. 눈을 뜨고 지은 게송이 아주 뛰어나다.

　'한마음의 빛으로 가만히 비춰보니 범부, 성인 그리고 모든 생명이 다 같이 일가를 이루었더라. 즉 마음과 부처와 중생은 차별이 없는 동등한 존재더라.'라는 뜻이다. 무엇보다 "번뇌를 끊어 제하면 병만 더 무거워지고 보리에 나아가는 것은 또한 삿된 짓이라. 온갖 인연을 수순함에 걸림이 없으니 열반과 생사가 허공의 꽃이더라."는 말씀은 참으로 빼어나다.

　『제법무행경(諸法無行經)』에도 "탐욕이 곧 도다. 성내고 어리석음도 또한 그러하다. 이와 같은 세 가지 이치에 일체의 불법을 갖추었다[貪慾卽是道 瞋恚亦復然 如是三法中 具一切佛法]."라고 하였다. 달리 탐·진·치와 번뇌 망상을 끊으려고 하지 마라. 끊으려고 하면 오히려 병만 더한다. 이미 있는 병에 다시 끊으려는 병까지 생긴다. 또한, 깨달음 위에 다시 깨달음을 구하는 것은 삿된 짓이라고 경고하였다.

　　무비 스님의 직지 강설 ●

운문문언 선사

雲門文偃 禪師

말에 떨어졌구나

운문 선사가 어떤 스님에게 물었다.

"'광명이 고요히 비추어 온 우주에 두루 하다.'라는 말이 어찌 장졸 상공의 말이 아니겠는가?"

그 스님이 "그렇습니다."라고 하였다.

운문 선사가 말하였다.

"말에 떨어졌도다."

雲門 問僧 光明寂照遍河沙 豈不是張拙相公語 僧云 是 師云 話墮也.

【강설】　　운문문언(雲門文偃, 864~949) 선사는 절강성 가흥현(嘉興縣) 사람으로 속성은 장(張)씨이다. 17세에 출가하여 교학과 계율에 깊은 식견을 얻었다. 그러나 교학 등이 '궁극적인 자신의 본분을 밝히지 못함'을 탄식하고 곧바로 선(禪)의 길로 나아가서, 설봉의존(雪峰義存, 822~908) 선사의 문하에서 깨달음을 얻게 된다. 이후 스님은 지금의 광동성 유원현(乳源縣) 북쪽의 운문산 광태선원(光泰禪院)에서 운문종(雲門宗)을 새로 세워 종풍을 크게 떨쳤다.

　　우리가 평상시 흔히 쓰는 그 유명한 '날마다 좋은 날[日日是好日]'이 바로 스님의 말씀이다. 그러나 운문 선사는 스스로 가풍을 평가하여 "높고 험준하고, 물살이 빨라서 고기들이 머물지 못한다."라고 하였다. 운문종은 선가 5종 중에서 훌륭한 선승들을 가장 많이 배출하였다.

　　불교는 말을 끊은 종교인 동시에 말이 대단히 많은 종교다. 그래서 말을 따라가다 보면 헛걸음을 하는 경우가 많다. 말을 따라갈 수도, 따라가지 않을 수도 없는 것이 불교의 가르침이다. 『직지』에 인용한 선사의 지도는 말에 떨어지지 말라는 것이다. 운문 선사의 법어가 뒷날 간화선의 화두로 사용하는 내용이 많은데 "말에 떨어지지 말라."는 이 법문을 마음에 깊이 새겨야 하리라.

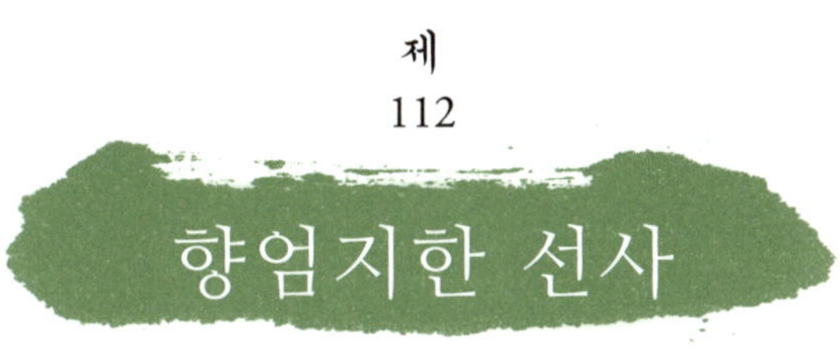

금년엔 송곳마저 없다

향엄 선사가 말하였다.

"지난해의 가난은 가난이 아니다. 올해의 가난이 비로소 가난이다. 지난해에는 송곳을 꽂을 땅이 없었는데 올해에는 송곳마저 없다."

앙산 선사가 말하였다.

"여래선은 곧 사형에게 허락하시만, 조사선은 꿈에도 보지 못하였다."

향엄 선사가 다시 말하였다.

"나에게 한 기틀이 있어서 눈을 깜짝하여 그대에게 보이거든 만약 그것을 알지 못하면 따로 사미를 부르리라."

앙산 선사가 말하였다.

"사형이 조사선을 안 것에 대하여 기뻐하노라."

香嚴禪師云 去年貧 未是貧 今年貧 始是貧 去年 有卓錐之地 今年 錐
也無 仰山云 如來禪 卽許師兄 祖師禪 未夢見在 嚴云 我有一機 瞬目
視伊 若人不會 別喚沙彌 仰山云 且喜師兄 會祖師禪.

【강설】　향엄지한(香嚴智閑, ?~898) 선사는 등주(鄧州) 사람으로 속성은
유(劉)씨이며, 법명은 지한이다. 어려서 출가하여 백장회해 선사의 문
하에서 수행하다가 후에 위산영우(潙山靈祐) 선사를 찾아가 그의 제자
가 되었다. 키는 7척이나 되고 아는 것이 많고 말재주가 능하며 학문
은 당할 이가 없었다.

　　하루는 스승 위산 선사가 향엄 선사에게 물었다.

　　"그대가 터득한 지식은 전부 듣고 본 것뿐이다. 지식에 대해서는
묻지 않겠다. 그대가 태어나기 전, 동과 서를 구별하지 못했을 때의 그
대 모습을 말해 보라."

　　이에 향엄 선사는 대답을 하지 못한 채 고개를 숙이고 한참 있다
가 특유의 지식과 말재주를 동원하여 몇 마디 했으나 모두가 엉터리
였다. 향엄 선사는 마침내 스승에게 도를 말씀하여 주실 것을 청하니
위산 선사가 말했다.

　　"내가 말하면 옳지 않다. 그대 스스로 말해야 그대의 안목이다."

　　이때 향엄 선사는 방으로 돌아와 모든 서적을 두루 뒤졌으나 한마
디도 대답에 맞는 말이 없었다. 그 길로 그는 서적을 몽땅 태워버렸다.
책을 태우는 것을 보고 달려온 학인이 자기에게 책을 달라고 하자 향
엄 선사가 말했다.

　　"내가 평생 이것 때문에 피해를 당했는데 그대가 또 피해자가 되
려는가?"

　　향엄 선사는 한 권도 주지 않고 몽땅 불태우며 굳은 각오를 했다.

"금생에는 불법을 바로 배우지 못했다. 그동안 나를 당할 자가 없으리라 여겼었는데, 오늘 위산 선사께 한 방망이 맞고 나니 그런 생각이 깨끗이 사라졌다. 이제는 평범한 대중으로 살며 여생을 보내리라."

향엄 선사는 이런 각오와 함께 눈물을 흘리며 스승 위산 선사에게 하직하고 향엄산으로 들어가 옛날 혜충 국사가 살던 터에 암자를 짓고 수행에 들어갔다. 하루는 마당의 풀을 베면서 번뇌를 덜고 있는데 무심코 던진 기왓장 조각이 대나무에 부딪히는 소리를 듣는 순간 크게 깨달았다. 그 유명한 향엄격죽(香嚴擊竹)이다.

선사가 대오(大悟)한 후에 개당(開堂)을 하니 위산 선사가 편지와 주장자를 보내왔다. 이를 받고 선사는 "아이고 아이고" 하면서 울었다. 옆에 있던 제자가 놀라서 물었다.

"스님께서는 왜 그렇게 우십니까?"

"겨울에 할 일을 봄이 되어서야 시키는구나."라고 하였다.

『직지』에 소개된 여래선과 조사선에 대한 이야기는 지금까지도 선가에서 많은 사람의 입에 오르내리는 유명한 말이다. 스승인 위산영우 선사와 앙산혜적 선사의 가풍을 함께 일컬어 선가 5종의 하나인 위앙종(潙仰宗)을 세웠으며, 직지에 나온 이 내용은 앙산 선사가 향엄 선사를 인가하는 대목이다.

송곳에 대한 이야기는 참으로 멋신 표현이나. 여래의 경지와 조사의 경지가 다를 리가 없지만, 앙산 선사는 조사선을 더 높이 표현하고 있어서 후대까지도 그 말을 따라 조사선을 높이 보는 경향이 있다. 사실 불교의 완성은 후기 대승불교이다. 즉 『법화경』이나 『화엄경』의 가르침이 불교의 완성이며 경전의 완성이다. 그런데 불교가 중국에 들어와서 특유의 선도(仙道)와 융합하면서 인간 정신의 궁극을 선불교에 두는 경향이 생기게 된 것이다. 그래서 조사선이니 여래선이니 하는 이야기가 성행하였다.

"지난해의 가난은 가난이 아니다. 올해의 가난이 비로소 가난이다. 지난해에는 송곳을 꽂을 땅이 없었는데 근년에는 송곳마저 없다."라고 하여 모든 존재가 철저히 텅 빈 공적의 경지를 표현하였다. 지극히 높고 높은 경지라고나 할까.

그러나 "나에게 한 기틀이 있어서 눈을 깜짝하여 그대에게 보이거든 만약 그것을 알지 못하면 따로 사미를 부르리라."라고 한 것은 그야말로 평상의 도리이다. 즉 일상의 생활에서 하는 크고 작은 동작 하나하나가 모두 그대로 법이며 도(道)라는 말이다. 필요하면 시자인 사미를 부르기도 하고, 졸리면 자고 배고프면 먹는다. 무엇이 특별한가. 산은 산이 아니고 물은 물이 아닌 도리는 매우 높아 보이고, 산은 산이고 물은 물인 도리는 그저 평범해 보인다. 하지만 부정을 거쳐서 다시 긍정으로 돌아온 경지로 평범한 것이야말로 최고의 경지이다.

道吾 禪師

강남 땅 3월에 자고새 울다

도오 선사에게 어떤 스님이 물었다.

"무엇이 조사선입니까?"

도오 선사가 말하였다.

"강남땅 3월에 자고새가 울고 백화가 만발하니 향기가 그윽함을 추억하도다."

[백운 화상이 말하였다. "이 일구는 색과 소리와 말을 갖추었으니 이것은 이른바 '무릇 말을 하고자 함에 한 구절에 3구를 갖춘 것'이다. 뜰 앞의 잣나무와 같은 본분 도리를 답한 것과 일반이다."]

道吾 因僧 問 如何是祖師禪 吾云 遙憶江南三月裏 鷓鴣啼處 百花香.
[私曰此一句具色聲言語 此所謂凡欲下語 一句 具三句 與庭前柏樹子本分答
話一般]

【강설】 　조사선이 무엇이냐고 물었는데 지극히 평범한 사람의 순수
한 감정을 예를 들어 답하였다. "3월의 강남 땅에는 자고새가 울고 백
화 또한 만발하니 향기 그윽함"이라고 하여 매우 시적으로 표현하였
다. 이렇게 선불교의 절정이며 인간 정신의 극치인 조사선은 오히려
순수하고 인간적이다. 즉 평상 도리다.

　백운 화상이 짤막하게 평하기를 "뜰 앞의 잣나무와 같은 본분 도
리를 답한 것과 일반이다."라고 평하였다. 도오 선사의 조사선에 대한
답에서 "뜰 앞의 잣나무" 도리까지 알아차리게 하였다.

　　　　　　　　　　무비 스님의 직지 강설 ●

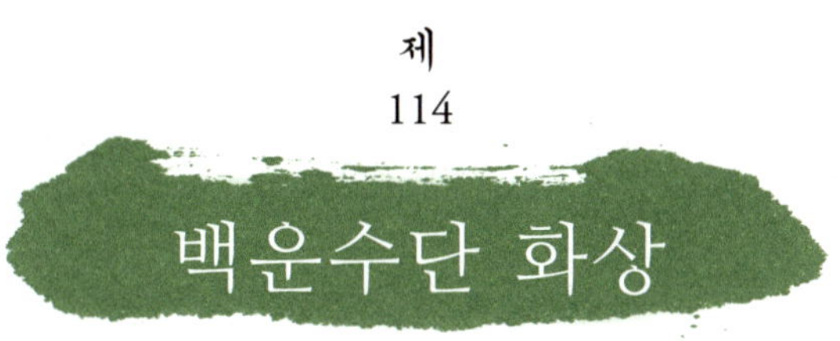

백운수단 화상

白雲守端 和尙

깨달음에는 선지식이 필요하다

백운수단 화상이 말하였다.

"깨달음에는 모름지기 사람을 만나야 한다. 만약 사람을 만나지 못하면 다만 일개 꼬리 없는 원숭이와 같아서 재주를 보이려고 나서면 사람들이 곧 비웃는다. 이 도리를 깊이 믿는 사람은 만 명 가운데 한 사람도 없다. 진실로 불쌍하고 진실로 불쌍하도다."

白雲端和尙云 悟了 須遇人始得 若不遇人 祇是一介無尾巴猢猻相似 才弄出 人便笑 深信此道者 萬中 無一 誠可憐憫 誠可憐憫.

【강설】　　백운수단(白雲守端, 1025~1072) 화상은 본래 뛰어난 기품을 지닌 분으로 젊은 시절 상중(湘中) 지방을 돌아다녔다. 때마침 방회(方會, 993~1046) 스님이 양기산(楊岐山)에서 운개산(雲蓋山)으로 옮겼는데, 수단 스님을 마음속으로 남다르게 생각하였으며, 마주하고 이야기하는 날이면 으레 밤을 지새웠다.

어느 날 갑자기 방회 스님이 물었다.

"스님의 삭발 은사는 누구인가?"

"다릉인욱(茶陵仁郁) 스님입니다."

"내가 듣기로는 그가 개울을 건너면서 깨침을 얻고 지은 게송이 매우 잘 된 글이라 하던데 그 게송을 기억할 수 있는가?"

그리하여 스님이 그 게송을 외웠다.

나에게 신비한 구슬 한 알이 있는데
오랫동안 티끌에 덮였다가
비로소 오늘에야 티끌이 사라지고 빛이 쏟아지니
산하대지 온갖 떨기마다 모두 비추네.

[我有神珠一顆 久被塵勞關鎖 今朝塵盡光生 照破山河萬朶]

그러자 방회 스님이 한 차례 크게 웃고 나가버렸다. 이에 깜짝 놀라고 당황하여 밤새도록 잠을 이루지 못하였다. 이튿날 아침, 수단 스님이 방장실로 찾아가 어제의 일을 여쭈었다. 때마침 정초였는데 방회 스님이 말씀하셨다.

"그대는 어젯밤 액막이 여우 때리는 것을 보았는가?"

"보았습니다."

"그대는 그것보다 한 수 부족하다."

이 말에 스님이 또 한 번 매우 놀라며, "무슨 말씀입니까?" 하자,

방회 스님이 말씀하셨다.

"그것은 사람의 비웃음을 좋아하는데, 그대는 사람들의 비웃음을 두려워하는구나."라고 하자 스님은 이 말끝에 크게 깨쳤다.

백운수단 선사는 자신이 평소에 뛰어난 기질과 출중한 근기의 소유자였으나 선지식을 만나지 못하여 제멋대로 잘난 체하였다. 뒤에 양기방회 선사를 만남으로써 비로소 바른 눈을 뜨고 자신의 과거를 심히 부끄러워했던 것이다. 그래서 위와 같은 법문을 하였다. 즉 "선지식을 만나 깨달음을 지도받지 못하고 날뛰는 것은 마치 꼬리 없는 원숭이가 재주를 부리면서 사람들의 비웃음거리가 되는 것과 같다."고 한 것이다. 얼마나 절절하게 뉘우쳤으면 "진실로 불쌍하고 진실로 불쌍하도다."라고까지 하였겠는가.

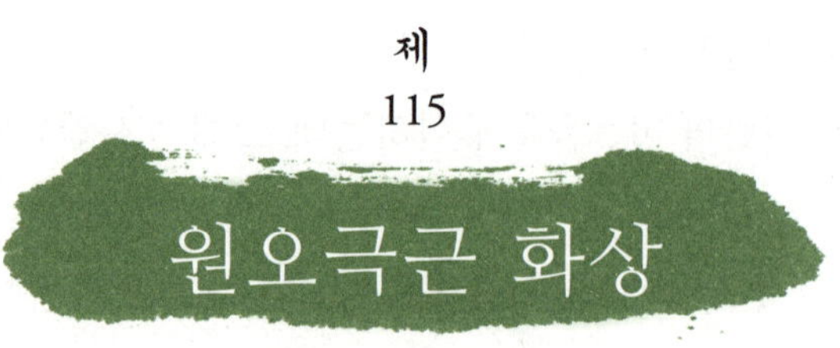

원오극근 화상

圓悟克勤 和尙

소염시(少炎[艶]詩)

원오극근 화상이 오조법연 화상을 모시고 있을 때였다. 진제형이라는 사람이 벼슬을 그만두고[解印] 촉나라로 돌아올 때 산중을 지나면서 도를 묻게 되었다. 대화를 나누는 차에 오조법연 화상이 물었다.

"제형은 일찍이 소염시를 읽었는가? 두 구절이 자못 선지에 가까우니라. 이를테면, '소옥이를 자주 부르는 것은 다른 일이 아니니라. 다만 단랑[애인]이 그 소리의 뜻을 알게 하기 위함이니라.'라는 것이다."

진제형이 "예 예" 하고 대답하였는데, 오조법연 화상이 말하였다.

"또한, 자세히 살펴보아라."라고 하였다.

圓悟勤和尙 侍立五祖演和尙 偶陳提刑 解印還蜀 過山中問道 因語話
次 祖問曰提刑 曾讀少炎詩否 有兩句頗近禪旨曰 頻呼小玉非他事 只
要丹郞認得聲 提刑 應諾諾 祖曰且子細看.

【강설】　　원오극근(圓悟克勤, 1063~1135) 화상은 중국 송(宋)나라 때 팽
주(彭州) 숭녕(崇寧) 사람으로 어린 시절에 묘적원(妙寂院) 자성(自省)
선사에게 출가하였다. 문희(文熙) 스님과 민행(敏行) 스님을 따라 경
론을 연구하였고 뒤에 임제종의 오조법연(五祖法演, 1024~1104) 선사
의 법을 이었다. 법연 선사의 문하에는 삼불(三佛)이라는 세 분의 뛰
어난 선사가 있었다. 불과원오(佛果圓悟, 1063~1125), 불감혜근(佛鑑慧懃,
1059~1117), 불안청원(佛眼淸遠, 1067~1120)이다. 학도를 위하여 설두(雪
竇) 선사의 송고백칙(頌古百則)에 평창(評唱) · 수시(垂示) · 착어(着語)를
붙여 이를 엮어 『백암록(百巖錄)』을 저술하였다. 만년에 소각사(昭覺寺)
에 돌아가 소흥 5년 8월 73세에 입적하였다. 저서는 『불과원오선사어
록(佛果圓悟禪師語錄)』 20권, 『벽암록(碧巖錄)』 10권이 있다.

　　원오 선사의 소염시가 선지(禪旨)에 가깝다는 말로 인하여 뒷사람
들이 선불교에 자주 인용하는 시다. 당나라 현종 임금의 애첩 양귀비
가 현종 임금 몰래 안녹산이라는 상군을 사귀었는데 남의 눈을 속이
고 만나야 하는 처지였다. 그래서 안녹산은 언제나 뒤뜰에 숨어 기회
를 기다리는데 양귀비는 현종이 없는 틈을 타서 몸종인 소옥을 할 일
없이 자꾸 부르면 안녹산은 그 소리를 듣고 남몰래 뒷문으로 들어와
사랑을 속삭였다고 한다. 그래서 양귀비가 몸종인 소옥을 자주 부르
는 것은 소옥에게 볼일이 있는 것이 아니고 안녹산이 듣고 들어오라
는 뜻이었다. 그러나 누가 그 깊은 속을 알겠는가. 다만, 아는 사람만
알 뿐이다.

　　　　　　　　　　　　　　　　원오극근 화상　◉

선불교의 취지도 그와 같다. '뜰 앞의 잣나무'니, '마른 똥 막대기'니, '판치생모'니, '구자무불성'이니 하는 말은 모두가 그 뜻이 말 밖에 있다. 그래서 말을 쫓아가면 어긋난다.

세속 사람에게는 세속의 예를 들어 선을 깨우친 것이다. 진제형이라는 사람이 벼슬살이를 그만두고 산에 들어와서 선(禪)의 진수를 배우는데 오조법연 선사가 예로 든 것이다. 뜻밖에 스승 옆에 시립하고 있던 원오극근 선사가 크게 깨닫게 되는 사연이다.

소염시는 갖추어 기록하면 아래와 같다.

"일단의 참다운 풍경을 그림으로 그릴 수 없어라. 동방의 깊은 곳에서 그윽한 정을 펼치네. 소옥이를 자주 부르는 것은 다름이 아니라 다만 단랑[애인]이 그 소리의 뜻을 알게 하기 위함이네[一段眞風畵不成 洞房深處敍幽情 頻呼小玉非他事 只要丹郎認得聲]."

이 단락의 중요한 뜻은 진제형이 "예 예" 하고 대답하였는데, 오조법연 화상이 "소염시의 낙처를 또한 자세히 살펴보라."라고 한 것에 있다.

◉

뜰 앞의 잣나무

원오 화상이 물었다.

"진제형이 화상께서 들어 보인 소염시를 듣고 그 뜻을 알았습니까?"

오조법연 선사가 말하였다.

"그는 다만 소리만 알아들었을 뿐이다."

원오 선사가 말하였다.

"본문에는 말하기를, '다만 단랑[애인]이 그 소리의 뜻을 알게 하기 위

      무비 스님의 직지 강설 ◉

함이네.'라고 하였으니 그가 이미 소리를 알아들었다면 왜 도리어 옳지 않습니까?"

오조법연 선사가 말하였다.

"어떤 스님이 묻기를, '무엇이 조사가 서쪽에서 온 뜻입니까?'라고 하니 답하기를, '뜰 앞의 잣나무니라'라고 말했다 하고, 다시 '적'이라고 하였는데 원오 선사가 홀연히 크게 깨달았다. 원오 선사가 문득 밖으로 나가다가 닭이 난간으로 날아올라서 날개를 펴고 우는 것을 보고 다시 스스로 일렀다. '이것이 어찌 소리가 아닌가?'라고 하였다."

드디어 향을 웃소매에 넣고 오조의 방에 가서 자신이 깨달은 바를 알렸다. 오조법연 선사가 말하였다.

"불조의 큰일은 작은 근기와 용렬한 지혜가 능히 나아갈 바가 아니다. 나는 그대의 기쁨을 도우리라." 하고는 오조 선사가 산중의 큰스님들을 두루 청하여 말하였다.

"나의 시자가 조사선을 참구하여 얻었다."라고 하였다.

圓悟 問曰提刑 聞和尙擧小炎詩 會麼 祖云他只認得聲去 悟曰本文 云只要丹郎認得聲 他旣認得聲 爲什麼 却不是 祖曰 僧問如何是祖師西來意 答曰庭前柏樹子 豔 悟 忽然大悟 遽出去 見雞飛上欄干 鼓翼而鳴 復自謂曰此豈不是聲 遂袖香入室 通所悟 祖曰佛祖大事 非少根劣智 所能造詣 吾助汝喜 祖 遍請山中耆舊曰我侍者 糸得祖師禪也.

【강설】   앞의 단락에서 원오 선사와 스승 오조법연 선사가 '소염시'의 말소리의 뜻을 알아듣는 문제를 들어 이야기한 내용이 이어진다. 그런데 그 '소염시'는 진제형이라는 거사에게 해당하는 법문이다. 제자인 원오 선사는 기어이 소리의 문제를 들어 법을 알려고 하였으나

스승 법연 선사는 달랐다. 당시 선불교 천하에 자자하게 소문이 난 조주 선사의 '정전백수자(庭前柏樹子)' 즉 '뜰 앞의 잣나무'를 들어 가르치려 하였다. '정전백수자'의 내용은 이러하다.

어느 날 조주 스님에게 한 스님이 질문하였다.

"무엇이 조사가 서쪽에서 온 뜻입니까(如何是祖師西來意)?"

조주 스님이 말했다.

"뜰 앞의 잣나무[庭前柏樹子]니라."

그 스님은 따지듯이 다시 물었다.

"스님, 잣나무와 같은 대상을 들어 설명하지 마십시오."

조주 스님은 태연자약하게 대답했다.

"대상을 들어 설명한 바 없노라."

"그러면 무엇이 조사가 서쪽에서 온 뜻입니까?"

조주 스님은 다시 대답했다.

"뜰 앞의 잣나무이니라."

당시 조주 스님께서 주석하던 관음원에는 잣나무가 있어서 그 절을 '잣나무숲 절'이라는 뜻으로 '백림사(柏林寺)'라고도 불렀다. 그래서 조주 스님은 질문한 스님에게 잣나무를 들어 법을 보였던 것이다.

법연 선사는 조주 선사의 가르침을 그대로 옮겨 온 것이 아니라 그 말끝에 '적(聻)'이라는 한마디를 더한 것이다. 원오 선사도 그 '적(聻)'이라는 한마디에 새로운 눈을 뜬 것이다. 그러나 처음 '소염시'의 소리의 문제를 파고들었던 일을 되새기며 문득 밖으로 나가다가 닭이 난간으로 날아올라서 날개를 펴고 우는 것을 보고는 다시 스스로 일렀다. "이것이 어찌 소리가 아닌가?"라고 하였다.

응암담화 화상

應菴曇華 和尙

하는 바 없이 행하다

응암담화 화상이 말하였다.

"옛날의 스님들은 마음의 눈이 밝지 못하면 도가 있는 선지식에게 매우 급하게 나아가서 자신을 바로잡는다. 하루아침에 마음의 눈이 환하게 밝아지면 본래의 원력으로 함께 공부하던 절에서 자취를 감추기도 한다. 혹 20년 30년을 여러 생의 계획을 마련해서 심식을 길고 닦아 마음의 때가 깨끗하게 없어짐에 이르러서야 털끝만한 허물도 없도록 한다.

경계를 만나거나 인연을 만나면 그것을 마치 담장의 기왓장이나 돌멩이를 보듯 하며 세속의 생각은 전혀 없다. 마음은 마치 허공과 같아서 맑고 고요하다. 이것을 일러 금강의 정체(正體)라 한다. 벗은 듯이 깨끗하여 원만하게 된 연후에 무공용(無功用)으로써 행한다. 비록 세상에 응하는 마음이 없으나 세상에 응하는 마음은 언제나 변함없어 사이가 없으며, 비록 사람을 제도할 마음이 없으나 사람을 제도할 마음은 비를 뿌리듯 다함이 없다. 마땅히 알아라. 옛날의 큰스님들은 도가 있는 선지식에게 나아가서 자신을 바르게 한다. 도에 계합하고 깨달은 묘용은 마치 열 개의 태양이 한꺼번에 뜬 것과 같다. 어찌 잠깐이라도 법을 계승하여 짊어진 사람이겠는가."

應菴華和尙云 上古老宿 心眼 未明 火急就有道而正之 一旦 心眼 洞明 以本願力 晦跡山林 或二十三十年 辦累生計 揩磨心識 使及之淨盡 無纖毫過患 至逢境遇緣 視之 如墻壁瓦礫 絶無一念世間 心如太虛空 湛然凝寂 謂之金剛正體 淨裸裸圓陀陀地然後 以無功用 行 雖無心應世 而應世之心 常而無間 雖無心濟物 而濟物之心 霈然無窮 當知上古老宿 就有道而正之 契證之妙 皎如十日並照 豈造次承荷者哉.

【 강설 】　응암담화(應菴曇華, 1103~1163) 화상은 호구소륭(虎丘紹隆, 1077~1136) 스님의 제자로 기주 강씨(蘄州江氏)의 자손이다. 처음 장산(蔣山) 원오(圓悟) 스님의 회중에 귀의하여 차암경원(此菴景元, 1094~1146) 스님과 도반이 되었다. 경원 스님이 처주(處州) 연운사(連雲寺)의 주지로 있을 무렵, 담화 스님이 호구소륭 스님의 회중에 있다가 연운사를 찾아갔다. 처음 찾아왔는데도 경원 스님은 그를 곧장 수좌를 시켰다가 얼마 뒤에 입승을 시키고는, 법상에 올라 설하였다.

　"서하(西河)에 사자가 있다고 하더니 이 연운사에 호랑이(호구소륭) 새끼가 나타났다. 몸소 사나운 호랑이 굴속에 있다가 나오니 털 무늬가 또렷하고 발톱과 이빨이 다 갖춰 있다. 아직은 많은 무리를 놀라게 할 수는 없지만 이미 소를 잡아먹을 뜻이 있다. 그는 양기종의 법령이 땅에 떨어져 자취가 없어질까 염려하여 무쇠 같은 등뼈를 한껏 곧추세우고 스승과 함께 기염을 토하고 있다. 여러분은 누군지 알겠는가?

눈이 고리와 같이 큰 사람이다. 바로 우리 앞에 서 있는 이 사람이다.”

스님은 뒷날 묘엄사(妙嚴寺)의 주지가 되었다. 호구(虎丘) 스님을 위하여 향을 사르고 그 후 10년 동안 줄곧 그곳에 머물렀는데, 그의 도는 묘희 스님과 견줄 만하였다. 시랑(侍郎) 이호(李浩)는 오랫동안 스님과 교류하였는데 일찍이 스님의 영정에 다음과 같은 찬을 썼다.

“일생을 쉬지 않고 분주하더니 주지가 되자마자 문득 벗어버렸네. 오늘날 또다시 영정 위에 나왔구려. 그가 죽었는지 살았는지를 알겠도다[平生波波挈挈 纔得箇院子住便打脫 而今又向幀子上出來 知他是死是活].”

여기에 소개된 응암 화상의 법어에는 선불교를 수행하는 사람들의 정신과 그 사상이 고스란히 담겨 있다. 자고로 선사들은 어떻게 수행하였으며 깨달음을 이룬 뒤에는 또한 어떤 정신과 어떤 모습으로 일생을 살았는가를 여실하게 볼 수 있다. 역대 선사들의 삶의 표본이라고 할 수 있을 것이다. 서두부터 “옛날의 스님들은”이라고 시작하였다.

“첫째, 선지식을 찾아가서 법의 눈을 밝힐 것. 둘째, 깊은 산림에 들어가서 자취를 감출 것. 셋째, 보림 공부를 철저히 할 것. 넷째, 경계를 만나거나 인연을 만나면 그것을 보기를 마치 깨어진 기왓장이나 돌멩이를 보듯이 무심하여 세속의 생각이 전혀 없어야 할 것. 다섯째, 마음은 마치 허공과 같아서 맑고 고요할 것.” 등이다.

그 뒤에 무엇을 하든 집착이 없고 하되 힘이 없이 하는 무공용(無功用)으로써 살아가는데 “비록 세상에 응하는 마음이 없으나 세상에 응하는 마음은 변함없이 한결같아서 사이가 없으며, 비록 사람을 제도할 마음이 없으나 사람을 제도할 마음은 비를 뿌리듯 다함이 없다.”라고 하였다. 이와 같은 과정을 밟아가야 소위 선불교적 삶이라고 할 수 있다는 것이다. 이러한 선불교적 삶의 기본을 염두에 두고 오늘날 참선을 운위하는 사람들의 삶과 연관시켜서 자세히 비교하고 점검하여야 하겠다.

응암담화 화상 ●

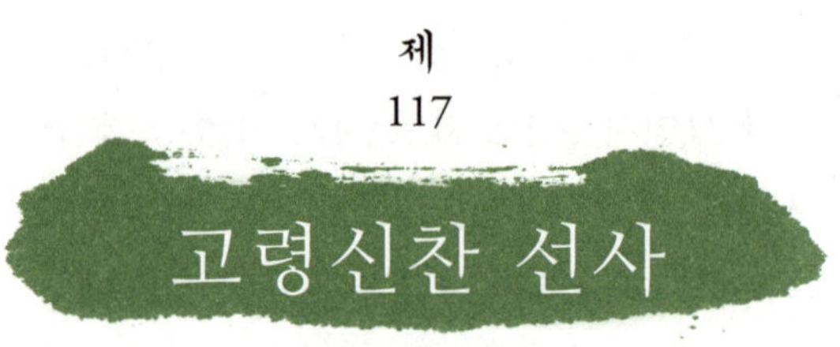

고령신찬 선사

古靈神贊 禪師

법당은 좋은데 부처님이 영험이 없다

고령신찬 선사가 행각할 때 백장 선사를 만나 깨달았다. 뒤에 복주에 있는 대중사로 돌아갔다.

은사스님이 물었다.

"그대는 나를 떠나 밖에 있으면서 어떤 공부를 하였는가?"

"아무것도 없습니다."

스승이 드디어 노동이나 하게 하였다. 하루는 스승이 몸을 씻으면서 고령 선사에게 때를 밀게 하였다.

고령 선사가 이에 등을 어루만지면서 말하였다.

"법당은 참 좋다마는 부처님이 영험이 없도다."라고 하니,

그 스승이 고개를 돌려 보거늘 고령 선사가 다시 말하였다.

"부처님이 비록 영험은 없으나 또한 능히 방광은 할 줄 아는구나."라고 하였다.

그 스승이 또 하루는 밝은 창문 밑에서 경을 읽고 있었는데 마침 벌이 들어와서 창문을 두드리면서 밖으로 나가려고 하였다. 고령 선사가 그것을 보고 말하였다.

"세계는 이처럼 광활한데 기꺼이 나가지 않고 저 낡은 종이만 뚫으려는 것은 무엇을 하자는 것인가?"

그 스승이 경을 덮고 물었다.

"그대는 행각을 할 때에 어떤 사람을 만났는가? 행각하기 전과 그 후를 살펴보니 말을 하는 것이 매우 다르구나. 나를 위하여 설명하여라."

古靈禪師 行脚時 遇百丈 開悟 後 却迴福洲大中寺 受業師 問曰汝離吾
在外 得何事業 答曰無 師 遂遣執役 一日 因澡身 命靈去垢 靈 乃扑背
曰 好箇佛殿 而佛無靈 其師 回首見之 靈曰佛雖無靈 亦能放光
其師 又一日 在明窓下 看經 蜂子 投窓紙 求出 靈見之曰 世界 與麼廣
闊 不肯出 鑽他故紙作麼作麼 其師 置經 問曰汝行脚時 遇何人 前後見
汝 發言異常 爲我說.

【강설】 고령신찬(古靈神贊, 생몰연대 미상) 선사는 어릴 적에 복주의 대중사(大中寺)의 계현(戒賢)에게 출가하여 스님이 되었다. 그 후로 여러 곳을 다니면서 수행했는데 백장(百丈) 선사의 문하에서 몇 해 동안 머무르면서 깊은 진리를 깨달았다. 다시 출가 스승인 계현(戒賢) 스님에게로 돌아와서 스승을 깨닫게 한 일화는 선화(禪話) 중에서도 대단히 유명하여 많은 사람의 입에 오르내린다. 『직지』에서 인용한 글도 바로 그 내용인데 참으로 통쾌하다.

객지에서 깨달음을 얻고 본사에 돌아왔으나 모른 척 시침을 떼고 예전처럼 살았다. 그러던 어느 날 스승과 함께 목욕하면서 상좌가 스

고령신찬 선사 ●

승의 등을 밀어 드렸는데 문득 등을 어루만지면서 "법당은 참 좋다마는 부처님이 영험이 없도다."라고 한마디를 던졌다. 그러자 스승이 무슨 소리인가 하고 고개를 돌려 보니 상좌인 고령 선사가 다시 말하였다. "부처님이 비록 영험은 없으나 또한 능히 방광은 할 줄 아는구나."라고 하였다.

이 무슨 도리인가? 선불교의 핵심이 여기에서 다 드러났다. 즉 말을 하니 고개를 돌려 반응하는 이 사실이다. 이것이야말로 진정한 방광이라는 말이다.

또 어느 날이었다. 스승인 계현 스님이 창문 밑 밝은 곳에서 경을 읽고 있었다. 마침 벌이 들어와서 열려 있는 문으로는 나가지 않고 창호지가 햇빛에 비쳐 열려 있는 곳보다 더 밝으니까 문종이에 가서 자꾸 부딪치니 신찬 선사가 그것에 빗대어 스승을 깨우치려고 또 한마디 하였다.

"세계는 이처럼 광활한데 기꺼이 나가지 않고 저 낡은 종이만 뚫으려는 것은 무엇을 하자는 것인가?"

이 말에 계현 스님이 읽고 있던 경을 덮고 물었다.

이에 신찬 선사가 자초지종을 다 설명하였다. 백장 선사 밑에서 법문을 듣고 깨달음을 얻었다는 사연에 대해 말한 것이다. 그 말을 들은 스승은 곧 종을 쳐서 대중을 모으고 법당에서 법석을 마련하였다. 상좌는 법상에 높이 오르고 스승은 밑에서 삼배를 올리고 앉아 공손히 법문을 들었다. 이 광경을 가만히 그려 보면 얼마나 극적이며 감동적인가.

  무비 스님의 직지 강설 ◉

신령한 광명

고령신찬 선사는 법상에 올라가서 백장 선사의 문풍을 드날렸다.

신령한 광명이 홀로 빛나서
육근과 육진을 멀리 벗어났네.
심체가 참되고 항상함을 드러내니
문자에 구애되지 않았도다.
심성은 염오가 없이
본래 저절로 원만하게 이루어졌으니
다만 망령된 인연만 떠나면
곧 여여한 부처로다.

靈陞座 擧百丈門風曰 靈光獨耀 逈脫根塵 體露眞常 不拘文字 心性無染 本自圓成 但離妄緣 卽如如佛.

【강설】　스승은 삼배를 올리고 공손히 법문을 듣고 제자는 법상에 높이 앉아 법을 설하였다. 고령신찬 선사는 백장 선사의 법을 얻은 사람이다. 자신이 백장 선사에게서 깨달음을 얻은 법어를 그대로 일러 주었다.

　신령한 광명이란 무엇인가? 앞에서 "영험도 없는 부처가 방광은 하는구나."라고 했던 바로 그 광명이다. 홀로 빛나는 것이 6근·6진과는 아무런 관계가 없다. 그러나 관계가 없는 6근·6진을 통해서 광명을 놓는다. 광명을 놓는 심체는 참되고 영원하다. 어느 한순간도 쉬지를 않는다. 어찌 문자와 언어에 구애될 것인가?

문자와 언어를 통해서 다소 표현은 하지만 실은 아무런 상관이 없다. 우리의 본성, 불성, 진여, 자성은 본래 번뇌도 없고 업장도 없고 무명도 없는 존재이다. 처음부터 완전무결한 존재이다. 이러한 사실은 어떤 특정인에게만 해당하는 것이 아니다. 그래서 "인인(人人)이 본구(本具)하고 개개(箇箇)가 원성(圓成)이라."고 한다. 다만, 번뇌와 무명과 업장이 있어서 오랜 세월 동안 수행을 해야만 된다고 잘못 알고 있는 그 착각[妄緣]만 떠나면 그대로가 변할 수도 없고 변하지도 않는 본래 부처이다. 구래부동명위불(舊來不動名爲佛)이다.

스승 계현 스님은 이와 같은 법문을 듣고 깨달음을 얻었다. 상좌가 드디어 스승이 되고 스승이 다시 법제자가 되는 순간이었다. 선가에서 내려온 수많은 사례 중에서 참으로 감동적이고 아름다운 이야기이다.

학림현소 화상

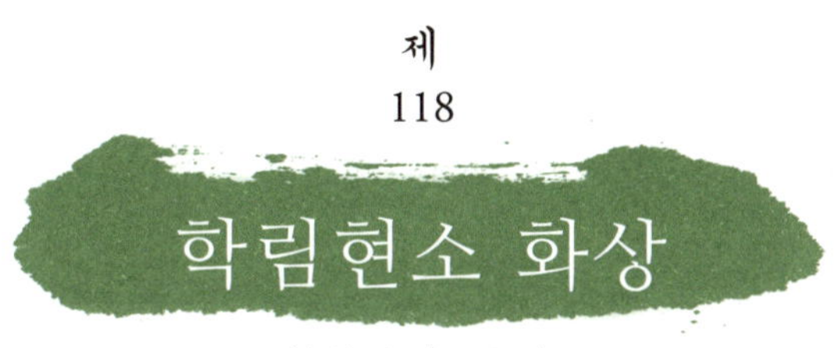

鶴林玄素 和尙

불성은 평등하다

현소 화상에게 하루는 백정이 예배하고 자신의 공양에 응하기를 원하였다. 현소 화상이 흔연히 나아가니 대중이 모두 의아해 하였다.

현소 화상이 말하였다.

"불성은 평등해서 어진이나 어리석은 이가 같다. 다만, 제도할 수 있는 사람은 내가 곧 제도한다. 다시 무슨 차별이 있겠는가?"라고 하였다.

玄素和尙 一日 因有屠者 禮謁 願就所辦供 師 欣然而往 衆皆訝之 師
曰佛性 平等 賢愚一致 但可度者 吾卽度之 復何差別之有.

【 강설 】　　학림현소(鶴林玄素, 668~752) 화상에게 어떤 소를 잡아서 파는 직업을 가진 사람이 찾아왔다. 자신의 집에서 공양을 올리고 싶으니 응해 달라고 청하였다. 현소 화상은 기꺼이 가 주었다. 대중은 백정의 집이라고 의아해 하였지만 그 인연으로 참으로 훌륭한 법어를 내렸다.

불성도 평등하고 사람도 평등하고 진여도 평등하고 법성도 평등하다. 직업의 다른 점을 들어 사람을 차별한다는 것은 불교의 바른 견해가 아니다. 일찍이 세존께서 당시 인도사회의 고유한 4성 차별을 부정하셨던 그대로다.

가섭 존자는 가난한 집만 찾아가서 걸식하고, 수보리는 부잣집만 찾아가서 걸식하다가 유마 거사에게 크게 질책을 받았던 사건도 있다. 가난하든 부자든 백정이든 바라문이든 흑인이든 백인이든 불교의 관점에서 보면 모두가 동등한 존재이다. 동등한 존재인데 왜 차별을 할 것인가.

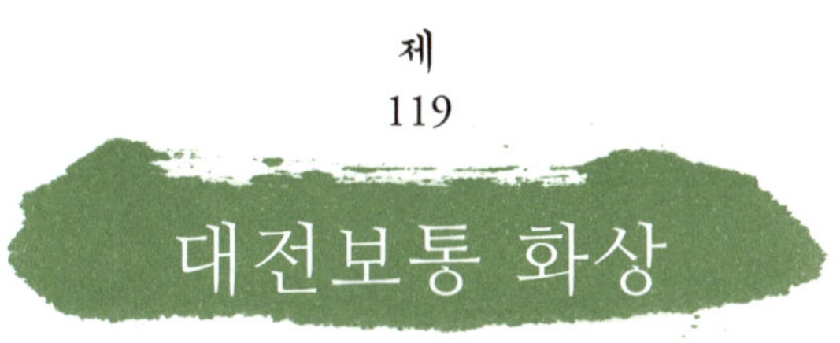

대전보통 화상

大顚寶通 和尚

가져올 마음이 없다

대전보통 화상이 처음 석두 선사를 참례하니 석두 선사가 물었다.

"어느 것이 그대의 마음인가?"

대전 화상이 말하였다.

"말하는 사람입니다."라고 하니 문득 꾸짖어 내 보냈다. 열흘이 지나서 대전 화상이 다시 물었다.

"앞서 말한 것이 옳지 않다면 이것 밖에 무엇이 마음입니까?"

석두 선사가 말하였다.

"눈썹을 드날리며 눈을 움직이는 것을 제외하고 마음을 가져오너라."

대전 화상이 말하였다.

"가져올 마음이 없습니다."

석두 선사가 말하였다.

"원래 마음이 있었는데 왜 마음이 없다고 하는가? 마음 없음도 모두 비방이니라."

　대전 화상이 그 말에 크게 깨달았다.

大顚和尙 初叅石頭 頭 問師曰那箇是汝心 師云 言語者是 便被喝出 經
旬日 師 却問曰前者 旣不是 除此外 何者 是心 頭曰除却揚眉動目 將
心來 師云 無心可將來 頭云 元來有心 何言無心 無心 盡同謗 師 於言
下 大悟.

【강설】　　선불교의 화두는 마음이다. 이 마음의 본체를 어떻게 이해
하고 어떻게 표현할 것인가가 관건이다. 일반 불교에서는 마음 작용
의 속성을 잘 알아서 잘 관리하고 그 마음을 많은 사람에게 나누어 주
며 행복한 삶, 해탈의 삶이 있다고 가르친다. 이처럼 불교는 다른 말로
하면 심교(心教), 마음교라고 할 수도 있다. 사람의 삶은 누구를 막론하
고 모두가 이 마음이라는 것에 좌우된다는 사실을 깨닫고 그것을 전
하는 종교이기 때문이다.
　　여기서 석두 선사와 대전보통(大顚寶通, 732~824) 화상이 나눈 대화
는 마음의 본체에 대한 있음과 없음의 문제와 말을 하고 보고 듣고 작
용하는 곳에 마음이 있는가 하는 내용이다.
　　불교에서 유형무형의 모든 존재에 대한 바른 견해를 논할 때는 반
드시 중도적 관점을 가져야 한다. 마음이든 물질이든 어떤 사건이든 그
것의 실상은 있음도 아니고 없음도 아니다. 있으면서 없고 없으면서 있
다. 그러므로 있음과 없음의 두 면을 함께 보아야 한다. 이러한 견해를
중도정견(中道正見)이라 한다. 사랑도 미움도 기쁨도 슬픔도 재산도 명
예도 사람까지도 언제나 있음과 없음이 공존한다는 사실을 깊이 깨닫
고 살면 원망하지 않고 상처받지 않고 초연하게 살 수 있을 것이다.

　　　　　　　　　　　　　　　　　　무비 스님의 직지 강설　◉

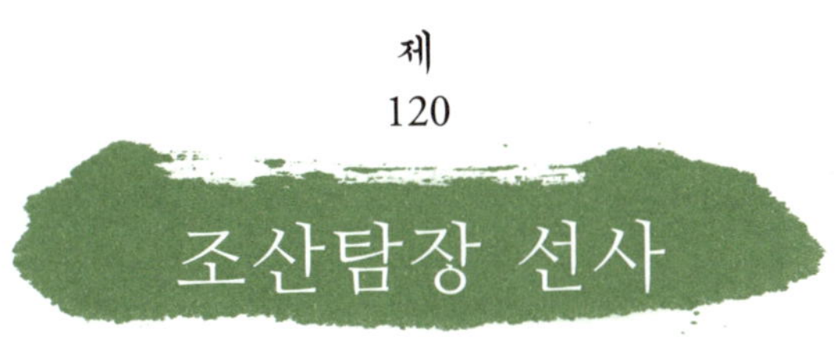

조산탐장 선사

曹山耽章 禪師

종이 옷 도인

조산탐장 선사에게 종이로 옷을 만들어 입고 호를 '종이 옷 도인[紙衣道者]'이라고 하는 어떤 스님이 동산에서 왔다.

조산 선사가 물었다.

"어떤 것이 종이 옷 아래의 일인가?"

그 스님이 말하였다.

"한 벌의 옷을 겨우 몸에 걸침에 만 가지 일이 다 그와 같습니다."

조산 선사가 또 물었다.

"어떤 것이 종이 옷 아래의 작용인가?"

그 스님이 앞에 나와서 팔짱을 끼고 말하기를,

"예" 하고 곧 옷을 벗어버리고 가거늘, 조산 선사가 웃으면서 말하였다.

"그대는 이렇게 가는 것만 알고 그렇게 돌아올 줄은 모르는구나."

그 스님이 홀연히 눈을 뜨고 말하였다.

"하나의 신령한 참 성품이 어머니의 태를 빌리지 않았을 때 어떻습니까?"

조산 선사가 말하였다.

"아직 미묘한 것이 아니다."

그 스님이 말하였다.

"무엇이 미묘한 것입니까?"

조산 선사가 말하였다.

"빌리지 않고 빌리는 것이니라."

그 스님이 승당으로 물러나 앉아서 열반에 들어버렸다.

曹山耽章禪師 有僧 以紙爲衣 號爲紙衣道者 自洞山來 師問曰 如何是
紙衣下事 僧曰 一裘才掛體 萬事悉皆如 又問 如何是紙衣下用 其僧 前
而拱立曰諾 卽脫去 師 笑曰汝解伊麽去 不解恁麽來 僧 忽開眼曰 一靈
眞性 不假胞胎時如何 師曰未是妙 僧云 如何是妙 師曰不借借 其僧 退
坐於堂中而化.

【강설】　‘종이 옷 도인[紙衣道者]’이라는 사람이 있었다. 불교는 오래
되었거니와 세속의 평범한 생활을 멀리하고 자기만의 특별한 인생을
꿈꾸고 출가한 사람들이 그 역사를 이끌어 온 종교라고 할 수 있다. 여
기에 소개된 ‘종이 옷 도인’도 그중의 한 사람이다. 평소에 종이로 옷
을 지어 입고 살면서 스스로 열반에 들 수 있는 실력을 보면 상당한 자
기 철학과 법력이 있었던 사람이다.

　　조산 선사가 그 종이 옷 한 벌의 의미를 물었더니, 그 스님은 “한
벌의 옷을 겨우 몸에 걸침에 만 가지 일이 다 그와 같습니다.”라고 하
였다. 그렇다. 종이 옷 한 벌로 일생을 살아가는 사람이라면 그것을 통

 무비 스님의 직지 강설 ◉

해서 그 사람의 모든 것을 알 수 있다. 달리 무슨 설명이 더 필요할까? 그리고 조산 선사가 또 묻기를, "어떤 것이 종이 옷 아래의 작용인가?"라고 하니, 그 스님이 앞에 나와서 팔짱을 끼고 말하기를, "예" 하고는 곧 옷을 벗고 가버렸다고 한다. 옷의 작용을 잘 표현하였다.

또 한 가지의 문제를 제기하였다. "우리의 성품이 어머니의 태를 빌리지 않았을 때 어떻습니까?"라는 것이다. 그때는 참으로 무엇이라고 언급할 수 없는 미묘하고 심묘(深妙)한 경지이다. 그러나 그것은 영혼의 세계이거나 사람 이전의 세계이다. 사람이 사람으로 살아가는 이상 어머니의 태를 빌려 사람의 몸을 받고 살아가는 것이 값진 일이고 중요한 것이다.

하지만 조산 선사는 "어머니의 몸을 빌려 사람으로 태어나서 살되 그 빌려서 산다는 집착에 떨어지지 않고 자유롭게 살 줄 아는 것이 더욱 심오하고 현묘한 삶이다."라고 하였다. 어머니의 몸을 빌려 사람으로 태어나기 전이라면 영혼이거나 귀신이거나 중음신이다. 사람이 그것을 미묘하게 볼 것은 아니다.

◉

깨달음의 성품은 두렷이 밝아

조산 선사가 게송을 지었다.

깨달음의 성품은 두렷이 밝아 형상의 몸이 없으니
식견을 일으켜서 망령되게 멀다 가깝다 하지 마라.
생각이 달라지면 곧 유현한 본체가 달라지고,
마음이 어긋나면 도에 가까이 갈 수 없다.

조산탐장 선사 ◉

정념이 나누어지면 만법이 눈앞의 경계에 빠지고,
의식으로 살피는 길이 많으면 본래의 참 성품을 손상한다.
만약 언구에서 온전히 알게 되면
환하게 밝아 일이 없는 것이 옛날의 사람일러라.

조산 선사가 이처럼 상근기를 계발하여 일찍이 그 자취를 찾을 수가 없었다.

師 作偈曰 覺性圓明無相身 莫將知見妄疎親 念異便於玄體異 心差莫
與道爲隣 情分萬法沉前境 識鑑多端喪本眞 若向句中全曉會 了然無事
昔時人 師 如是啓發上根 曾無軌轍可尋也.

【강설】 　조산 선사의 게송을 예를 들어 깨달음의 본성이 어떤 것인가
를 밝혔다. 그리고 그 깨달음의 본성이 자신의 정신세계가 되려면 친
소와 선악과 증애가 없어야 한다고 하였다. 또한, 중생의 일상에서 자
주 일어나는 생각과 마음과 정념과 의식을 들어 하나같이 여여하지 못
하고 달라지거나 차별이 생기거나 여러 가지로 갈라지면 깨달음의 본
성을 잃고 만다는 것이다.
　　이러한 이치는 실로 저절로 되어야지 억지로 마음을 써서 되는 것
은 아니라고 하였다. 그 내용이 마치 『신심명』의 첫 구절과 흡사하다.
즉 "지극한 도는 어렵지 않지만, 오직 가려내고 선택하는 것을 용납하
지 않는다. 다만, 증애의 차별심만 없으면 툭 터져 훤칠하게 밝으리라
[至道無難 唯嫌揀擇 但莫憎愛 洞然明白]."라고 하였다.

몽산덕이 화상

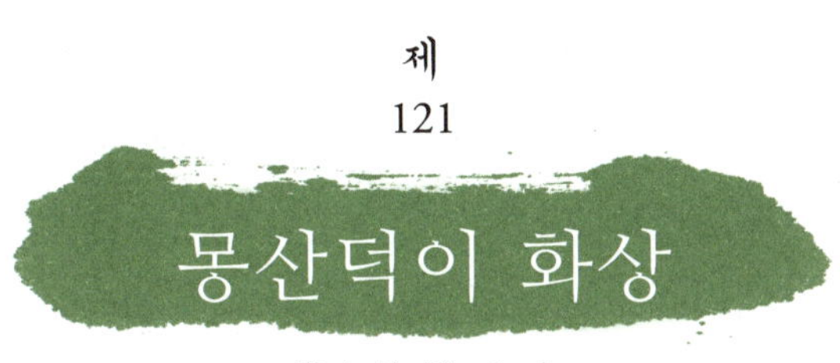

蒙山德異 和尙

번뇌가 다하면 전생이 보인다

몽산덕이 화상이 말하였다.

"마음을 밝힌 후에는 마땅히 진공삼매에 들어가서 많은 생애의 번뇌와 습기를 씻어 제거해야 한다. 번뇌와 습기가 가벼워지고 맑아지면 금생의 모태에서 나올 때의 일과 전생의 1세나 2세나 내지 10세까지도 생각해서 알 수 있다. 만약 번뇌와 습기가 깨끗이 다한 사람은 능히 많은 생애의 일을 알 수 있으니 그것을 이름 하여 숙명지신통(宿命智神通)이라 한다. 차례대로 이근과 안근과 내지 육근이 청정함을 얻게 되리라. 능히 씻어 제해서 일체의 육근과 육진이 청정함을 얻은 사람은 여러 가지 신통과 삼매와 큰 지혜와 큰 변재와 큰 신통과 큰 기용(機用)이 모두 진공실상 가운데서 밖으로 나타나리라."

蒙山和尙云 發明之後 常當入眞空三昧 洗除多生塵習 塵習 輕淸時 能
念知今生 出母胎時事 及前生 一世二世 以至十世事 若塵習 淨盡者 能
知多生事 名宿命智神通 次第 得耳根眼根 以至六根淸淨 能滌蕩 得一
切根塵 淸淨者 諸通 諸三昧 大智慧 大辯才 大神通 大機用 皆自眞空
實相中 發現.

【강설】 몽산덕이(蒙山德異, 1231~1308?) 화상은 중국 강서성(江西省) 서
양(瑞陽)에서 태어나 남송(南宋)과 원대(元代)에 걸쳐 활약한 임제종 계
통의 고승이다. 환산(晥山) 선사의 법을 이었으며, 때로는 고균 비구(古
筠比丘) · 전산 화상(殿山和尙) · 휴휴암주(休休庵主)라고도 하였다. 당시
우리나라 고승들과도 문필 거래가 많았다. 특히 간화선으로 고려 불
교계에 깊은 영향을 주었으며 오늘날까지 간화선에서는 선사의 법어
를 많이 활용하고 있다. 저서에 『법어약록(法語略錄)』『수심결(修心訣)』
등이 있다.

　　몽산 화상은 이 법문에서 선불교의 일반적인 수행점차를 밝히고
있다. 먼저 마음을 밝힐 것을 말하였는데 흔히 말하는 해오(解悟)의 경
지인 것이다. 마음의 실상이 어떤 것이라는 사실을 명백하게 안 단계
이다.

　　다음으로는 마음이 참으로 공하다는 진공삼매(眞空三昧)에 노닐면
서 다생(多生)의 번뇌와 습기를 씻어 제거한다고 하였다. 즉 번뇌와 습
기가 오랜 세월 동안 쌓인 것을 녹여야 한다는 주장이다. 다음에는 번
뇌와 습기가 가벼워지고 맑아지면 과거의 생을 어떻게 살았는지 환하
게 알게 된다는 것이다. 즉 숙명통(宿命通)을 통한다는 뜻이다. 다음으
로 6근 · 6진이 청정하여져서 초자연적인 능력인 여러 가지의 신통과
삼매와 지혜와 변재가 생긴다고 하였다.

　　　　　　　무비 스님의 직지 강설　◉

도에는 귀천이 없다

몽산 화상이 대중에게 보여 이르되, "마음을 돌이켜 뜻을 세우는 것은 귀한 사람과 천한 사람을 논할 것이 아니다. 성인에 들어가고 범부를 초월하는 것이 어찌 승속에 구애되겠는가? 기틀에 당하여 몰록 깨달아야 한 걸음에 집에 이른다. 머뭇거려 사량하면 흰 구름이 만 리나 되리라. 어찌 보지 못하였는가?

세존께서 꽃을 들어 대중에게 보이매 가섭이 파안미소(破顏微笑)하니 세존이 말씀하였다. '나에게 정법의 눈과 열반의 미묘한 마음이 있으니 마하가섭에게 부촉하노라.'라고 하였다. 교리 밖에 따로 전하여 끊어지지 않게 하였으니 여러분은 보았는가?

노구담과 대가섭을 이해하는 사람은 정법의 눈과 열반의 미묘한 마음을 환하게 밝히리라. 이미 문에 들어가서는 다시 더 진보하여 당에 오르고 방에 들어가는 것을 이미 얻은 것이다. 혹 그렇지 못하면 '세존이 꽃을 든 의미는 무엇이며, 가섭의 미소는 결국 무엇인가?'를 자세히 참구하고 참구하라. 홀연히 크게 깨달아서 낱낱이 일러 진실로 합당하면 그대가 이 영리한 남아라고 허락하리라."

蒙山和尚 示衆云 迴心立志 不論尊卑 入聖超凡 豈拘僧俗 當機頓悟 一步到家 擬議思量 白雲萬理 豈不見 世尊 拈花示衆 迦葉 破顏微笑 世尊 云 吾有正法眼藏涅槃妙心 付囑摩訶迦葉 敎外別傳 無令斷絕 諸仁者 見麼 識得老瞿曇 與大迦葉者 洞明正法眼藏涅槃妙心 已得入門 更當進步 昇堂入室 其或未然 世尊 拈花意作麼生 迦葉 微笑 畢竟如何 仔細參究參究 忽然大悟 一一道得 諦當 許你是介靈利男兒.

【강설】　　몽산 화상의 다음 법문은『대범천왕문불결의경(大梵天王問佛決疑經)』에 실려 있는 이야기를 들어 말씀하였다. 소위 삼처전심(三處傳心) 중의 하나인 염화미소(拈花微笑)의 법문이다.

『대범천왕문불결의경』에 이처럼 말씀하였다.

"그때에 대범천왕이 부처님께 여쭈었다.

'세존께서 세상에 오시어 40여 년 동안 갖가지 설법을 하셨습니다. 어찌 미증유의 법문이 아니겠습니까. 어찌 말로 다 할 수 있는 법이라 하겠습니까. 바라건대, 세상의 모든 사람과 천신들을 위하여 보여주십시오.'

이 말을 마치고 금빛 나는 천 개의 잎이 달린 연꽃을 바치고 자신의 몸으로 법상을 대신하여 부처님을 앉게 해 드리고 법을 간청하였다.

그때 세존은 그 자리에 앉아 문득 꽃을 들어 대중에게 보였다. 법회에 모인 백만 대중과 비구들은 묵묵하였다. 그때 법회에서 오직 마하가섭 존자만이 곧 그것을 보고는 파안미소(破顔微笑)하여 보였다. 그리고는 곧 자리에서 일어나 합장하고 바로 서서 아무 말이 없었다. 그때에 부처님께서 마하가섭 존자에게 말씀하셨다.

'나에게 정법을 깨달은 안목과 열반을 체득한 마음이 있다. 그것은 진실하고 영원한 것이지만 형상이 없는 미묘한 법문이다. 이것은 문자로서 성립되지 않기 때문에 교 밖에 다르게 전한다. 지혜가 있든 없든 인연이 되면 깨달아 얻을 것이다[正法眼藏 涅槃妙心 實相無相 微妙法門 不立文字 敎外別傳 有智無智 得因緣證]. 오늘 마하가섭에게 부촉하노니 미래세에 여러 부처님을 받들어 섬기고 나서 마땅히 성불하리라.'라고 하였다."

몽산 화상은 이 내용을 하나의 화두로 제시하여 말하기를, "세존과 가섭을 이해하는 사람은 정법의 눈과 열반의 미묘한 마음을 환하게 밝히리라. 혹 그렇지 못하면 '세존이 꽃을 든 의미는 무엇이며, 가섭의 미소는 결국 무엇인가?'를 자세히 참구하고 참구하라."라고 하였다. 전형적인 간화선의 방법을 보여준 법문이라 하겠다. 그리고 이어서 "홀연히 크게 깨달아서 그 외의 화두의 의미를 낱낱이 일러 진실로 합당하면 그대가 이 영리한 남아라고 허락하리라."라고 하였다.

10년을 교화하다

또 산승이 수일 전에 거리에 나갔다가 돌아오는 길에 장방이라는 마을에 이르렀다. 교화[권선]를 하는 한 여인이 달려와서 길거리에서 예배하고 말하였다.

"저는 10년 동안 교화하여 돈 52관을 모았습니다. 절에 보시하여 불전을 지으려고 하여 그동안 세 번이나 암자에 왔었으나 장로님을 뵙지 못했습니다. 저는 인연이 얕고 복이 없다고 하여 늘 마음이 아팠습니다. 지금 바라노니 장로께서는 섭수하시어 저를 위하여 한 줄기 나무와 한 덩이 돌과 몇 조각의 기와와 몇 편의 벽돌을 사서 불전을 원만히 지어서 삼보의 인연을 맺게 하여 주십시오."

노승이 말하였다.

"그대가 10년을 교화하여 얻은 돈은 온 곳이 쉽지 않으니 어찌 가지고 있다가 옷을 사서 입으며 음식을 사서 먹지 않는가?"

그 여자가 말하였다.

"제가 그 마음을 낸 지가 이미 10년이 되었습니다."라고 하였다.

 몽산덕이 화상 ◉

산승이 물었다.

"그대의 성은 무엇이며, 어디에 살며, 무엇 때문에 발심하였는가?"

그 여자가 말하였다.

"저에게 성명을 묻지 마소서. 저는 양육원에 살고 있습니다. 제가 20년 전에 큰 부잣집에 가서 교화할 때 그 집 문 앞에서 오랫동안 서 있었는데 문을 지키는 사람들이 꾸짖고 쫓아내며 더러운 물을 가져다가 뿌리기에 이로 말미암아 저의 운명이 좋지 못한 것에 한이 맺혔습니다. 전생에 일찍이 복을 닦지 못하여 고생이 이처럼 참을 수 없을 정도라 여기고 통곡하면서 용흥사에 갔었습니다. 한 강주스님을 만났는데 경을 설하였습니다. '만약 사람이 복이 있으려면 일찍이 부처님께 공양을 올려야 한다.'라고 하시기에 제가 그 말을 듣고 나서 마음을 살피고 반성하여 이로부터 발심하여 10년 동안 교화해서 돈을 모았습니다. 맹세코 옷을 사 입지 않고 음식도 사 먹지 않고 오직 삼보에 인연 맺기를 바랐습니다."

且如山僧 數日前 出街 迴到于將坊 有一女人敎化底 趕來當街 禮拜云 我十年敎化 積聚鈔五十二貫 要捨與常住 造佛殿 三次 到菴中 不見長老 是我緣淺福薄 痛心無已 今望長老 攝受爲我 買一莖木 一塊石 幾片瓦 幾片甎 圓成佛殿 結三寶緣 老僧 云 汝十年敎化 所得鈔兩 來處 不易 何不留取 買衣着 買食喫 女云 我發心 已十年矣

山僧 問曰汝姓 甚麽 何處住 因何發心 女云 休問我姓名 我在養育院住 我二十前 因去大富貴家敎化 立於門首多時 把門人等 罵詈趕逐 有將惡水潑者 由是 怨恨我命 不好 前世 不曾修來 苦惱如是不忍 痛哭而來 來至龍興寺 遇一講主 說經云 若人 有福 曾供養佛 我聞是已 省心省心 從此 發心 十年敎化 積聚鈔兩 誓願不買衣着 不買食喫 要結三寶緣.

【강설】　　몽산 화상의 또 다른 법문은 가난한 한 여인의 이야기이다. 10년 동안 교화를 하여 돈 52관을 모았다고 하였는데 어떤 방법으로 돈을 모았는지는 자세히 알 수 없으나 몽산 화상을 찾아와서 그 돈으로 절을 지어 주기를 청하는 내용이다. 그 여인은 자신이 복이 없으므로 복을 짓기 위하여 희사하는 것이라고 하였다. 지금도 그와 같은 신심으로 사찰을 짓는 데 시주하는 신도들이 많다. 불상을 조성하는 데 시주하는 인연도 같은 뜻이다. 중생을 가르칠 원력과 법력이 있는 사람에겐 법을 전할 장소가 있어야 한다.

　　가난한 여인이 자신은 굶고 헐벗은 상태인데 10년을 구걸해서 모은 돈을 절을 짓는 데 희사한 사실이 참으로 놀랍다. 무엇보다 20년 전에 어느 부잣집에 가서 구걸하다가 욕을 듣고 오물을 뒤집어쓰고 쫓겨 나온 일 때문에 마음에 큰 충격을 받아서 그와 같은 시주를 하게 되었다는 이야기가 눈물겹다. 또한 강주스님이 "사람이 복이 있으려면 일찍이 부처님께 공양을 올려야 한다."라고 한 말을 듣고 특별히 절을 짓는 데 시주하여 삼보와 인연을 맺고자 했다는 가난한 여인의 이야기는 오늘날 사람들에게도 귀감이 될 만하다.

◉

무상이 신속하다

"또 지원 18년에 채제령이라는 이가 장로를 청하여 설법할 때였습니다.
　　내가 들으니, '생로병사의 고통은 사람마다 다 있는 것이다. 남녀와 귀천과 빈부를 논하지 않는다. 태어나도 온 곳을 알지 못하는 것이 생대(生大)요, 죽어도 가는 곳을 알지 못하는 것이 사대(死大)이다. 나오는 숨이 들어가는 숨을 보장할 수 없는 이것이 무상이 신속한 것이다.

사람이 이것을 잘 살펴서 발심하여 도에 마음을 돌이키는 이는 오로지 화두를 들라. 이르기를, 성품을 보고 부처를 이룬다고 하는데 무엇이 이 나의 성품인가? 오로지 이렇게 참구해 보라. 참구해 오고 참구해 감에 홀연히 깨달아 밝아지면 곧 태어나고 죽는 것을 알며, 12시 중에 스스로 주재가 있어서 생사의 언덕에서 가히 업을 전환할 수 있다.' 하였습니다. 나는 이로부터 계를 가지고 참구하되 '어느 것이 나의 성품인가?' 하여 지금 20년이 지나서야 조금 보고 듣는 것을 밝혀 얻었습니다."

又於至元十八年 蔡提領 請長老 說法時 我聞說生老病死苦 人人 皆有 不論男女貴賤貧富 生不知來處 是生大 死不知去處 是死大 出息 不保 入息 是無常 迅速 人能於此 省察 發心回道者 但提撕話頭云 見性成佛 那箇 是我性 但恁麼參究看 參來參去 忽然悟明 便知生來死去 十二時 中 自有主宰 生死岸頭 可以轉業 我從此 持戒参究 那箇 是我性 今經 二十年 曉得些子見聞.

【강설】　10년간 모은 돈을 시주한 그 여인이 지난날 장로, 즉 몽산 화 상에게 들은 법문을 이야기하였는데 몽산 화상이 다시 대중에게 들려 준 내용이다.

　"인생은 무상하고 생로병사는 고통이다. 그리고 그 고통은 빈부 귀천 남녀노소 누구에게나 다 있는 것이다. 나오는 숨이 들어가는 숨 을 보장할 수 없는 것이다. 무상이 신속한 것이므로 사람이 이것을 잘 살펴서 발심하여 도에 마음을 돌이키라. 공부하는 방법은 '무엇이 나 의 성품인가?'라는 화두를 들되 참구하고 또 참구하라."는 것이었다. 이 법문을 들은 후 20년을 참구하여 "조금 보고 듣는 것을 밝혀 얻었 습니다."라고 술회하였다.

"또 들으니 장로가 말하였습니다. '도는 보고 듣고 느끼고 아는 것에 속하지 아니하며 또한 보고 듣고 느끼고 아는 것을 떠난 것도 아니다.'라고 하였습니다. 지금까지 무엇이 도(道)인가를 의심하였습니다. 오늘 화상께 바라노니 저에게 가르쳐 주십시오."라고 하였다.

산승이 말하였다.

"바로 참구하고 이 의심을 놓아 버리지 마라. 왜냐하면, 큰 의심이 있는 곳에 반드시 큰 깨달음이 있다."

산승이 또 물었다.

"지난날 그대가 희사한 돈은 원하는 마음이 없는가?"

그 여인이 말하였다.

"나에게 원하는 것이 있습니다. 삼보와 인연을 맺어서 심묘한 도를 몰록 깨닫고 여자의 몸을 빨리 버려서 서방의 안락세계에 가서 태어나 아미타불을 친견하고 친히 깨달음의 미묘한 수기를 받으며 영원히 가난한 고통을 떠나고 다시 이 세계에 와서 큰 시주가 되어서 중생을 널리 제도하는 것입니다."

又聞長老云 道不屬見聞覺知 亦不離見聞覺知 至今疑着那箇是道 今日 望和尙因便教我 山僧云 正好叅究 不可放捨此疑 何耶 大疑之下 必有大悟 山僧又問 去日 汝所捨鈔兩 有願意無 女云 我有願 結三寶緣 頓悟妙道 早捨女身 徑生西方安樂世界 親見阿彌陀佛 親授菩提妙記 永離貧窮苦惱 却來此界 作大施主 普度衆生.

【강설】　그 여인이 장로에게 들은 법문이 이어진다. "도는 보고 듣고 느끼고 아는 것에 속하지 아니하며 또한 보고 듣고 느끼고 아는 것을 떠난 것도 아니다."라는 법문을 소개하였다. 실로 도란 지금 이 순간 바로 여기서 이렇게 보고 듣고 말하고 글을 쓰는 이 사실이다. 그렇다고 도가 이 사실에 속해 있다고 집착할 것은 아니다. 무엇을 보고 듣고 하든지 양변(兩邊)에 치우치지 않고 양변을 함께 수용하는 삶이다.

　　이어서 그 여인이 그동안 참구해 온 공부를 낱낱이 말하고 끝으로 자신의 소원에 대해 말하였다. 한 가난한 여인의 삶과 그의 공부에 대한 자세를 보여주고 있지만, 이는 당시 선불교의 수행자가 가져야 할 가장 바람직한 마음 자세를 여인의 말을 통해 일깨워준 것이다. 몽산 화상이 수행자의 본보기를 선보이는 뜻에서 자세하게 소개한 것이리라.

◉

온 세계의 부처님이 수기하다

"산승은 그 여인이 이러한 뜻이 있고 이러한 행원이 있는 것을 보았다. 드디어 희사한 돈을 받아서 암자에 돌아와서 그를 위하여 한 길 다섯 자 되는 기둥 하나를 사고, 또 기둥을 받칠 큰 돌 한 개와 기왓장 500개와 통기와 50개를 사서 여인이 원하는 대로 마음을 만족하게 하였다.

　여러분이여, 여인이 희사한 돈이 어떠한 공덕을 갖추었는가를 환하게 알겠는가? 낱낱이 보아서 분명하게 이르기를 확실하게 할 때에 그대들의 바른 눈이 이미 밝다고 하는 것을 허락하리라. 산승이 감히 이르노라. 희사한 돈이 보시바라밀을 갖췄으니 시방의 모든 부처님이 동시에 가장 높은 깨달음의 수기를 주시리라고 하노라."

山僧 見他有此志氣 有此行願 遂受所捨鈔 歸菴 爲他買一丈五尺樑一
條 又乘樑柱大石一箇 瓶五百片 筒瓦五十片 滿他願心 諸仁者 洞明此
女 所捨寶鈔 具何功德也未 一一見得 分曉道得端的時 許汝等正眼 已
明 山僧 敢道所捨鈔兩 具檀波羅蜜 十方諸佛 同時爲授無上菩提記.

【강설】　몽산 화상이 그 여인의 소원대로 돈을 받아서 필요한 물건
을 사서 절을 세워 여인의 뜻에 만족하게 한 내용이다.

　몽산 화상은 그 인연의 일을 계기로 대중에게 이르기를, "여러분
이여, 이 여인이 희사한 돈이 어떠한 공덕을 갖추었는가를 환하게 알
겠는가? 낱낱이 보아서 분명하게 이르기를 확실하게 할 때에 그대들
의 바른 눈이 이미 밝다고 하는 것을 허락하리라."라고 하였다.

몽산덕이 화상 ●

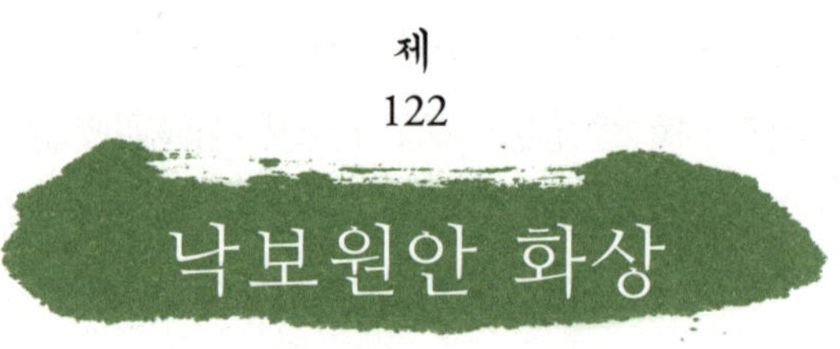

낙보원안 화상

樂普元安 和尙

물거품 노래[浮漚歌]

구름 낀 하늘에서 비가 내려 뜰에 고인 물이 되고
물 위에 떠돌다 거품이 되네.
앞엣것이 소멸하면 뒤엣것이 생겨나서
앞과 뒤가 상속하여 다하지 않네.
본래는 빗방울이 물이 되고 거품이 되어
도리어 바람결에 거품이 다시 물이 된다.
거품과 물은 그 본질은 다르지 않지만
변함을 따라 다른 것이 되는구나.
밖은 밝고 안은 비어 안팎이 영롱하여 보배 구슬 같네.
맑은 물결 위에서는 있는 듯하더니
다시 한 번 움직이니 없는 것과 같구나.
유와 무와 동과 정을 밝히기 어려워라.

형상 없는 가운데 형상이 있네.
거품은 물에서 나온 것을 알 뿐인데
물 또한 거품에서 나온 것을 어찌 알리오.
방편으로 거품과 물을 내 몸에 비유하니
오온이 헛되이 모여 가짜로 사람이 되었네.
오온도 공하고 거품도 실체가 아님을 통달하여야
비로소 본래의 진실을 밝게 보리라.

雲天雨落庭中水 水上漂漂見漚起 前者已滅後者生 前後相續無窮已
本因雨滴水成漚 還緣風激漚歸水 不知漚水性無殊 隨他轉變將爲異
外明瑩內含虛 內外玲瓏若寶珠 正在澄波看似有 及乎動著又如無
有無動靜事難明 無相之中有相形 只知漚向水中出 豈知水亦從漚生
權將漚水類余身 五蘊虛攢假立人 解達蘊空漚不實 方能明見本來眞.

【강설】　　낙보원안(樂普元安, 834~898) 화상은 당대의 스님으로서 834
년 섬서성 봉상현(鳳翔縣)에서 태어났다. 속성은 담(淡)씨이다. 854년
20세에 기양(岐陽) 회은사(懷恩寺)에 출가하였다. 일찍이 취미산(翠微山)
임제(臨濟) 선사께 도를 물었고, 후에 협산선회(夾山善會) 선사의 문하
에서 깨달음을 얻은 뒤 호남성 예주(澧州)의 낙보(洛浦, 樂普)에서 주석
하였다. 뒷날 호남성 소계(蘇谿)현으로 옮겨 대중을 교화하였다. 임종
할 때에 언종(彥從) 상좌의 경계를 점검한 고사가 화두공안으로 이야
기 된다[臨終接化彥從上座]. 광화 2년 무오(戊午) 898년 12월 2일 열반에
들었다. 춘추는 65세요, 승랍은 46세였다.

　『직지』에 실린 부구가(浮漚歌)는 물과 물거품의 관계를 살피어 우
리 인생의 실상을 간파하는 노래이다. 물도 물거품도 본래는 없는데

낙보원안 화상

빗방울이 떨어져서 물이 되고 다시 물에서 거품이 생겨 또다시 물로 돌아가니 무엇이 실재하는 것인가?

그와 같이 우리 인생도 오온이 가짜로 잠깐 모여서 몸인 듯하지만 오온은 본래 실체가 없다. 물거품을 바라보면서 사람의 몸도 실체가 없고 모두가 공하여 텅 비었다는 것을 깨달으라는 의미이다. 오온이 텅 비어 공한 줄 알면 인생사 모든 문제는 저절로 해결되리라는 가르침이다.

 무비 스님의 직지 강설 ●

등등 화상

騰騰 和尙

근원을 깨달은 노래 [了元歌]

도를 닦는다고 하지만 사실 도는 닦을 수 없으며,

법을 묻는다는 것도 물을 수가 없다.

미혹한 사람은 물질이 공한 줄 알지 못하나

깨달은 사람은 따르고 거역함이 본래 없다.

8만 4천 법문의 지극한 이치는 마음을 떠나 있지 않나니,

자신의 성곽을 잘 알아서 남의 고향을 찾지 말라.

널리 배우고 많이 들을 필요가 없으며

변재와 총명도 필요치 않다.

달이 크고 작음도 알지 못하고

해의 남는 윤달도 상관이 없다.

번뇌가 곧 보리요,
깨끗한 꽃은 진흙에서 피나니
누가 나에게 무엇을 하느냐고 물으면
그와 함께 이야기하지 않네.
아침 일찍 죽으로 주린 배를 채우고
낮에는 한 차례 밥을 먹는다.
오늘도 마음대로 자유로우며
내일도 마음대로 자유롭구나.
마음에는 분명하게 다 알고 있으나
거짓으로 어리석고 바보처럼 산다.

修道道無可修 問法法無可問 迷人不了色空 悟者本無順逆
八萬四千法門 至理不離方寸 識取自家城郭 莫謾尋他鄕郡
不用廣學多聞 不要辯才聰儁 不知月之大小 不管歲之餘閏
煩惱卽是菩提 淨花生於泥糞 人來問我若爲 不能共伊談論
寅朝用粥充飢 齋時更飡一頓 今日任運騰騰 明日騰騰任運
心中了了總知 且作佯癡縛鈍.

【강설】　등등(騰騰) 화상은 노안(老安) 국사의 법을 이었다고 한다. 노안 국사는 5조 홍인(弘忍) 대사의 법을 잇고 숭산(嵩山)에서 주석하던 선사다. 『직지』에 소개된 '근원을 깨달은 노래', 즉 요원가(了元歌)는 흔히 낙도가(樂道歌)라고도 한다. 도를 깨달아 그 도를 즐긴다는 노래이다. 요원가(了元歌)라는 말도 역시 근원을 깨닫고 부르는 노래라는 뜻이다. 노래 속에 "오늘도 임운등등(任運騰騰)하고 내일도 등등임운(騰騰任運)한다."는 구절로 말미암아 등등(騰騰) 화상이라고 알려졌다. 도를

깨닫고 나서 어디에도 매이지 않고 자유자재한 해탈감[任運騰騰]을 만끽하면서 사는 자신의 모습을 그대로 그린 게송이다.

다시 한 번 음미해 본다.

"흔히 도를 닦는다고들 하는데 나에게는 닦을 것이 없으며, 불법을 알려고 묻는다는데 그것도 역시 물을 것이 없다. 부처님은 8만 4천 법문에서 지극한 이치를 설명했지만, 그것도 내 한마음 안에 다 있는 것이다. 그러니 자신의 집안일이나 잘 지킬 것이지 공연히 남의 동네에 가서 기웃거릴 것이 없다. 나는 널리 배우고 많이 듣는 일도 귀찮고 변재와 총명도 쓸데없다. 세월이 가고 오는 것도 모른다.

모두 버리려고 하는 번뇌 망상이 그대로 깨달음이며 생사가 열반이다. 아름다운 연꽃은 더러운 시궁창에서 핀다는 사실을 왜 모르는가? 나에게 더 따진다면 나는 그 사람과 상대하지 않겠다.

왜냐하면, 말하기도 귀찮기 때문이다. 마지못해 아침에 죽 한 그릇 먹고 낮에는 밥 한 그릇 먹는다. 오늘도 자유자재한 해탈감[任運騰騰]을 만끽하고 내일도 역시 자유자재한 해탈감[任運騰騰]을 만끽한다. 내 마음속에는 모든 것이 환하다. 하지만, 남 보기에는 어리석고 바보인 척하면서 살 뿐이다."

등등 화상 ●

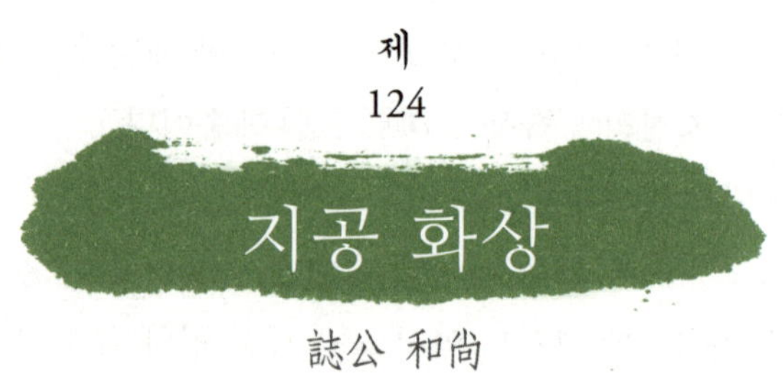

대승찬송 십수(大乘讚頌十首) 1-1

큰 도는 항상 눈앞에 있다.
비록 눈앞에 있지만 보기는 어렵네.
만약 도의 참 모습을 깨닫고자 한다면
사물과 소리와 언어를 없애지 말라.

大道常在目前 雖在目前難覩 若欲悟道眞體 莫除色聲言語.

【 강설 】　　대승찬송 십수(大乘讚頌十首)를 쓰신 양보지공(梁寶誌公, 418~514) 화상은 전기에 의하면 지공(誌公), 보공(寶公), 보지공(寶誌公), 보지(寶誌)라고도 기록하고 있다. 그중에 지공이라는 호칭이 가장 많이 알려져 있다. 중국 남조 때의 스님이다. 성은 주(朱)씨이고 협서성 남쪽에 살았으며 어려서 출가하였다. 처음 출가하여 은사의 인연을 맺고 공부를 배우던 수업사(受業師)는 도림사의 승검이라는 스님이었다.

　　지공 화상은 예언을 잘하였으며 시와 문장에도 능하였다. 특히 민중들에게 덕화를 많이 끼친 인연으로 훗날 왕이나 천자들이 그의 덕을 추앙해서 시호를 내리는 것을 영광으로 삼았다고 한다. 그래서 관재 대사, 묘각 대사, 도림진각 보살, 도림진각 대사, 자응혜감 대사, 보제성사 보살, 일제진밀 선사 등등 시호가 많다.

　　지공 화상은 당시 고구려에까지 그 이름이 널리 알려질 정도로 명성이 높았던 고승이다. 그에 대한 기록이 『불조역대통재(佛祖歷代通載)』, 『양고승전(梁高僧傳)』, 『보화산지』, 『신승전(神僧傳)』 등 여러 책에 나와 있다. 특히 『신승전』은 신비한 스님들에 대한 기록인데, 이와 같은 책에 기록되어 있는 것을 보면 도사다운 특이한 스님의 행적을 짐작하게 한다.

　　지공 화상이 남긴 글들은 문자석훈 30권, 십사과송 14수, 십이시송 12수, 대승찬송 10수가 있다. 대승찬송 십수(大乘讚頌十首)는 중국 위진남북조 시대 황제에게 지어 바친 글로 알려졌다. 짧은 시구 속에 불교적 삶의 진수를 잘 표현한 대승찬송은 흔히 대승찬(大乘讚)이라고도 하는데 제목 그대로 대승적 삶에 대한 찬탄의 노래다. 대승찬은 신심명, 증도가와 함께 선불교의 삼대선시(三大禪詩)로 꼽힌다. 대승찬송 10수라고는 하였으나 수마다 구절의 수효가 꼭 같은 것은 아니다. 내용에 따라 10수로 나누기도 하는데, 여기에서는 의미에 따라 또다시 세분하여 자유롭게 강설하였다.

지공 화상 ◉

대승의 진리를 찬탄하는 첫 구절부터 도를 이야기하고 있다. 큰 도[大道]란 무엇일까? 신심명에도 그 첫 구절이 지극한 도[至道]를 말하고 있다. 인생의 더없는 행복과 이상적인 삶을 당시의 불교에서는 도(道)라는 말로 표현하였는데 불법, 불도, 깨달음, 보리, 열반, 해탈, 또는 대승의 진리 등과 같은 뜻이다. 다만, 도교의 영향을 가장 많이 받은 시대에 나타난 표현이다. 아무튼, 사람이 살아가는 삶의 가장 이상적인 길, 즉 대승적 삶을 밝히고 있다.

이상적인 삶은 멀리 있는 것이 아니고 바로 지금 이곳 우리 눈앞에 있다. 단지 보지 못하고 알지 못하며 누리지 못할 뿐이다. 지금 이 순간에 인생의 의미를 누리지 못한다면 언제 어디서 다시 인생의 의미와 보람이 있겠는가? 고등고시에 합격한 이후라야, 올림픽에서 금메달을 딴 이후라야 꼭 그 사람의 인생이 시작되는 것은 아니다. 견성성불을 한 이후라야 꼭 그 사람의 삶이 시작되는 것은 아니다. 삶의 가치는 그런 것과 아무런 상관없이 무엇을 하며 살든 태어나면서부터 죽는 순간까지 매 순간 모두가 그 사람에게는 금과 같고 다이아몬드와 같이 소중한 삶이다. 이 사실을 알고 사는 것이 곧 대승적 삶이다.

만약 도의 참모습을 깨닫고자 한다면 지금 이렇게 보는 사물과 듣는 소리와 말하는 이 사실을 제외하고 따로 찾지 마라. 보고 듣고 말하는 이 순간의 이 사실이 곧 도의 참다운 모습이다. 그대로가 진정한 인생이다. 무엇과도 바꿀 수 없는 가장 소중하고 존귀한 삶이다. 이것이 진정 큰 삶이라는 진리를 찬탄한 것이다.

 무비 스님의 직지 강설 ◉

언어가 곧 큰 도다.
번뇌도 끊을 수 없는 것이다.
번뇌는 본래로 공적한 것인데
망령된 생각이 서로 번갈아 얽히고설키네.

言語卽是大道 不可斷除煩惱 煩惱本來空寂 妄情遞相纏繞

【강설】　사람이 일생을 통해서 가장 많이 하는 것은 무엇인가? 잠을 자는 것도 음식을 먹는 것도 아니다. 말을 하고 말을 듣는 것이다. 말하고 듣는 것이 곧 삶의 대종(大宗)이다. 불가에서도 묵언을 하라, 말을 조심해야 한다는 말을 많이 한다. 하지만 그것은 소승적 삶이다. 대승적 삶은 그렇지 않다. 진짜배기는 그렇게 가르치지 않는다. 사람의 삶에서 말처럼 소중한 것이 어디 있겠는가?

　번뇌라는 문제도 그렇다. 번뇌는 본래 공적한 것이다. 그렇다면 없는 번뇌를 끊을 수 있겠는가? 번뇌를 끊는다는 것은 허구이다. 공연한 생각을 일으켜서 본래 없는 번뇌를 끊어야 한다느니, 말아야 한다느니 할 뿐이다. 마음의 순수한 작용을 공연히 번뇌라고 이름 지어 놓고 하는 말이다. 사람의 희로애락이 모두 마음의 순수한 작용이며 그 또한 공적하여 저절로 없다. 그것을 끊으라니 이 얼마나 허망한 노릇인가? 이처럼 사는 삶이 대승적 큰 삶이다.

모든 것이 그림자 같고 메아리 같으니
무엇이 나쁘고 무엇이 좋은지 알 수 없어라.
마음으로 형상을 취하여 실다운 것으로 여긴다면
견성하지 못했음을 반드시 알리라.

一切如影如響 不知何惡何好 有心取相爲實 定知見性不了.

【강설】 『금강경』 전체 내용의 의미를 이 한 구절에 담았다.

"일체의 것은 꿈이요, 환상이요, 물거품이요, 그림자요, 이슬이요, 번갯불이요, 메아리니라."

분명히 인간 모두의 삶이 그와 같은데 무엇이 좋고 무엇이 나쁜지 어떻게 알겠는가? 환영을 보고 진실하다고 여긴다면 그 사람이 어떻게 존재의 실상을 알았다[見性]고 할 수 있겠는가? 어젯밤 꿈속에서 횡재하여 큰 부자가 되었다고 아침에 일어나서 혼자 히죽거리고 있는 모습을 상상해 보아라. 그 사람이 옳은가? 모든 존재의 실상을 바르게 알고 그 모든 존재의 속박에서 벗어난 삶이 진정 큰 삶이다.

대승찬송 십수 1-4

만약 업을 지어 부처를 구하려 하면
업은 생사의 큰 원인이 된다.
생사의 업은 항상 몸을 따르거늘
캄캄한 지옥에서 알지 못하네.

若欲作業求佛 業是生死大兆 生死業常隨身 黑暗獄中未曉.

【강설】　본래 존재하는 부처를 버리고 다른 업을 지어서 부처를 구
한다면 그것은 오히려 생사의 큰 원인이 된다. 소승불교에서는 육바
라밀을 닦고 참선을 하고 계행을 지키면서 기도하는 등등의 일을 통
해서 부처가 되고자 한다. 그렇다면 본래부터 자신이 변함없는 부처
라는 사실을 까맣게 모른다는 증거이다.

　대주 화상이 마조 선사를 찾아가서 "어디서 왜 왔느냐?"라는 질문
에 "부처를 구하려고 왔다."는 말을 하였다. 그랬더니 마조 선사가 말
하였다.

　"자신의 보물창고[부처]를 버리고 돌아다니는구나. 이곳에는 아무
것도 없다."

　"무엇이 저의 보물창고입니까?"

　"지금 나에게 질문하는 그것이 곧 그대의 보물[부처]이니라."라고
하였다.

　이 사실을 모르면 아무리 복을 짓고, 육바라밀을 닦고, 참선을 한
다 해도 모두가 헛일이다. 공연히 짓지 않아도 될 업만 짓는 일이 된

다. 그래서 불교에서는 그와 같은 이치를 바르게 알고 공부를 해야 한
다고 해서 정견(正見)을 무엇보다 중요하게 여긴다. 위대한 삶[大乘]은
곧 이와 같은 안목으로 사는 삶이다.

◉

대승찬송 십수 1-5

이치를 깨달으면 본래 다르지 않거늘
깨달은 뒤에 누가 늦고 누가 이르리오.
법계는 그 양이 허공과 같거늘
중생의 지혜가 스스로 작다.
다만 '나'라는 것을 일으키지 않으면
열반의 법식으로 항상 배가 부르리라.

悟理本來無異 覺後誰晚誰早 法界量同太虛 衆生心智自小 但能不起
吾我 涅槃法食常飽.

【강설】　시간상으로 먼저와 뒤, 공간적으로 크고 작음을 설명한 내
용이다. 대개의 사람은 깨달음의 문제에서부터 젊고 늙고 한 점에 이
르기까지 선과 후가 있고 빠르고 늦은 것이 있는 줄로 안다. 큰 집, 작
은 집이 따로 존재하는 것으로 안다. 실은 그 모두가 한낱 꿈속의 일이
다. 꿈을 깨면 모두가 같은 순간의 일이며 같은 공간의 일이다. 먼저와
뒤도 없고 크고 작음도 없다. 시간도 공간도 툭 터져서 경계라는 것이
도무지 없다.

　그러므로 '나다, 남이다'라는 분별이나 '선이다, 악이다'라는 분별을 일으키지 않으면 모든 문제와 모든 고통이 사라진 열반이라는 진리의 음식으로 항상 배가 부를 것이다. 배만 부른 것이 아니라 온 천지가 모두 나의 집이며 내가 돌아가 쉴 곳이리라. 이와 같은 안목이 있으면 비록 누더기를 입고 밥을 빌어먹으며 다리 밑에서 잠을 청하는 삶일지라도 그는 진정으로 위대한 인생이리라.

대승찬송 십수 2-1

허망한 몸이 거울 앞에 섰을 때 그림자를 비춘다.
그림자와 허망한 몸은 다르지 않은데
만약 그림자를 제거하고 몸만 남겨 두고자 하면
몸도 본래 허망한 것인 줄 모른다.
몸은 본래 그림자와 다르지 않으니
하나는 있고 하나는 없을 수 없다.
만약 하나를 두고 하나를 버리려고 하면
영원히 참된 이치와는 멀어지리라.

妄身臨鏡照影 影與妄身不殊 若欲去影留身 不知身本同虛
身本與影不殊 不得一有一無 若欲存一捨一 永與眞理相疎.

지공 화상 ◉

【강설】 사람들이 몸을 거울에 비춰볼 때 거울에 비친 영상은 거짓인 줄 잘 안다. 그러면서 자신의 몸은 진실이라고 생각한다. 사실은 거울에 비친 영상이나 비추고 있는 몸이나 다 진실이 아니다. 다 같이 텅 빈 허망한 것이다. 상관관계는 하나로 묶여 있다. 하나는 두고 하나는 없애지 못한다. 만약 하나는 두고 하나는 버리려고 하면 그는 영원히 참된 이치를 모르는 사람이며 대승적 삶을 살지 못한다. 우리가 애지중지하는 이 육신도 거울에 비친 영상과 같은 것으로 알라는 뜻이다.

◉

대승찬송 십수 2-2

만약 성인을 좋아하고 범부를 싫어한다면
생사의 바닷속에서 부침하리라.
번뇌는 마음 때문에 있는 것이니
마음이 없으면 번뇌가 어디에 있으리오.
수고로이 분별하여 취하고 버리지 아니하면
자연히 순식간에 도를 이루리라.

更若愛聖憎凡 生死海裏浮沉 煩惱因心故有 無心煩惱何居 不勞分別 取捨 自然得道須臾.

【강설】 보통 사람들의 삶이란 자신이 만들어 둔 기준과 틀에 바탕을 두고 사람이든 물질이든 아니면 어떤 사건이든 좋아하고 싫어하고 미워하고 사랑하고 취하고 버리며 살아가는 것이 일반적이다.

그렇다 보니 항상 시시비비의 물결 속에 부침하며 슬픔과 기쁨, 분노와 환희로 얼룩져 있다. 하루 중에도 평정심을 온전히 가지고 지내는 일이 거의 없다. 자신의 알량한 잣대로 온갖 것을 재며 살아가는 습관 때문이다. 참으로 가엾고 불쌍한 소승적 삶이다.

그래서 지공 화상은 "무심하라. 무심하면 번뇌도 망상도 다 사라져서 수고로이 분별하며 취하고 버리지 않아도 된다."라고 하였다.

큰 삶, 큰 인생은 세상에 두각을 나타내고 역사에 기록되는 그런 인물이 아니라 사랑도 미움도 다 벗어버린 무심한 삶이라는 것이다.

◉

대승찬송 십수 2-3

꿈꿀 때 꿈속에서 하는 일과
깨었을 때 깨어 있는 경계가 모두 없다.
깨었을 때와 꿈꿀 때를 바꿔서 생각하니
전도된 두 가지 견해가 다르지 않네.

夢時夢中造作 覺時覺境都無 飜思覺時與夢 顚倒二見不殊

【강설】　월창 거사의 술몽쇄언(述夢瑣言)이라는 글이 생각나는 내용이다. 우리는 흔히 꿈을 꿀 때 꿈속의 모든 내용은 허망한 것이고, 깨었을 때 보고 듣고 하는 일은 모두 진실이라고 생각한다. 그래서 꿈속에서의 정승보다 깨었을 때의 거지가 낫다고 말한다.

그렇게 생각하므로 현실의 삶에 지나치게 집착한 나머지 고통을

지공 화상 ◉

불러와서 어려움을 스스로 겪는다. 꿈도 꿈으로서 허망한 것이고 꿈을 깨었을 때도 역시 허망한 것이라고 알고 나면 나날이 가볍고 편안한 삶이 될 것이다.

◉

대승찬송 십수 2-3

미혹을 고쳐 깨달음을 취해 이익을 구한다면
물건을 파는 장사꾼과 무엇이 다르랴.
움직이고 고요함을 다 없애고 항상 고요해지면
자연히 진여에 계합하리라.

改迷取覺求利 何異販賣商徒 動靜兩亡常寂 自然契合眞如.

【강설】 　수행하는 사람 중에도 가끔 작은 영웅 심리에서 깨달음을 얻고자 하는 사람이 있다. 도를 통하면 무슨 특별한 능력이라도 생기는 줄 안다. 그 능력으로 사람들을 제압하여 영웅 행세를 해 보려는 것이다. 만약 깨달음을 이루어 어떤 이익이 생기고 존경받을 것으로 생각한다면 그것은 이익을 따지는 장사치들의 생각과 다를 바 없다. 이익을 얻자고 도를 닦는가? 입에 올리기도 부끄러운 일이다. 평생을 참선해서 주지가 되고자 선거전에 뛰어들거나 신도가 낸 무서운 시줏돈을 써가며 명예를 얻는 데 골몰한다면 수행을 세속적 이익으로 생각하는 장사치와 다름없다.

　왕복(往復)은 무제(無際)나 동정(動靜)은 일원(一源)이라는 말이 있다.

동정이 한 근원이라면 동과 정에 아무런 차별이 없다는 뜻이다. 차별이 없으면 서로 상대되는 동정이 이미 아니다. 없는 것이나 다를 바 없다. 그러면 항상 고요하리라. 고요한 그 자리가 바로 진여의 자리이다.

◉

대승찬송 십수 2-4

만약 중생이 부처와 다르다고 말하면
부처와는 아득히 멀어서 영원히 다르리라.
부처와 중생이 둘이 아니니
자연히 구경에는 다른 것이 없으리라.

若言衆生異佛 迢迢與佛恒殊 佛與衆生不二 自然究竟無餘.

【강설】　『화엄경』에 "마음과 부처와 중생, 이 셋은 차별이 없다[心佛及衆生 是三無差別]."라는 말이 있다. 사람들에게 이해를 시키기 위해서 공연히 여러 가지의 이름을 만들었을 뿐이다. 실로 그 본실에는 아무런 차별이 없다. 그런데 만약 중생과 부처가 다르다고 말한다면 사실은 아닌데도 부처와 중생이 아득하게 멀어지리라. 부처와 중생이 둘이 아닌 사실을 알게 되면 그 외의 보살이니 아라한이니 성문이니 연각이니 하는 다른 나머지 문제들도 저절로 해소될 것이다. 오직 하나의 사람이 있을 뿐이다. 그런데 공연히 부처라는 헛된 이름을 만들어 놓고 그것을 누리려고 한다.

297
지공 화상 ◉

법성은 본래 항상 고요하고
넓고 또 넓어 그 끝이 없는데
마음을 취하고 버리는 데 두면
그 두 가지 경계에 끌려감을 당하리라.

法性本來常寂 蕩蕩無有邊畔 安心取捨之間 被他二境回換.

【강설】　법성이란 무엇인가? 곧 사람의 삶 전부이다. 사람의 삶은 일견 천 가지, 만 가지로 차별하여 어지럽고 복잡하게 나열된 것처럼 보이지만 실은 본래부터 항상 고요하다. 바다의 물결이 아무리 많이 출렁거려도 언제나 항상 같은 물인 것과 같다.

　법성게(法性偈)에도 "법의 성품은 원만하고 융통해서 두 가지 모양이 없다. 모든 현상은 움직이지 아니하고 본래로 고요하다."라고 하였다. 그 내용도 역시 사람 사람의 삶의 본 모습을 설명한 내용이다. 이러한 삶의 본질을 외면하고 차별된 현상에만 눈이 팔리면 탕탕해서 끝없이 드넓은 큰 삶[大乘]을 살지 못하고 소승적으로 좁은 인생을 살게 된다.

　소승적 삶이란 "이것은 내가 취할 것이다. 이것은 내가 버릴 것이다."라고 하는 끊임없는 갈등의 삶이다. 취하고 버리는 데는 "이것은 선이다 이것은 악이다, 이것은 좋다 이것은 나쁘다."라고 분별하는 마음으로 어지러울 뿐이다. 어찌 사람다운 삶이라고 할 수 있겠는가.

모양을 거둬들이고 선정에 들어 좌선하며
경계를 포섭하고 마음을 안정시켜 각관(覺觀)하는 것은
나무로 조각한 사람이 도를 닦는 격이니
언제나 저 언덕에 이르리오.

斂容入定坐禪 攝境安心覺觀 機關木人修道 何時得達彼岸.

【강설】　더욱 위대한 인생을 살고자 하는 수행에는 여러 가지 길이 있다. 많은 사람이 선호하는 좌선도 여러 가지 수행방법 중의 하나다. 흔히 좌선이란 몸으로 일상생활에서 움직이는 일체의 모습을 멈추고 선정에 들며, 바깥의 일체 경계에 빼앗긴 생각들을 거두어들여서 마음을 안정시키고 호흡이나 현재 나의 상황을 자세히 관찰하고 살핀다. 곧 현재를 예의 주시하는 것이다. 그런데 그러고 나서 어쩌자는 것인가?

　두 손과 두 발과 두 눈과 두 귀가 있고 무엇보다 한순간도 쉬지 않고 활발발하게 작용하며 신령하게 견문각지(見聞覺知)하는 내가 있다. 이 능력, 이 사실을 버려두고 나무로 깎아 만든 조각품처럼 묵묵히 앉아서 도를 닦아서 무엇을 하자는 것인가?

　그것은 인간의 본성을 말살하는 행위이다. 피안에 이르려고 그와 같은 좌선을 한다지만 목석이 언제 피안에 이르겠는가? 생사람을 목석으로 만드는 수행은 수행이 아니라 바보짓이다.

모든 법은 본래 공하여 집착할 바 없는 것이
참으로 뜬구름이 모이고 흩어지는 것과 같네.
본성이 원래 공한 줄을 홀연히 깨달으면
흡사 열병을 앓다가 땀을 흘리는 것과 같네.
지혜가 없는 사람 앞에서는 말하지 마라.
그대의 몸을 두들겨 패서 마치 별이 흩어지듯 하리라.

諸法本空無着 眞似浮雲會散 忽悟本性元空 恰似熱病得汗 無智人前
莫說 打你色身星散.

【강설】　　제법(諸法)은 세상사와 인생사 모든 것이다. 재산도 명예도
다 제법이다. 사람도 산천초목 산하대지도 다 제법에 속한다. 죽도록
사랑하고 죽도록 미워함도, 울고 웃고 기뻐하고 분노하는 일, 삶과 죽
음까지도 모두 제법이다. 그 모두가 소중하고 귀한 것이지만 조금만
깨어 있어도 그것들이 모두 텅 빈 것임을 안다. 텅 빈 것이므로 집착하
여 울고불고할 것이 없다. 실재하는 것이라면 모르겠으나 결코 실재
하는 것이 아니기 때문이다.

　　지공 화상은 제법이 마치 뜬구름이 모이고 흩어지듯 하는 것이라
고 하였다. 그리고 어느 날 홀연히 이와 같은 이치를 알면 흡사 열병을
앓다가 땀을 흘리고 나서 몸이 가뿐하여 날아갈 것만 같다고도 하였
다. 이런 사실을 물질과 사람에 찌들고 온갖 감정에 사로잡힌 무지한
사람들에게는 말하지 말라고 하였다. 그들은 전혀 모르는 일이기 때

문이다.

　하지만 모르는 사람들에게 돈도 명예도 사랑도 미움도 다 뜬구름과 같으니 집착을 버리라고 한다면 아마도 그냥 있지 않을 것이다. 그런 말을 하는 사람을 몽둥이로 두들겨 팰지도 모른다.

◉

대승찬송 십수 4-1

그대 중생에게 바로 이르노라.
있지 않은 것이 곧 없지 않은 것이다.
있지 않은 것과 없지 않은 것이 둘이 아니니
어찌 있는 것에만 대하여 허망을 말하리오.
있음과 없음은 허망한 마음으로 이름 붙인 것이니
하나를 깨트림에 다른 하나도 없어짐이라.
두 가지 이름이 그대의 생각으로 지어진 것이니
생각이 없으면 본래 참되고 여여한 자리이니라.

報你衆生直道 非有即是非無 非有非無不二 何須對有論虛
有無妄心立號 一破一介不居 兩名由你情作 無情即本眞如.

【 강설 】　현상계는 모두가 상대적으로 이루어져 있다. 있음과 없음, 밤과 낮, 안과 밖, 남자와 여자, 동과 서, 남과 북, 오른쪽과 왼쪽, 노동자와 사용자, 진보와 보수 등 모두가 상대적이다. 이렇게 이루어져 있는 현상을 그대로 보고 이끌려 다녀야 하는 길이 있고 그 모든 상대적

지공 화상 ◉

인 것을 초월해서 유유자적하는 길이 있다. 대승적 삶의 길이란 아무래도 상대적 현상을 초월해서 유유자적해야 하리라. 모든 상대적 현상을 '있음과 없음'이라는 두 가지 문제에 집약시켜 놓고 그것만 꿰뚫어 보는 안목이 있으면 모든 문제는 한꺼번에 다 해결이 된다.

'있음과 없음이란 어디서부터 생긴 것인가? 있음과 없음의 그 본질은 무엇인가? 참으로 그렇게 엄연히 존재하는 것인가?'라는 것에서부터 따져봐야 하리라. 지공 화상은 "있음과 없음은 허망한 마음으로 이름 붙인 것이다."라고 하였다.

◉

대승찬송 십수 4-2

만약 감정으로 부처를 찾으면
그물을 들고 산에 가서 고기를 잡는 것이라.
한갓 헛된 공부라 이익이 없음이니
얼마나 많은 세월을 그릇되게 공부하였는가?

若欲存情覓佛 將網山上羅魚 徒費功夫無益 幾許枉用功夫.

【강설】 불교는 두말할 것 없이 부처가 되는 것이 목적이다. 그런데 부처를 좋아하고 중생을 싫어하는 감정이 있는 한 부처가 되는 것은 아득한 일이다. 마치 그물을 들고 산에 올라가서 물고기를 잡으려는 것이나 다름없다. 얼마나 많은 사람이 이와 같은 이익이 없는 헛된 공부를 하면서 세월을 보냈던가?

마음이 곧 부처라는 사실을 이해하지 못하면

진실로 나귀를 타고 나귀를 찾는 격이니

모든 것을 미워하지 말고 사랑하지도 아니하여

이러한 번뇌를 반드시 제거하라.

번뇌를 제거하면 몸을 제거하게 되고

몸을 제거하면 부처도 없고 원인도 없다.

부처도 없고 원인도 없게 되면

저절로 법도 없고 사람도 없으리라.

不解卽心卽佛 眞似騎驢覓驢 一切不憎不愛 這箇煩惱須除
除之則須除身 除身無佛無因 無佛無因可得 自然無法無人.

【강설】　　내가 본래 가지고 있는 그 마음이 곧 부처라는 사실을 모르
고 부처가 되고자 하는 것은 참으로 나귀를 타고 나귀를 찾는 일과 같
다. 머리가 있는 사람이 다시 자신의 머리를 찾아 붙이려는 것과 같다.
이미 있는 머리 위에 다시 머리를 하나 더 올리면 얼마나 괴상망측한
일이겠는가?

　　부처가 되는 일은 세상에서 가장 쉬운 일이다. 누워서 떡 먹기보다
쉬운 일이다. 그 이유는 수억만 년 전에 이미 되어 있는 일이기 때문이
다. 그러므로 쓸데없는 번뇌 망상을 버려라. 번뇌를 버리면 이 몸도 나
에게서 이미 떠난 존재이다. 몸이 없으면 부처도 없고 번뇌도 없다.

　　　　　　　　　　　　　　　　　　　　　지공 화상 ◉

큰 도는 수행으로 얻어지는 것이 아니다.
수행을 말하는 것은 방편으로서 어리석은 범부들을 위한 것이다.
이치를 알고 나서 수행이라는 것을 돌이켜 보면
그릇되게 공부한 것을 비로소 알리라.

大道 不由行得 說行權爲凡愚 得理返觀於行 始知枉用功夫.

【강설】　진정으로 큰 삶[大道]은 수행을 통해서 얻어지는 것이 아니다. 지식을 많이 쌓아 얻어지는 것도 아니다. 참선을 해서 얻어지는 것도 아니다. 단지 수행을 해야 하고, 지식을 쌓아야 하고, 참선을 해야 한다고 하는 것은 어리석은 사람들을 가르치기 위한 방편이다.

　사실은 큰 삶은 그것과는 전혀 관계가 없다. 본래부터 이미 갖추고 있는 사실이다. 이미 갖추고 있는 것이기 때문에 누가 빼앗아 갈 수도 없다. 그와 같은 이치를 알고 난 뒤 수행한 것을 뒤돌아보면 참으로 어이없는 일이었다는 사실을 알 것이다.

　행행본처(行行本處) 지지발처(至至發處)라는 말이 있다. 본래 완성된 부처의 자리이를 두고 아무리 훌륭한 수행을 한다 하더라도 언제나 본래 그 자리이다. 난행과 고행을 통해서 어디엔가 지극한 곳에 이르렀다 하더라도 그 역시 처음 출발하던 그곳이다. 즉 온갖 10신 · 10주 · 10행 · 10회향 · 10지 · 등각 · 묘각에 이르렀더라도 그것 또한 처음 출발할 때의 사람의 삶 그곳이라는 뜻이다.

원만하게 통하는 큰 이치를 깨닫기 전에는
반드시 말과 행동이 서로 일치해야 한다.
다른 알음알이를 집착하지 말고
빛을 돌이켜 근본으로 돌아가면 온전히 없으리라.
누가 있어 이 말을 알겠는가.
그대로 하여금 자기를 향해서 추구하게 하노라.
옛날의 허물을 스스로 살펴보아
오욕의 상처를 제거해 버려라.

未悟圓通大理 要須言行相扶 不得執他知解 廻光返本全無
有誰解會此說 敎君向己推求 自見昔時罪過 除却五欲瘡疣.

【 강설 】　　바르고 참되고 큰 이치는 본래로 원만하여 어디에도 막힌 데가 없이 툭 터져 있다. 툭 터져 있으므로 걸릴 것도 없다. 달리 말과 행동이 다르거나 나누어지지 않는다. 그래서 말이 곧 행동이고 행동이 곧 말이다. 또 다른 특이한 지식을 동원하거나 견해를 빌릴 필요도 없지만 집착할 것은 더욱 아니다. 본래의 저절로 그러한 진실에 머물면 아무것도 분별하거나 갈등할 것이 없는데 공연히 현상의 차별을 쫓아다니느라 본래의 진실을 벗어나서 살고 있다.

　　실로 누가 있어 이 진실한 말을 알겠는가? 공자도 “인부지이불온(人不知而不慍)이면 불역군자호(不亦君子乎)아.”라고 하였듯이 이러한 경지를 깨달아 얻은 사람은 스스로 자족할 뿐, 남이 나를 알아주기를 바랄 일이 아니다. 다만, 자신만을 돌아볼 일이다. 큰 삶이란 역사에 기록이 남는 일을 한 사람이 아니라 바로 이러한 삶을 산 사람이라는 것이다. 그래서 큰 삶을 찬탄[大乘讚]한다.

◉

대승찬송 십수 5-3

해탈하여 소요자재하고
아무 데서나 풍류를 싸게 팔도다.
누가 마음 내어 살 사람인가.
그도 역시 나와 같이 근심 걱정 없으리라.

解脫逍遙自在 隨方賤賣風流
誰是發心買者 亦得似我無憂.

【강설】　원효 스님은 의상 스님과 함께 진정한 불법을 구한 뒤에 큰 삶을 살기 위하여 당나라로 유학을 가다가 몸은 피곤하고 날은 어두워 아무 데서나 잠을 청하였다. 너무나 목이 말라 잠에서 깨어나 어두운 곳에서 물을 찾아 헤매다가 물 한 바가지를 찾아 마셨다. 이튿날 날이 밝은 후 살펴보니 해골에 고인 물이었다. 그 순간 심하게 구토를 하였지만, 곧바로 모든 것은 내 마음의 장난이라는 사실을 크게 깨달았다.

　　이에 중국으로 공부하러 가던 발길을 되돌려 무애가(無碍歌)를 부르면서 그야말로 해탈하여 소요자재하며 살았다. 가는 곳마다 일체유심조(一切唯心造)의 이치를 공짜로 팔고 다녔다. 그를 이해하는 사람은 그와 같이 큰 삶을 살았다.

내견과 외견이 모두 나쁘고
불도와 마도가 다 틀렸다.
이것과 저것이라는 두 큰 마왕이
고통을 싫어하고 즐거움을 구하도다.
생사를 깨달으면 본체가 공한데
부처와 마군이 어느 곳에 달라붙으랴.
다만, 망령된 생각을 말미암아 분별해서
전신과 후신이 외롭고 기구하도다.

內見外見總惡 佛道魔道俱錯 彼此二大波旬 便卽猒苦求樂
生死悟本體空 佛魔何處安着 只由妄情分別 前身後身孤薄.

【강설】　내견(內見)이란 내면의 세계를 인정하여 알고 있는 것을 말한다. 외견(外見)이란 반대로 눈에 보이고 귀에 들리는 온갖 경계들을 실재하는 것으로 알고 그것을 인정하는 것을 말한다. 이 모두가 나쁘다고 말한 것은 실재하는 것으로 여기고 집착하여 따라가면 미혹에 빠지기 때문이다.

　불도(佛道)와 마도(魔道)라는 것도 역시 같은 의미이다. 실은 모두가 존재하면서 한편 비존재이다. 흔히 아는 말로 표현하자면 진공이면서 묘유이며, 묘유이면서 진공이기 때문이다. 너니 나니 하는 문제도 치우치면 마군의 일이 되고 만다. 마군의 일은 고통을 싫어하고 즐거움을 구하는 일이다. 그러고 보면 누구나 고통을 싫어하고 즐거움을 구하면서 살기 때문에 보통 사람들의 삶이 모두가 마군의 삶이다. 소승적 삶이다. 양면을 초월하여 어디에도 초연한 큰 삶은 아니다.

그러므로 "생사를 깨달으면 본체가 공한데 부처와 마군이 어느 곳에 안착하랴. 다만, 망령된 생각을 말미암아 분별해서 전신과 후신이 외롭고 기구하도다."라고 다음 게송을 말씀하였다.

◉

대승찬송 십수 6-2

육도를 돌고 돌아 머물지를 아니하여
업에 얽혀 제거할 수 없도다.
그러므로 생사에 유랑하는 일이
모두가 경영과 지략을 잘못 낸 때문이네.

輪回六道不停 結業不能除却 所以流浪生死 皆由橫生經略.

【강설】　사람의 삶은 하루든 한 달이든 일 년이든 일생이든 모두가 윤회의 연속이다. 아침에 일어나서 눈을 뜨는 순간부터 필요한 순서대로 윤회하기 시작한다. 화장실로, 세면장으로, 신문을 읽고, 옷을 입고, 밥을 먹고, 식구들과 대화를 하고, 일터로 출근한다.

이런 일도 하고 저런 일도 하며 이런 사람도 만나고 저런 사람도 만난다. 이러한 생활 속에서 지옥도 있고 축생도 있고 아귀도 있고 아수라도 있고 인간도 있고 천신도 있고 부처도 있고 보살도 있다.

육도뿐이겠는가. 이 모두가 윤회이다. 인연이 그렇게 맺어져 있으므로 모든 사람은 그렇게 사는 것이 정상적인 삶이다. 다만, 그 모든 경계와 대상에 팔려가고 끌려 다니며 자신의 진정한 존재가치를 망각하는 것이 문제이다.

◉

대승찬송 십수 6-3

몸이란 본래 허무하여 진실한 것이 아닌데
근본으로 돌아감을 그 누가 짐작했던가.
있음과 없음은 내가 스스로 만든 것이니
허망한 마음으로 수고로이 헤아릴 것이 아니로다.

身本虛無不實 返本是誰斟酌 有無我自能爲 不勞妄心卜度.

【강설】　　사람의 몸뚱이는 사실 허무하여 진실한 것이 아니다. 거의 모든 사람은 그러한 근본적인 문제에는 관심이 없다. 지공 화상께서는 사람들이 인생의 본질과 근본 문제에 대해서 아무런 짐작도 하지 않고 사는 것이 안타까워 이와 같은 육신의 허구성을 깨닫기를 바란 것이다.

　이 몸뚱이의 본질만 깨달으면 처한 상황에 관계없이 인생은 나날이 즐거움을 누리는 좋은 날이 될 것이다. 이 몸이 있고 없음도 자신이 만든 것이며 몸에 따른 사람과 재산과 명예와 부귀영화와 있고 없음도 역시 자기 자신이 만든 것이다. 허망하고 공연한 생각으로 쓸데없이 헤아리고 계산할 일이 아니다. 방하착하고 쉬어버리면 나날이 편안하고 즐거운 삶이 되리라.

지공 화상 ◉

중생의 몸이 큰 허공과 같으니
번뇌가 어느 곳에 달라붙을 것인가.
다만, 일체 희구하는 것만 없으면
번뇌는 자연히 녹으리라.

衆生身同太虛 煩惱何處安着 但無一切希求 煩惱自然消落.

【 강설 】　사람들의 부질없는 생각, 즉 번뇌는 모두가 이 육신 때문에
생긴다. 이 육신이 허공과 같이 텅 비어 없는 것이라는 사실을 여실하
게 안다면 무슨 번뇌가 일어날 것이며, 번뇌가 없는데 또 무슨 갈등과
고민이 있겠는가.

　　일체 번뇌는 육신이 있고 육신이 있으니 필요로 하는 것이 많고
필요에 따라 구하는 것이 많다. 구하는 것이 있으면 때로는 뜻대로 되
지 않아 갈등과 고통이 따른다. 사람과 일, 의식주 등 모든 것이 그렇
다. 직업과 직위 문제 등등 모든 것이 이 몸뚱이 때문에 일어나는 문제
이다. 이 몸뚱이가 허공처럼 텅 빈 것으로 알고 일체 구하는 것이 없다
면 모든 갈등과 번뇌는 저절로 사라질 것이다.

중생이 꿈틀거리는 모습이 가소롭구나.

각각 한 가지씩 다른 소견을 집착하네.

다만, 냄비 옆에서 떡을 구하고자 하고

근본으로 돌아가 밀가루를 보는 것은 알지 못하네.

밀가루는 삿되고 바른 것의 근본이니

사람이 조작하는 것에 따라 백 가지로 변하도다.

구하는 것은 자유로이 뜻을 따르라.

공연히 치우쳐서 탐내고 애착할 것 없어라.

可笑衆生蠢蠢 各執一般異見 但欲傍鐺求餅 不解返本觀麪

麪是邪正之本 由人造作百變 所須任意縱橫 不假偏耽愛戀.

【강설】　중생이 각자의 소견대로 꿈틀대며 살아간다. 그 살아가는 모습은 다 다르다. 누가 마음은 형상이 없다고 하였던가. 중생의 크고 작은 동작 하나하나 표현하며 살아가는 ㄱ 현상들이 모두가 사람 마음의 형상이다. 즉 사람들의 살아가는 모습이 그대로 그 사람 마음의 형상이다. 이 얼마나 분명하고 확실한 형상인가.

　　그러나 그 각각의 형상들의 본질은 텅 빈 통일된 하나이다. 이런 인생과 저런 인생이 달리 보여도 그 본질은 공성(空性) 하나라는 사실이다. 무를 가지고도 많은 요리를 만들 수 있지만, 밀가루를 가지고는 실로 헤아릴 수 없이 많은 음식을 만들 수 있다. 하지만 그 많은 밀가루 음식도 근본은 밀가루 한 가지다.

　　이러한 이치를 깨달아 밀가루만 있으면 모든 음식을 다 만들 수 있는데 공연히 떡을 굽는 냄비 옆에서 떡이 만들어지기만을 바라지 말라는 것이다.

◉

대승찬송 십수 7-2

집착이 없는 것이 곧 해탈이요,
구하는 것이 있으면 또한 그물에 걸리네.

無着卽是解脫 有求又遭羅罥.

【강설】　사람의 삶에는 행복한 삶도 있고 불행한 삶도 있다. 그러나 늘 불행한 것도 아니고 늘 행복한 것도 아니다. 행복하던 사람도 때로는 불행할 때가 있고, 불행하던 사람도 때로는 행복할 때가 있다. 그래서 아무리 행복하고자 하더라도 3분의 1은 불행이고, 아무리 불행하고자 하더라도 3분의 1은 행복이고, 3분의 1은 행복도 불행도 아닌 시간이다.

　　그러므로 완전한 해결책은 행복과 불행에서 벗어나는 해탈의 길이다. 해탈의 길은 행복하고자 하는 생각에도 집착하지 않는 데 있다. 행복이든 성불이든 구하는 것이 있으면 날아가던 새가 그물에 걸린 것처럼 얽히고 만다. 그러므로 불교는 행복을 구하는 것이 아니라 행복마저 벗어나 해탈의 경지에 이르는 일이다.

자비한 마음으로 일체에 평등하면
진여와 보리가 저절로 나타나리.
남과 나라는 두 마음이 있으면
대면하고도 부처님 얼굴을 보지 못한다.

慈心一切平等 眞如菩提自現 若懷彼我二心 對面不見佛面.

【강설】 불교는 자비의 종교이다. 때로는 지혜를 우선으로 하지만 지혜를 구축한 뒤에는 자비를 베풀어야 지혜가 완성된다. 만약 지혜가 있는데도 자비를 베풀지 아니하면 그 지혜는 온전한 지혜가 아니다. 또 자비를 베풀 때도 지혜가 모자라는 자비라면 온전한 자비라고 할 수 없다.

지혜를 겸한 자비를 일체 중생에게 평등하게 베풀면 진여와 보리는 저절로 나타난다. 지혜를 갖춘 자비 앞에는 나와 남이 없다. 이러한 자세라면 눈에 띄는 사람마다 모두가 부처님이리라. 마치 『법화경』의 상불경보살처럼 될 것이다.

세간의 많은 어리석은 사람들이
도를 가지고 다시 도를 구하려고 하는구나.
여러 가지 뜻을 찾아 어지럽게 헤매지만
스스로 자신도 구제하지 못하도다.

世間幾許癡人 將道復欲求道 廣尋諸義紛紜 自救己身不了.

【강설】　도란 사람의 삶이다. 시간상으로 한순간도 떠나 있지 않고 공간적으로 촌보(寸步)도 떨어져 있지 않다. 그런데도 만약 도를 달리 구한다면 그것은 참으로 어리석은 사람이다. 그러나 얼마나 많은 사람이 도(道)인 자기 자신을 등지고 책을 뒤지고 가르침을 찾아 분주하게 헤매던가. 그와 같은 자세로는 남은 제쳐놓고라도 자기 자신도 구제하지 못하리라.

온전히 다른 사람의 글을 찾아 읽고는 어지럽게 말하면서
지극한 이치가 매우 훌륭하다고 스스로 떠들도다.
한갓 수고로이 일생을 헛되게 보내면서
영겁토록 생사에 빠져들도다.

全尋他文亂說 自稱至理妙好 徒勞一生虛過 永劫沈淪生死.

【강설】　불교를 공부하는 데 몇 가지 길이 있다. 진실로 불법의 이치를 깨달아서 그것으로 사람들을 깨우치게 하려는 마음으로 하는 사람이 있다. 또한, 불교의 이치를 공부하여 그 이치에 매료되어 그것으로 즐거움과 어떤 성공을 삼는 사람들이 있다. 또 불교 공부를 영업 삼아 생각하고 직업의 한 수단으로 여기는 사람들도 있다.

　　세존께서 불교를 전파하신 것은 자리이타(自利利他)요, 자각각타(自覺覺他)가 그 본래의 뜻이다. 그 외의 일은 생사를 벗어나는 일과 무관하다. 자신의 생사도 벗어나지 못했는데 다른 사람의 생사 해탈을 어떻게 생각하겠는가.

혼탁한 애착이 마음에 얽혀 떠나지 않아
청정한 지혜에 대하여 마음만 스스로 고뇌하도다.
진여법계 총림이
도리어 가시덤불 우거지고 거친 풀밭이 되었네.

濁愛纏心不捨 淸淨智心自惱 眞如法界叢林 返作荊棘荒草.

【강설】 불교를 만나고도 재산과 명예와 사람과 부귀라는 평범한 인간의 기본적인 욕망에 마음이 얽혀서 떠나지 못하고 사는 사람들이 많다. 한편, 청정한 지혜의 세계에도 모르는 바가 아니어서 스스로 마음에 갈등하는 사람이 있다.

불교의 세계란 진여법계의 총림이다. 진여의 이치와 진리의 세계에서 그것으로써 만복을 누리며 살아야 하거늘 그렇지 못하고 그 훌륭한 세계를 도리어 세속적 욕망으로 말미암아 험한 가시밭으로 만들어 거친 잡초만 무성하게 한다. 지공 화상의 눈에 비친 현상이 비참하고 안타까워 이런 글을 쓴 것이리라.

다만, 낙엽을 가지고 금이라 여기고
삼을 버리고 금을 구할 줄은 깨닫지 못하도다.
그러므로 바른 생각을 잃어버리고 미쳐서 달아나며
애써서 꾸미고 좋아하도다.

但執黃葉爲金 不悟棄麻求金 所以失念狂走 强力裝持相好.

【 강설 】　불교에 이런 이야기가 있다. 사람들의 근기와 수준이 각각 다르기 때문에 여러 가지로 차별한 법으로 사람을 가르치는 것이 마치 우는 어린아이를 달래기 위해서 누렇게 물든 낙엽을 금으로 만든 돈이라고 속여서 아이의 울음을 그치게 한다는 것이다.

　시중에 나도는 불교가 다 진금은 아니다. 낙엽을 가지고 금으로 만든 돈이라고 하는 경우도 있다. 사람들의 근기가 그런 말을 따라가는 수준이다 보니 아주 잘 먹혀든다. 그리고 더욱 한심한 일은 삼을 지고 길을 가다가 금을 주었는데도 그동안 지고 온 수고로움이 아까워서 삼을 버리고 금을 지고 가지 못하는 경우이다. 불교에 오래 인연을 맺다 보면 간혹 진짜 복이 되고 가치가 있는 진실한 내용을 듣게 되지만 그동안 해 오던 신앙생활이 아까워서 그대로 지나치고 참다운 불법 속으로 들어올 줄 모른다.

　성인의 눈으로 그와 같은 중생을 본다면 마음이 어떻겠는가. 정신을 잃고 미쳐서 달아나는 미치광이와 무엇이 다르겠는가. 미친 상태이므로 자신이 하는 일을 아주 잘하는 짓이라고 자랑하기 바쁘니 이 또한 가련한 일이 아닌가.

입으로는 경전을 외우고 논을 외워도
마음으로는 항상 메마름이라.
하루아침에 본심이 텅 비었음을 깨달으면
진여를 구족하여 하나도 모자람이 없으리라.

口內誦經誦論 心裏心常枯槁 一朝覺本心空 具足眞如不足.

【강설】　불교에서 경전이나 어록을 배우는 것은 사람의 진정한 가치를 알고 그 가치대로 살아가기 위해서이다. 세속의 학문도 실제로는 인간의 심성을 다듬어서 훌륭한 세상을 만드는 데 그 목적이 있다. 사람의 진정한 가치는 달리 표현하면 사람이 곧 부처님이요, 보살이라는 사실을 아는 것이다. 자신도 그렇게 살고, 다른 사람도 부처님으로 보살로 받들어 섬기며 모두가 행복하게 사는 것이다.

　성인의 가르침을 많이 배우고도 마음은 따르지 않고 인생을 메마르게 사는 사람들도 있다. 하지만, 어느 날 문득 인생의 본질을 깨달으면 현재 그대로 모든 것이 충만한 상태, 만족한 상태라는 사실을 알게 될 것이다. 그래서 "흠소심마(欠少甚麽), 지금 여기에서 부족한 것이 무엇인가?"라고 묻고 있다.

성문은 마음과 마음으로 미혹을 끊으니
능히 끊는 그 마음도 곧 도적이라.
도적과 도적이 서로 번갈아 제거하니
어느 때에 본래로 말하고 묵묵함을 알겠는가.

聲聞心心斷惑 能斷之心是賊 賊賊遞相除遣 何時了本語默.

【강설】　불교에서 말하는 궁극적 차원은 주관과 객관이 없으며 주체와 객체도 없다. 능(能)이란 주관을 말하며 소(所)란 객관을 말한다. 주체적으로 능히 끊는 마음은 주관이요, 객체라고 생각하는 번뇌 망상은 끊어야 할 객관이라고 보는데, 실제로는 주관도 객관도, 끊는 마음도 끊어야 할 마음도 모두가 한마음이다. 둘로 보면 모두가 도적이고, 나눠놓고 보면 답이 없다. 그것은 서로가 도적이 되기 때문이다. 즉 말과 침묵이 본래 하나인 이치를 깨달을 날이 없다는 것이다.

지공 화상 ◉

입으로는 천 권의 경전을 외우나
본체의 입장에서 경전을 물으면 알지 못하네.
불법이 원통함을 알지 못하고
한갓 수고로이 글줄을 찾고 글자를 헤아리도다.

口內誦經千卷 體上問經不識 不解佛法圓通 徒勞尋行數墨.

【강설】 종이와 먹으로 된 경전을 읽는 목적은 그것이 가리키는 본래의 의미를 아는 데 있다. 즉 손가락으로 달을 가리키는 것은 달을 보라는 뜻이다. 만약 달을 보지 않고 손가락만 본다면 참으로 어리석은 일이다.

불교는 인생사 모든 일에 시원스럽게 툭 터져 통하는 데 있다. 도시통류(道是通流)라고 하였다. 도란 어디에도 막히지 않고 툭 터져 마음껏 흐를 줄 아는 데 있다는 말이다.

"본체의 입장에서 경을 묻는다."는 말은 사람이 그대로 진정한 경전임을 뜻한다. 사람을 알기 위해 종이로 된 경전을 읽는 것이다. 그런데 사람을 모르고 수고로이 글줄이나 찾고 글자나 헤아린다면 성인의 뜻과는 거리가 멀다. 큰 인생은 성인의 경전에도 매이지 않는다는 사실을 알아야 한다.

대승찬송 십수 9-3

두타행을 하고 적적한 곳에서 고행하면서

후신의 공덕을 바라니,

바라는 그것이 곧 성스러운 길과는 막혔음이라

큰 도를 언제 얻을 수 있겠는가.

頭陀阿練苦行 希望後身功德 希望卽是隔聖 大道何有可得.

【강설】　　두타는 한문으로 두수(抖擻)라고 번역하며 흔들어 떨어뜨린
다는 의미이다. 번뇌의 때를 벗고 의식주에 탐심을 일으키지 않고 심
신을 단련하는 수행이다. 12두타행이라 하여 열두 가지가 있다.

　　1. 마을에서 멀리 떨어진 곳에서 생활할 것. 2. 걸식할 것. 3. 빈부
를 가리지 말고 7가식을 할 것. 4. 1일 1식만 할 것. 5. 절도 있는 생활
을 할 것. 6. 오후 불식할 것. 7. 헌옷만 입을 것. 8. 옷은 세 벌(5조, 7조, 9
조 가사)만 가질 것. 9. 묘지에 머물 것. 10. 나무 밑에서 머물 것. 11. 거
처할 처소를 따로 짓지 말 것. 12. 장좌불와할 것 등이다.

　　그 외에도 한 걸음 걷고 한 번 절하면서 성지를 찾아가거나 무릎
에 병이 생기도록 절을 많이 하는 것도 해당한다. 모두가 다음 생의 안
락한 삶을 위해서 하는 일이다. 진정으로 성스러운 가르침에는 바라
는 바가 없다. 바라는 바가 있는 수행은 결론이 없다. 바라는 바가 이
루어져도 자꾸 더 바라게 된다. 욕심만 더 증대되기 때문이다. 큰 인생
이란 그와 같은 헛된 꿈에서 깨어나는 일이다.

지공 화상

비유컨대 꿈에서 강을 건너는데
뱃사공이 하북 땅에 건네 주었으나
홀연히 꿈을 깨니 침상 위에서 편안히 자고 있었으니
뱃사공과 배와 강을 건너는 일이 다 없음이라.
뱃사공과 강을 건너는 사람
두 사람 모두 서로 알지 못하도다.

比如夢裏渡河 船師度過河北 忽覺床上安眠 失却度船軌則 船師及彼
度人 兩箇本不相識.

【강설】　인생을 꿈이라고 생각하여 그 꿈에서 깨어나 사는 것을 불
교에서 말하는 깨달음의 경지라고 한다. 선지식이 미혹한 중생을 가
르쳐서 깨달음의 길로 인도하였을 때 꿈을 깨고 보면 실로 깨닫게 해
준 선지식도 미혹에 빠졌던 중생도 본래 없다.

　　행행본처(行行本處)요 지지발처(至至發處)라는 말이 있다. 아무리 가
고 가도 본래의 그곳이며 이르고 이르렀다 해도 역시 출발한 그곳이
라는 뜻이다. 알고 보면 우리 인생도 수행을 통해 깨달음을 성취했다
하더라도 본래의 그 사람일 뿐, 달리 다른 사람은 없다. 설사 어떤 특
별한 경지에 도달하였다 하더라도 그 경지에 이르려고 하던 그 자리
일 뿐이다.

중생이 미혹하여 얽히고설켜서
삼계에 가고 오느라 피로가 심하지만,
죽고 사는 일이 꿈과 같은 줄을 깨달으면
일체 구하는 마음이 저절로 쉬어지네.

衆生迷倒羈絆 往來三界疲極 覺悟生死如夢 一切求心自息.

【강설】　중생의 삶은 깨어 있지 못하고 늘 미혹한 상태로 살아간다. 미혹한 상태란 정신이 캄캄해서 천지를 분간하지 못하고 자신의 생각이 내키는 대로 산다는 뜻이다. 바르고 참된 이치[眞理]와는 거리가 멀다. 바르고 참되지 못한 삶은 여기저기 만나는 일마다 뒤엉키게 마련이다. 그렇게 얽혀서 캄캄한 상태로 이끌려 다니다 보면 그 고통과 피로가 어떻겠는가.

　그러나 인생사, 세상사가 모두 꿈이라는 사실을 깨닫게 되면 구하는 마음은 저절로 쉬어지게 되고 어떤 고동도 사라지고 만다. 마치 꿈속에서 무엇엔가 쫓기어 갖은 애를 다 쓰다가 애를 쓰는 일이 지극하면 꿈을 깨게 되고 꿈을 깨고 나면 꿈속에서의 모든 일이 아무것도 없는 것과 같다. 진정한 대승적 삶은 꿈을 깨고 나서 사는 삶이다. 꿈속에서 대통령이 되는 것보다는 깨고 나서 시골 마을의 이장이 더 낫기 때문이다.

깨달으면 곧 보리다.

근본을 알면 차례가 없다.

슬프다. 범부들이 비실거리며

80이 되어서도 능히 걷지를 못하네.

悟解卽是菩提 了本無有階梯 堪嘆凡夫傴僂 八十不能跋蹄.

【 강설 】　모든 깨달은 사람들이 다 그렇듯이, 지공 화상께서도 사람으로 태어나 더구나 불법을 만난 사람으로서 참되고 바른 이치를 모르고, 꿈속에서 헤매듯 비실거리면서 살아간다. 80이 넘도록 진정한 인생을 살지 못하는 그 처지가 안타까워서 하신 말씀이다.

　깨달으면 곧바로 보리인데, 아무런 차례도 계단도 순서도 없는 데서 그런 이치를 모르고 한 단계씩 밟아 올라가면 무언가 있는 줄로만 아는 어리석은 불교인의 잘못된 상식을 깨트려 주는 가르침이다.

한갓 수고로이 일생을 헛되게 보내면서
날과 달이 옮기고 옮겨감을 알지 못하네.
위로 나아감에 스승의 입만 바라보니
흡사 어머니의 젖을 잃은 어린아이와 같도다.

徒勞一生虛過 不覺日月遷移 向上看他師口 恰似失妳孩兒.

【강설】　하루, 한 달, 한 해가 지나가는 것을 가만히 살펴보면 참으로
빠르다. 빠름을 느끼는 것은 나이가 많을수록 그 속도가 더하다. 차가
달리는 속도에 견주어 말하기도 한다. 40대에는 40킬로로 달리는 것
과 같고, 50대에는 50킬로로 달리는 것과 같고, 60대에는 60킬로로 달
리는 것과 같고, 70대에는 70킬로로 달리는 것과 같다고 한다. 참으로
맞는 말이다.

　　그렇게 빨리 지나가는데도 지나고 보면 마음에 흡족할 정도로 해
놓은 것이 없다. 지공 화상께서는 수행하는 사람들도 기껏해야 선지
식의 설법하는 입만 쳐다보고 있는 꼴이 마치 젖을 주지 않는 어머니
만 쳐다보고 있는 어린아이의 모습과 같다고 하였다.

도를 닦는 이와 속인들이 다투어 모여들어
종일토록 죽은 말을 듣고 있구나.
자신의 몸이 무상한 줄은 관찰하지 않고
마음으로 탐욕을 내는 것이 이리나 호랑이와 같도다.

道俗崢嶸聚集 終日聽他死語 不觀己身無常 心行貪如狼虎.

【강설】　불교를 공부하거나 수행한다고 하는 이들이 대개는 경전이
나 어록이나 사람들이 쓴 글들을 읽고 머리로 이해하는 것에 그친다.
이웃 종교인들도 마찬가지이다. 마음에 깊이 새겨 자신의 인격을 고
양하게끔 실천하는 것을 보기 어렵다.

　이해만 하고 말면 아무리 훌륭한 가르침이라도 모두가 죽은 말이
되고 만다. 하찮은 말이라도 마음에 깊이 새겨 실천에 옮겨야 살아 있
는 말이 된다. 말 자체에는 죽은 말과 살아 있는 말이 없다. 받아들이
는 사람의 자세에 따라 살기도 하고 죽기도 한다.

　훌륭한 가르침이지만 실천에 옮기지 않으니 본능대로 온갖 것에
욕심을 부리면서 살 수밖에 없다. 지나치면 그 모습이 마치 이리나 호
랑이와 다를 바 없다. 진정으로 뜻있는 삶을 살고자 하는 사람이라면
지나친 욕심을 삼가고 성인의 가르침으로 자신의 인격을 높이어 자신
도 이롭고 남도 이로운 길을 가야 할 것이다.

슬프다, 이승들의 마음은 좁고 용렬해서
오장육부만 조복하려 하네.
술과 고기와 오신채를 먹지 않고
비뚤어진 눈으로 남이 먹는 것을 곁눈질하네.
더하여 삿되고 미친 짓을 보태어
정기를 닦느라고 소금과 식초를 먹지 않네.
만약 최상승의 지극한 진리를 깨달으면
남자와 여자를 분별하는 짓을 하지 않으리라.

堪嗟二乘狹劣 要須摧伏六府 不食酒肉五辛 邪眼看他飮咀
更有邪行猖狂 修氣不食鹽醋 若悟上乘至眞 不假分別男女.

【강설】   이승은 불교를 공부하면서 소견이 터지지 못하고 자기 주장
까지 더하여 이상할 정도로 비뚤어진 종류의 사람들을 가리킨다. 마
음을 닦고 수행하여 바람직한 인생을 살고자 하면서 겨우 오장 육부
나 다스리고, 술과 고기와 오신채를 먹지 않는 등 좁은 의미의 계율이
나 지키는 것으로써 자랑을 삼는다. 그러면서 일반인들이 그러한 음
식을 먹는 것을 지나치게 죄악시하고, 삿된 짓이라고 하며 사람 취급
을 하지 않는 이들이 있다. 참으로 소승이라고 비판받아 마땅하다.

또 한편으로 운기 조성을 한다느니, 정기를 닦는다면서 오직 건강
과 장수만을 궁리하여 소금과 식초를 먹지 않고 비정상적으로 살아가
는 사람들도 있다. 선방에 앉아서 화두는 잊어버린 지 오래이고 위와

같은 행태를 자행하는 사람들도 없지 않다.

불교는 이 세상에서 가장 뛰어난 가르침이기에 가장 뛰어난 삶의 길을 제시하고 있다. 소중한 부처님의 가르침을 만나 불교적 삶이 무엇인가를 진지하게 생각하지 않고 산다면 껍데기만 불자요, 수행자라 할 수 있다.

불교는 모든 것을 초월한 해탈의 삶을 주장한다. 해탈이란 무엇인가? 행복도 불행도 아니다. 오래 살고 일찍 죽는 것을 생각하지 않는다. 승속도 따지지 않는다. 물론 남자와 여자도 분별하지 않는다. 그 모든 차별로부터 멀리 벗어난 거침없는 삶이다. 외형은 어떤 모습이든 따지지 않는다. 마치 여름날 하늘에 뭉게구름이 갖가지 모습을 나타내다가 순식간에 먼 하늘가로 사라지는 것과 같다.

지공 화상이 이와 같은 대승찬송(大乘讚頌) 십 수(十首)를 지어 세상에 전하는 뜻은 소중한 인생으로 태어나서 더없이 값진 불법까지 만났으니 모두가 대승적 삶, 즉 위대하고 훌륭한 삶을 살다 가라는 것이다. 공연히 좁고 좁은 소견으로 귀중한 인생을 허비하지 말라는 뜻이다. 역사에 기록되고 위인전에 오른다 해서 훌륭한 인생이 아니라 소견이 툭 터져 어디에도 매이지 않는 해탈의 삶으로서 본래 지닌 인생의 가치를 한껏 누리는 것이야말로 진정 위대한 삶이다.

십사과송(十四科頌) 1-1

중생이 도를 닦을 줄 알지 못해서
문득 번뇌를 끊고자 한다.
번뇌는 본래 공적한데
도를 가지고 다시 도를 찾고자 한다.

衆生不解修道 便欲斷除煩惱 煩惱本來空寂 將道更欲覓道.

【강설】 『직지』의 저자 백운 선사는 지공 화상의 대승찬송 10수를 앞
에서 소개하였다. 다시 지공 화상의 십사과송(十四科頌)을 소개하고 있
다. 부처님과 조사스님들의 가르침 중에서 『직지』에 가장 많이, 가장
구체적으로 이끌어 온 것이 지공 화상의 글이다. 아마도 백운 선사는
지공 화상의 불법에 대한 안목과 가르침이 가장 마음에 들었던 것 같
다. 실로 대승찬송이나 십사과송의 내용을 살펴보면, 누구의 가르침
과도 비교할 수 없는 고준한 견해를 피력하였다.

　서로 상대되는 듯이 보이는 내용, 일반 불교에서 흔히 상대적이며
반대가 되는 내용이라고 잘 못 알고 있는 데서 오는 오해를 불이사상
(不二思想)으로 회통하여 바로잡아 정법의 길로 나아가게 한 것이 십사
과송이다. 즉 번뇌와 보리가 둘이 아니며, 계율을 지키는 것과 범하는
것이 둘이 아니며, 부처와 중생이 둘이 아니며, 이치와 현상이 둘이 아
님을 뛰어난 안목으로 명확하게 드러내고 있다.

　맨 처음에 보리와 번뇌가 둘이 아니라는 내용의 게송을 설하고 있
다. 인간사는 오로지 깨달음이라는 한 가지 사실에 주목해야 한다. 그

지공 화상 ⦿

래서 새롭게 발달한 불교에서는 인간 보리, 인간 보살, 인간 불교라는 말을 곧잘 쓴다. 사람이 부처님, 당신은 부처님, 내 생명 부처님 무량 공덕 생명이라는 말도 같은 뜻이다.

도를 닦거나 견성성불이나 생사 해탈에 뜻을 둔 사람들은 바른 길을 잘 알아야 한다. 세상 일 중에 가장 위대하고 값진 일이기 때문이다. 1, 2천 원짜리 물건을 하나 사는 데도 자세히 살피고 골라서 산다. 인간 최고의 가치인 도를 통하는 데 어찌 소홀히 하겠는가.

도란 사람의 삶을 한순간도 떠나 있지 않으며 어느 곳에서도 떨어져 있지 않다. 사람마다 본래로 다 갖춰진 것이 도이다. 시정잡배에서 공자 맹자에 이르기까지 누구에게나 똑같다. 도를 닦는다고 하면서 번뇌를 끊고 도를 찾아야 한다면서 바쁘게 정진하는 사람이 많다. 그것은 도의 기본을 모르고 하는 것이다. 번뇌가 방해된다고 하지만 그 번뇌라는 것도 존재하는 것이 아니다. 본래 공적한 것을 공연히 존재하는 것으로 착각하여 끊으려고 한다. 어이없는 일을 하고 있다. 번뇌와 깨달음이 둘이 아니고 하나라는 진실부터 명확히 인식해야 한다.

◉

십사과송 1-2

한순간의 마음이 바로 그것인데
어찌 다른 곳에서 찾는가.
큰 도가 눈앞에 환하게 나타나 있는데
미혹하여 어리석은 사람은 알지 못하도다.
불성은 천진하여 저절로 그러하여
인연을 지어서 닦거나 지을 것이 아니로다.

一念之心卽是 何須別處尋討 大道皎在目前 迷倒愚人不了 佛性天眞
自然 亦無因緣修造.

【강설】　깨달음[보리]과 번뇌가 둘이 아니라는 내용의 두 번째 게송
이다. 옛 선지식들의 한결같은 화두가 인생의 진실하고 바른 길, 또는
가장 위대한 삶, 큰 인생과 같은 명제였다. 그것을 도(道), 대도(大道),
지도(至道), 보리, 열반, 해탈, 불법 등으로 표현하였다. 그런데 과연 그
것을 어디서 어떻게 어떠한 방법으로 실현할 것인지가 문제이다.

　지공 화상은 "지금 이 순간의 마음이 바로 그것이다."라고 하셨다.
다른 시간, 다른 장소, 다른 환경에서 찾을 일이 아니라 바로 지금, 이
자리에 눈앞에 우리의 가장 소중하고 지극하고 큰 삶이 있다. 불성은
천진 자연이라 인연을 빌리거나 조작이 필요하지 않다는 것이다. 흔
히들 대도를 위해 피나는 수행을 해야 하는 줄 알지만 그것은 미혹이
요, 착각이다. 무엇을 하며 어떻게 살든 지금 바로 이 순간 진정한 삶
의 가치를 누려야 할 것이다.

지공 화상 ◉

삼독이 헛것인 줄 알지 못해서
부질없이 생로병사를 집착하여 부침하도다.
옛날에는 몰랐으나 본래로 해탈인데
오늘에 비로소 깨달아도 빠른 것이 아니네.

不識三毒虛假 妄執浮沈生老 昔時迷本爲脫 今日始覺非早.

【 강설 】　편견에 사로잡힌 일반불교나 소승불교에서는 탐욕과 진심
(嗔心)과 어리석음을 허망한 것이 아니고 실재하는 것으로 안다. 그래
서 그것을 끊어야 하고 제거해야 한다고 아우성이다. 생로병사와 득
실과 시비에 따라 부침(浮沈)한다. 하지만 모두가 허망하며 거짓이며
환영이다. 그와 같은 착각에서 벗어나야 한다지만 사실은 본래부터
해탈되어 있다.

　탐욕과 진심과 어리석음에서 벗어나려고 수행하는 일은 모두가
착각이다. 그것 때문에 갈등하는 사람들이 많지만, 갈등할 필요가 없
다. 탐·진·치가 영원하던가. 허망한 것이므로 가만두어도 없어지고
만다. 삼독이 번뇌이고 그것이 사라진 것이 깨달음, 즉 보리라면 그것
이야말로 본래로 둘이 아닌 하나이다.

대장부의 행동은 걸림이 없어서
계율의 제지를 받지 않는다.
지키고 범하는 것이 본래 생멸이 없거늘
어리석은 사람은 계율의 속박을 당하도다.

丈夫運用無碍 不爲戒律所制 持犯本自無生 愚人被他禁繫.

【강설】　십사과송 중에서 두 번째는 계행을 지키는 것과 범하는 것
이 둘이 아니라는 것을 밝혔다. 큰 삶을 사는 대장부는 생활이 걸림 없
고 계율에 대해서도 걸림이 없다. 그래서 그 많고 많은 계율 조항들에
대해서 제지나 구속을 당하지 아니한다. 계율의 의미가 본래 어리석
은 소인들을 위한 방편이라는 것을 잘 알기 때문이다.

◉

십사과송 2-2

지혜로운 사람은 하는 일이 모두 공한데
성문들은 만나는 길마다 막히도다.
보살들은 육안으로도 원만하게 통하였고
이승들은 천안도 가려져 있다.

智者造作皆空 聲門觸途爲滯 大士肉眼圓通 二乘天眼有翳.

【강설】　계율문제뿐만 아니라 모든 인생사에 대해서 사람마다 그 대처하는 자세가 각각 다르다. 크게 지혜로운 사람과 어리석은 사람 두 종류로 나눌 수 있다. 불교적인 용어로 지혜로운 사람은 간혹 깨달은 사람, 또는 보살이라고도 한다. 어리석은 사람은 성문이나 연각과 같은 소승을 말한다. 먼저 지혜로운 사람은 자신이 하는 일이든 남이 하는 일이든 모두가 텅 비어 공한 것으로 꿰뚫어 본다. 기쁨도 슬픔도 한결같다.

그래서 자고로 낙이불음 애이불상(樂而不淫 哀而不傷)이라고 표현한다. 즐거운 일에 대해서라면 즐거움을 즐거워하되 그 즐거움에 빠져들지 않는다는 뜻이다. 슬픈 일에 대해서는 슬픔을 슬퍼하되 사람이 상할 정도까지 슬퍼하지는 않는다는 뜻이다. 그러나 어리석은 사람들은 하는 일마다 다 막히고 일으키는 감정마다 모두 상처를 받는다고 한다. 도인이나 성인이라고 해서 왜 슬픈 일과 기쁜 일이 없겠는가마는 그 희로애락에 대처하는 자세가 이처럼 다르다는 것이다.

◉

십사과송 2-3

텅 빈 가운데서 헛되게 있고 없음을 집착하여
육신과 마음이 걸림 없음을 알지 못함이라.
보살은 세속과 더불어 살지만
텅 비고 청정하여 일찍이 세속에 물들지 않네.

空中妄執有無 不達色心無碍 菩薩與俗同居 淸淨曾無染世.

【강설】　본래로 텅 빈 것 가운데는 아무것도 없어서 없는 것까지 없다. 그 이치를 모르는 사람들은 일체에 집착하고 걸린다. 물질도 마음도 알고 보면 걸릴 것이 없는데 텅 빈 이치를 모르기 때문이다. 반야심경에 몸도 마음도 텅 비어 공한 줄을 알면 모든 고통과 일체 문제를 다 벗어난다고 하였다. 그래서 그와 같은 경지에 이른 보살은 세속에 묻혀 살아도 속된 일에 물들지 않고 고고하게 산다.

◉

십사과송 2-4

어리석은 사람은 열반을 탐착하고
지혜로운 사람은 생사를 진리로 여긴다.
법성은 공하여 말이 없는데
인연 따라 이러한 게송을 조금 만들어 보았다.
백 살을 먹어도 알지 못하면 어린아이이고
어린아이라도 지혜가 있으면 백 살 먹은 어른이네.

愚人貪着涅槃 智者生死實際 法性空無言說 緣起略爲玆偈 百歲無知小兒 小兒有智百歲.

【강설】　열반의 경지를 마음에 그리고 자신이 그린 그림속의 열반을 애착하는 사람들이 있다. 지공 화상은 그런 사람을 어리석다고 하면서 삶과 죽음을 그대로 실제(實際)라고 여기는 사람이 지혜로운 사람이라고 하였다. 실제란 무엇인가? 법성이며, 진여이며, 공이며, 제법실

지공 화상 ◉

상이며, 진실한 이치이다. 즉 삶과 죽음이 그대로 진리이므로 이 진리를 떠나서 달리 열반을 찾지 않는다. 의상 조사의 법성게에도 생사열반상공화(生死涅槃相共和), 생사와 열반이 하나라고 하였다.

　　또한 "법성은 텅 비어 말이 없다."라고 하며 그와 같은 이치를 이해시키려고 부득이 간단한 게송을 지어 불법의 진실을 가르친다. 흔히 나이가 들면 지혜가 난다고 하지만 꼭 그런 것은 아니다. 나이가 많아도 어리석은 사람이 있고, 나이가 어려도 지혜가 출중한 사람이 있다. 어른과 아이는 나이에 있지 않고 지혜에 있다.

◉

십사과송 3-1

중생은 부처님과 다르지 않고
큰 지혜는 어리석음과 다르지 않네.
무엇 때문에 밖을 향해서 보배를 구하랴.
내 몸에 저절로 밝은 진주가 있도다.

衆生與佛無殊 大智不異於愚 何須向外求寶 身田自有明珠.

【강설】　십사과송 중 세 번째는 부처와 중생이 둘이 아니라는 뜻을 밝혔다. 『화엄경』에도 심불급중생 시삼무차별(心佛及衆生 是三無差別)이라는 말이 있다. 마음과 부처와 중생이 차별 없는 하나인데 사람들을 깨우치기 위해서 편의상 이름을 다르게 지어 붙인 것이다. "사람이 부처님이다."라는 말이나 "당신은 부처님"이라는 인불사상(人佛思想)이

곧 이러한 의미이다.

　지공 화상은 중생과 부처를 다르게 아는 것이야말로 지혜로운 사람과 어리석은 사람의 차이점이라고 하였다. 만약 어리석어서 중생과 부처를 다르게 이해하는 사람이 있다 해도 그 사람 역시 다 같은 부처라고까지 하였다. 자신이 부처라는 사실을 모른다고 해서 부처가 아닐 수는 없기 때문이다.

　예를 들면, 고려청자가 스스로 고려청자인 줄 모른다고 해서 어찌 고려청자가 아니겠는가. 그러므로 구태여 밖을 향해서 보배를 구하려고 하지 말라. 자기 자신 안에 무진장의 보물이 있다는 것을 깨달아야 한다. 아무리 못난 중생이라 하더라도 그대로 완전무결한 부처라고 알아야 한다는 말이다.

십사과송 3-2

정도와 사도가 두 가지가 아니듯
알고 보면 범부와 성인이 같은 길이라네.
미혹과 깨달음이 본래 차별이 없고
열반과 생사가 하나로다.

正道邪道不二 了知凡聖同途 迷悟本無差別 涅槃生死一如.

【강설】　부처와 중생이 둘이 아니라고 하는 말이 이어지면서 정도와 사도가 둘이 아니라는 데까지 이르렀다. 범부와 성인도 한 길이며 미혹함과 깨달음도 본래 차별이 없다. 나아가서 열반과 생사도 하나이다. 그 모든 말의 기본에는 부처와 중생이 하나라는 뜻이 내포되어 있다.

"미혹과 깨달음이 본래 차별이 없고 열반과 생사가 하나로다."

세존께서는 별의별 말과 법을 만들어서 각기 다른 사람들의 근기와 수준에 맞추다 보니 시끄러워지고 혼란스러워졌다. 불교공부에 마음이 빠져 오히려 정신이 혼란스러워진 사람들을 깨우치고 바로 세우는 가르침이다.

끝내는 반연이 다 공적하므로
오직 생각이 맑고 텅 빈 것을 구할 뿐이네.
한 가지 이치도 얻을 것이 없으면
홀연히 무위의 경지에 저절로 들어가리.

究竟攀緣空寂 惟求意想淸虛 無有一法可得 翛然自入無爲.

【강설】　인생사 모두가 반연이며 인연이며 연기의 법칙으로 이루어
져 있다. 세상사도 모두가 반연이며 인연이며 연기이다. 중생이 성불
하고 범부가 성인이 된다는 소승적 불교의 가르침도 역시 인연이며
반연이며 연기이다.

　　이러한 연기의 법칙은 모두가 본래로 공적하고 구경에도 공적하
다. 그래서 "본래로 공적하고 구경에 공적한 것은 염두에 둘 필요 없
이 오직 생각이 맑고 텅 빈 것을 구할 뿐이다."라고 하였다. 한 가지 법
도 얻을 것이 없다. 무위의 경지일 뿐이다. 반야심경의 핵심도 무소득
(無所得)이다. 얻을 것이 있는 것은 잃을 것도 있어서 무상하지만 얻을
것이 없는 것은 잃을 것도 없어서 항상 하다.

마음은 자유롭고 편안하며
법성은 본래 열 가지 번뇌가 없어
일체가 불사 아닌 것이 없으니
어찌 생각을 거두어 좌선할 필요가 있겠는가.

心王自在翛然 法性本無十纏 一切無非佛事 何須攝念坐禪.

【강설】　이치와 현상이 둘인 것 같으나 둘이 아니다. 물과 물결을 둘로 설명할 수도 있으나 실은 하나이다. 물이 이치라면 물결은 현상이기 때문이다. 이치를 알고 현상을 활용하면 모든 것이 무리가 없다. 우리의 마음에 이끌어다 관찰하여 보자.

마음자리는 자유자재하면서 고요하고 적멸하다. 그러나 그 위에 온갖 현상과 작용이 일어나는데 마음에서 일어나는 현상과 작용을 번뇌라 한다. 번뇌는 3독부터 8만 4천 가지가 있다. 여기에서 말하는 열 가지 번뇌 즉 십전(十纏)은 무참(無慚), 무괴(無愧), 질투(嫉妬), 간탐(慳貪), 후회[悔], 수면[睡], 망상 도거(妄想 掉擧), 혼침(惛沈), 분(忿; 성을 내는 것), 부(覆; 자기 허물을 덮는 것) 등이다.

이것이 사람들의 삶이다. 하지만, 그것들의 근본을 추구해 보면 아무것도 없다. 사람 그대로가 부처인 까닭에 사람이 작용하는 온갖 것이 그대로 다 불사이다. 처처불상 사사불공(處處佛像 事事佛供)이라 하지 않던가. 불교는 궁극적으로 이렇게 이해해야 답이 나온다. 그렇지 않고서는 3아승지 겁이 지나도 답이 없다.

방편 불교는 언제나 엇나간다. 공연히 마음을 집중하며 숨을 관찰하고 자신의 행동을 하나하나 예의주시한다든지 화두를 들어 오매일여(寤寐一如)의 경지에 이르러야 한다는 등의 방편 불교로는 아무도 답을 찾은 사람이 없다. 문제 자체가 잘못 되었기 때문이다. 그래서 지공 화상은 "일체가 불사 아닌 것이 없으니 어찌 생각을 거두어 좌선할 필요가 있겠는가?"라고 바른 말을 하신 것이다.

◉

십사과송 4-2

망상은 본래 공적하니
반연을 끊어 제거할 것이 없네.
지혜로운 사람은 마음을 얻을 것이 없어서
자연히 다툼도 없고 시끄러움도 없네.

妄想本來空寂 不用斷除攀緣 智者無心可得 自然無諍無喧.

【강설】　망상, 번뇌, 인연, 반연, 연기 등등의 말들이 다 사람들의 마음 작용을 표현한 것이다. 마음 본체의 측면에서 보면 그것은 모두가 공적한 것이므로 끊거나 제거할 필요가 없다. 이 사실을 모르는 사람은 애써 그것들을 제거하려고 노력하지만 결코 제거되는 것이 아니다. 그림자를 없애려고 해도 없어지지 아니하는 것과 같다. 그렇게 알면 마음은 저절로 고요해진다.

지공 화상 ◉

무위의 대도를 알지 못하면
어느 때에 유현한 도리를 깨달으리오.
부처와 중생은 한 뿌리이니
중생이 곧바로 세존이로다.

不識無爲大道 何時得證幽玄 佛與衆生一種 衆生卽是世尊.

【강설】 인생의 깊고 깊은 도리[幽玄]가 있다. 잠을 자지 않고 생각해
봐도 모르는 도리이며 먹지 않고 생각해 봐도 모르는 도리이다. 무위
대도(無爲大道)라고도 부른다. 그것을 달리 말하면 부처이자 중생이며
또한 한 뿌리이다.

그러므로 석가세존만 세존이 아니라 중생 모두가 세존이다. 흔히
중생이 그대로 부처라고 말한다. 하지만, 중생이 그대로 세존이라는
말은 여기에 처음 나온다.

그렇다. 이 세상에 사람보다 존귀한 것이 무엇이겠는가. 당연히
사람을 세상에서 가장 존귀한 존재, 즉 세존이라 불러야 한다. 인불사
상(人佛思想)을 넘어 중생이 곧 세존이라는 중생세존사상(衆生世尊思想)
을 제창해야 할 것이다.

범부는 허망하게 분별을 내어
없는 데서 있다고 집착하여 헛되이 헤매네.
깨달으면 탐·진·치가 공적하거니
어느 곳인들 진리의 세계가 아니겠는가.

凡夫妄生分別 無中執有迷奔 了達貪瞋空寂 何處不是眞門.

【강설】　불교의 가르침 중에서 없음의 이치와 공의 이치를 이해하는
것은 모든 문제와 고통을 해결하는 지름길이다. 문제와 고통은 무엇이
든 있음으로부터 발생한다. 그 있음이란 꼭 있어서가 아니라 근본은 없
는 데도 있다고 착각하는 데서 있다고 믿고 그것을 의지하고 집착한다.
마치 꿈속에서는 모든 것이 실재하는 것으로 알고 생활하지만 꿈을 깨
고 나면 실로 아무것도 없다. 참으로 허망하기 이를 데 없다. 부귀공명도
마찬가지이며 탐·진·치와 온갖 번뇌 망상도 역시 그렇다.

◉

십사과송 5-1

성문은 시끄러운 것을 싫어하여 고요함을 구하니
마치 밀가루를 버리고 떡을 구하는 것과 같네.
떡은 본래 밀가루이니
만드는 사람 따라 백 가지로 변한다.

聲聞猒喧求靜 猶如奔麪求餠 餠卽從來是麪 造作隨人百變.

【강설】   십사과송 중에서 다섯 번째인 "고요함과 산란함이 둘이 아
니다."라는 내용이다. 바다를 예를 들어보면, 바다는 항상 고요하지도
않고 항상 출렁대지도 않는다. 때로는 고요하고 때로는 출렁대지만,
그것은 늘 물이 하는 일이다. 물이라는 사실은 변함이 없다.
    지공 화상께서는 밀가루로 비유를 들어 이야기하였다. 중국에서
는 밀가루를 식재료로 많이 사용하기 때문일 것이다. 밀가루는 한 가
지이지만 사람의 조작에 따라 국수, 만두, 가락국수, 자장면, 빵 등등
천 가지, 만 가지가 될 수 있는 것과 같다고 하였다.

번뇌가 곧 보리요,
무심하면 곧 경계가 없음이니라.
생사는 열반과 다르지 않고,
탐욕과 분노와 어리석음은 아지랑이 같고 그림자 같네.

煩惱卽是菩提 無心卽是無境 生死不異涅槃 貪嗔如焰如影.

【강설】 보리란 깨달음이며 도이다. 깨달음이나 도는 덧붙여 설명하
자면 모든 존재의 실상을 바르게 알고 그 앎에 의해서 지혜와 자비심
이 저절로 우러나와 자신도 이롭고 타인도 이로운 삶을 사는 길이다.
그와 같은 보리가 보통 사람들에게는 무엇으로써 가능하겠는가. 곧
번뇌가 그것이다.

경계에 끌려가지 않으려면 경계가 없음을 보아야 한다. 경계가 없
음을 보려면 무심해야 한다. 경계를 없애려고 하면 해결이 되지 않는
다. 흔히 경계를 다스려서 자신의 마음을 행복하게 하려고 하지만 그
것은 오산이다. 내 마음이 편안하면 어떤 경계도 상관없다. 그래서 고
인이 말씀하시기를, "산중에서 좌선하는 것은 어렵지 않으나 경계를
대해서 무심하기는 참으로 어렵다."라고 하였다. 열반은 생사를 초월
한 것이라고 하지만 생사가 그대로 열반이다. 그러므로 생사에서 열
반을 보아야 한다.

지혜로운 이는 부처를 구하는 마음이 없고
어리석은 사람은 밖을 향해 달리고 있네.
한갓 수고로이 일생을 헛되이 보내고
여래의 미묘한 정수리는 보지 못하도다.
깨달으면 음행과 분노의 성품이 공해지고
확탕지옥 노란지옥 저절로 시원하네.

智者無心求佛 愚人向外馳騁 徒勞空過一生 不見如來妙頂 了達婬怒
性空 鑊湯鑪炭自冷.

【 강설 】　부처님은 인간이 생각하고 노력하여 이를 수 있는 경지 중
에서 가장 높고 존귀한 분이다. 자비와 지혜를 완전하게 갖춘 가장 이
상적이며 지극한 경지에 오른 사람이다. 그와 같은 경지가 어디에 있
으며 어떤 노력으로 가능한가?

　　지혜로운 사람은 그 경지가 자신 안에 있다는 사실을 잘 알기 때
문에 더 구하려고 하지 않는다. 그런데 어리석은 사람은 자신 밖에 존
재하는 줄로 착각하여 언제나 밖을 향해 찾으려고 내닫는다. 옛사람
의 말에도 "봄을 찾아 온종일 밖을 향해 논으로 밭으로 산으로 언덕으
로 찾아다니다가 집에 돌아오니 매화나무 가지에 이미 봄이 가득하였
더라."라는 말이 있다. 공연히 헛수고만 한 것이다. 어리석은 사람은
부처를 찾는 일은 말할 것도 없고, 다른 일도 역시 그와 같이 엉뚱한
곳에서 헤매고 다닌다. 잘 살펴야 할 일이다.

나 자신의 신심은 쾌락해서
홀연히 선도 없고 악도 없으니,
법신은 자재하여 일체 모든 곳에서
눈에 보이는 것마다 정각이로다.

我自身心快樂 儵然無善無惡 法身自在無方 觸目無非正覺.

【강설】　십사과송 여섯 번째는 선과 악이 둘이 아니라는 것을 밝혔다. 사람의 몸과 마음이 진정으로 쾌락하여지면 선도 악도 없는 본성 자리에 머물러야 한다. 선도 악도 없는 본성 자리에 머물게 되면 그대로가 법신이며 그 법신은 장소도 없고 시간도 없다. 보고 만나는 것마다 모두가 정각이다.

　　그러므로 6조 혜능 스님은 오조 스님 휘하에 있던 도명 스님이 발우와 가사를 빼앗기 위해 달려 왔을 때, "선도 생각하지 말고 악도 생각하지 마라."는 법문을 하였다. 도명 스님은 그 말씀에 곧 깨닫게 되었던 것이다.

육진이 본래 공적하거늘
범부는 허망하게 집착하도다.
열반과 생사가 평등한데
사해에 누구를 후하게 하고 누구를 박하게 하리오.

六塵本來空寂 凡夫妄生執着 涅槃生死平等 四海阿誰厚薄.

【강설】   선과 악은 육진 경계를 통해서 일어나는 일이다. 만약 육진 경계가 공적함을 깨달으면 선과 악이 있을 수 없다. 실로 육진 경계는 공적하며 생사와 열반도 평등하다. 그런데 범부들은 그와 같은 이치를 모르므로 공연히 분별하고 집착하여 멀고 가까움을 찾는다.

⊚

십사과송 6-3

무위의 대도는 저절로 그러하니
마음을 가져 가늠하고 헤아리지 말라.
보살은 얽매임 없이 신령스럽게 통하여
하는 일이 항상 깨달음을 포함하고 있네.
성문은 법을 집착하여 좌선하는 것이
마치 누에가 실을 토하면서 스스로를 속박하는 것과 같네.

無爲大道自然 不用將心畫度 菩薩散誕靈通 所作常含妙覺 聲聞執法
坐禪 如蠶吐絲自縛.

【강설】　진리를 터득하는 일이나 도를 깨닫는 것을 인생 최고의 목
표로 여기는 사람들에게 지름길을 안내하는 가르침이다. 도란 본래
저절로 그러할 뿐 조작이 있을 수 없다. 조작이 있는 것은 변하게 마련
이며 변하는 것은 진리가 아니고 허망한 것이다. 공연히 이리저리 헤
아리고 사량 분별할 것이 아니다.

　보살들은 얽매임 없이 신령스럽게 통하여 하는 일이 항상 깨달음
을 포함하고 있다. 못난 소승 성문들은 좌선에 매이는 것이 마치 누에
가 실을 토해 자신을 스스로 속박하는 것과 같다.

◉

십사과송 6-4

법성은 본래 원만히 밝아서 병이 나았는데
무엇 때문에 약에 집착하는가.
알고 나면 모든 법이 평등해서
홀연히 맑고 비어 쾌락하리라.

法性本來圓明 病愈何須執藥 了知諸法平等 翛然淸虛快樂.

　　　　　지공 화상 ◉

【강설】　불교에서는 같은 내용을 두고 자성이니, 법성이니, 진여니, 불성이니, 진심이니, 또는 마음이니 하는 등등 경우에 따라 여러 가지로 이름을 지어 부른다. 무엇이라 하든지 그 자체는 본래 완전무결하여 전혀 닦거나 손댈 존재가 아니라는 것이다. 그것을 알면 앉은 자리에서 모든 번뇌의 병이 다 나았다 해도 과언이 아니다. 병이 다 나았다면 8만 4천 가지 약이 무슨 소용이 있으랴. 어떤 상황이든 그저 평온하고 무사할 따름이다. 맑고 텅 비고 유쾌할 뿐이다.

◉

십사과송 7-1

법성은 본래 푸르고 누른 것이 없거늘
중생이 부질없이 문장을 만들어,
나다, 나다 하면서 지관을 말하여
자신의 뜻으로 어지럽게 전도되고 미쳐 날뛰도다.

法性本無靑黃　衆生謾造文章　吾我說他止觀　自意擾擾顚狂.

【강설】　십사과송의 일곱 번째는 사물과 사물이 공한 것이 둘이 아니라는 것을 밝혔다. 갖가지 사물들의 현상은 왜 그렇게 벌어져 차별상을 보이는가?

　　옛사람의 선게(禪偈)에 "마하대법왕 무단역무장 본래비조백 수처현청황(摩訶大法王 無短亦無長 本來非皂白 隨處現靑黃)"이라는 말이 있다. "크고 위대한 법왕은 짧음도 없고 긴 것도 없다. 본래 검거나 흰 것이

　　　　　　　　　무비 스님의 직지 강설 ◉

아니나 장소에 따라 푸르고 누른 것을 나타낸다.”라는 뜻이다. 크고 위대한 법왕은 곧 법성이며 자성이며 진여이며 보리이다. 이것은 곧 사람과 만류의 생명이다. 이러한 근본 존재에 대한 이치만 알면 굳이 지관(止觀)과 같은 수행이 필요치 않다. 그와 같은 온갖 수행법은 오히려 사람의 정신만 어지럽게 할 뿐이다.

◉

십사과송 7-2

원만히 통한 미묘한 이치를 알지 못하니
어느 때에 참되고 항상 함을 이해하리오.
자신의 병은 치료하지 못하고
다른 사람에게 약과 처방을 가르치도다.

不識圓通妙理 何時得會眞常 自病不能治療 却教他人藥方.

【강설】　모든 존재는 본래로 참되고 항상하다. 그것이 원만하게 통하는 미묘한 이치다. 자신의 병은 치료하지 못하면서 남의 병에 대해서는 약도 잘 알고 처방도 두루 잘 안다. 자신은 제도하지 못하여도 다른 사람을 먼저 제도하는 것을 보살이라고 하였다. 그러나 소승은 반드시 자신을 먼저 제도해야만 남을 제도할 수 있다고 생각한다. 지장보살은 “지옥의 중생을 다 건지기 전에는 결코 지옥에서 나가지 않겠다.”라고도 하였다. 보살은 자신보다 남을 먼저 생각한다.

지공 화상 ◉

밖으로 보기에는 좋은 것 같으나
마음은 마치 호랑이나 이리와 같네.
어리석은 사람은 지옥을 두려워하지만
지혜로운 사람에겐 천당과 다르지 않네.

外看將爲是善 心內猶若豺狼 愚人畏其地獄 智者不異天堂.

【강설】　옛글에 당당승상(堂堂僧相)이 용모가관(容貌可觀)이라는 말이 있다. 외모는 승려로서의 모습이 그럴듯한데 속은 완전히 속물이라는 뜻이다. 속물 정도가 아니라 호랑이나 이리와 같은 이들도 없지 않다.

　지옥과 천당은 어떻게 나누어지는가? 따로 장소가 있는가? 아니면 자신이 생각하기에 따라 느끼는 상태를 두고 하는 말인가? 그것도 역시 지혜로운 사람과 어리석은 사람에 따라 느끼는 감정의 차이일 것이다.

경계를 대하여도 마음이 항상 일어나지 않으니
발을 옮기는 곳마다 모두가 도량이네.
부처와 중생이 둘이 아닌데
중생이 스스로 나눌 뿐이네.

對境心常不起 擧足皆是道場 佛與衆生不二 衆生自作分張.

【강설】　방거사(龐居士)의 게송에 이르기를, "다만 스스로 만물에 무심하면 만물이 내 주위를 항상 에워싸고 있은들 무엇이 방해되겠는가. 무쇠로 만든 소가 사자후를 두려워하지 않듯이 흡사 나무로 만든 사람이 꽃과 새를 보는 것과 같네. 나무로 만든 사람은 본래 스스로 아무런 감정이 없고 꽃과 새가 나무로 만든 사람을 만나도 또한 놀라지 않네. 마음과 경계가 여여하면 다만, 그저 이러할 뿐이니 보리도를 이루지 못한들 무엇이 염려되랴[但自無心於萬物 何妨萬物常圍繞 鐵牛不怕師子吼 恰似木人見化鳥 木人本體自無情 花鳥逢人亦不驚 心境如如只遮是 何慮菩提道不成]."라고 하였다.

　부처니 중생이니 본래 하나인데 어리석은 사람들이 공연히 나누어 놓았을 뿐이다. 전혀 그 말에 떨어져서 미혹할 것이 아니다.

만약 삼독을 제거하려면
멀고 멀어서 재앙을 떠나지 못하리.
지혜로운 사람은 마음이 부처인 줄 알고
어리석은 사람은 극락을 찾아 서방으로 가네.

若欲除却三毒 迢迢不離灾殃 智者知心是佛 愚人樂往西方.

【강설】　일반적인 불교에서는 어떤 상황에 따라 사람의 마음에서 일어
나는 탐욕과 진심과 어리석음과 기타 여러 가지 번뇌들을 이름 지어 놓
고 그것은 나쁜 것이라고 하면서 반드시 제거해야 한다고 가르친다.

지공 화상은 번뇌를 제거하려고 하면 그 번뇌라는 것의 원리와 거
리가 너무 멀어서 오히려 재앙을 불러온다고 하였다. 참으로 탁월한
견해이다. 이 말은 일반적인 불교와는 정 반대의 논리이다.

영명연수 선사가 보살계 서문에서 인용한 『제법무행경(諸法無行
經)』에도 "탐욕즉시도(貪欲卽是道)요, 진에역부연(嗔恚亦復然)이라. 여시
삼법중(如是三法中)에 구일체불법(具一切佛法)이라"고 하였다. 즉 "탐욕
이 곧 도다. 진심과 어리석음도 역시 그러하다. 이와 같은 세 가지 법
가운데 일체의 불법이 다 갖추어져 있다."라는 뜻이다. 그리고 이어서
"진로와 업과 미혹들이 모두 보현보살의 참다운 진리의 세계이다[塵
勞業惑門 盡是普賢真法界]."라고도 하였다.

실로 뛰어난 안목이다. 제거해야 한다고들 하였지만, 지금까지 누
가 사람의 마음 일부분이며 또한 훌륭한 작용인 삼독과 팔만사천 번
뇌를 제거한 사람이 있는가? 다만, 방편으로 말했을 뿐이다.

십사과송 8-1

세간의 모든 법이 환영과 같으며
생사가 마치 우레와 번갯불 같네.
법신은 자재하고 원만히 통하여
산하에 출입함이 간격이 없다.

世間諸法如幻 生死猶若雷電 法身自在圓通 出入山河無間.

【강설】　십사과송의 여덟 번째는 생과 사가 둘이 아니라는 것을 밝혔다. 세간의 모든 법은 생사에 해당하고 법신은 생사를 초월한 경지에 해당한다. 생사는 그 작용이고 법신은 본체이다. 생사는 물결이고 법신은 물의 본성에 비유할 수 있다. 물이 바람에 의해서 아무리 온갖 변화를 일으키며 여러 가지로 출렁거리더라도 물이라는 본성은 불변이다. 심지어 흐르는 물, 고여 있는 물, 얼어 있는 물, 수증기로 증발하는 물도 그 본성은 모두 똑같다. 물의 현상은 생멸하고 변화하지만, 본성은 불생불멸인 것과 같은 이치이다. 그와 같온 존재의 실상을 꿰뚫어 본 사람은 생과 사가 둘이 아니라고 한다.

지공 화상 ◉

전도와 망상이 본래 공하며
반야는 미혹도 없고 어지럽지도 않네.
삼독은 본래 저절로 해탈이거니
무엇 때문에 생각을 거두고 참선하리오.

顚倒妄想本空 般若無迷無亂 三毒本自解脫 何須攝念禪觀.

【강설】　화두를 들고 참선을 하는 일이나 위빠사나 등 기타 여러 가지 수행을 하는 이유는 생각을 가라앉혀 일념이 되어 무명 번뇌와 전도 망상을 제거하는 데 있다. 무명번뇌가 실재하는 것이라면 제거할 수도 있겠거니와 실재하는 것이 아니고 본래 공한 것이라면 화두 참선이나 위빠사나와 같은 번뇌를 제거하기 위한 수행은 그와 같은 행위 자체에 의미가 있을 뿐이다. 수행을 통해 어떤 결과를 바란다는 것은 잘못된 생각이다.

　　삼독 그대로 본래 저절로 해탈이라고 하지 않는가. 구태여 긁어서 부스럼을 낼 필요는 없지 않은가. 깊이 생각할 문제다.

다만, 어리석은 사람은 알지 못하고
저 계율을 따라 판단하도다.
적멸한 진여를 알지 못하니
어느 때에 저 언덕에 올라가리오.
지혜로운 사람은 끊을 악도 없으며
마음대로 운용하여 합하고 흩어지도다.
법성은 본래로 공적해서
생사에 얽힘이 되지 않도다.

只爲愚人不了 從他戒律決斷 不識寂滅眞如 何時得登彼岸
智者無惡可斷 運用隨心合散 法性本來空寂 不爲生死所絆.

【 강설 】　　지공 화상은 지혜로운 사람과 어리석은 사람의 다른 점에 대해 자주 말씀하셨다. 성인의 가르침과 불교의 가르침은 지혜가 우선이라는 뜻이다. 선불교에서는 더더욱 그렇다.

　　지혜는 스스로 터득하는 것이다. 그러나 어리석은 사람은 계율이나 경전의 말씀을 그대로 따라갈 뿐 스스로 그 깊은 의미를 터득하여 판단하는 능력이 없다. 마치 세상사에도 어른들은 스스로 판단하지만, 어린아이들은 판단할 지혜와 능력이 없으므로 어른의 말만 쫓아가는 것과 같다.

　　불교 공부도 스스로 지혜와 이치를 터득해서 문제에 대한 판단을 내려야 한다. 그런데 언제나 다른 사람에게 의지하여 알려고 한다면,

혹시나 잘못 지시하여도 그것을 따르는 경우가 많다. 그래서 지혜로
운 사람은 언제나 자유롭고 어리석은 사람은 늘 얽매여 산다.

◉

십사과송 8-4

만약 번뇌를 끊고자 한다면
이 사람은 캄캄하고 어리석은 놈이다.
번뇌가 곧 보리인데
어찌 따로 참선을 구할 것인가.
진리의 자리에는 부처도 없고 마군도 없으며
마음의 본체는 형체도 없고 끊을 것도 없다네.

若欲斷除煩惱 此是無明癡漢 煩惱卽是菩提 何用別求禪觀 實際無佛
無魔 心體無形無斷.

【강설】　생과 사가 둘이 아니며 번뇌와 보리가 둘이 아니다. 그런데
굳이 번뇌를 끊을 필요가 있겠는가. 번뇌를 끊으면 보리도 없어진다.
생사와 열반이 하나인데 달리 생사를 초월할 필요가 있겠는가. 진리
의 입장에서는 부처도 마군도 없으며 마음 또한 형체가 없다. 형체가
없는 마음인데 마음 어디에 끊을 번뇌가 있겠는가.

　　　　　무비 스님의 직지 강설　◉

장부는 운용이 당당하고
소요 자재하여 걸릴 것 없으니
그 무엇도 능히 침해할 수 없어서
견고하기가 마치 금강과 같도다.

丈夫運用堂堂 逍遙自在無妨 一切不能爲害 堅固猶若金剛.

【강설】 십사과송의 아홉 번째는 단견과 상견이 둘이 아니라는 뜻을
밝혔다. 단견(斷見)이란 단멸(斷滅)이라는 말과 같다. 무(無)이며 공(空)
이다. 단견은 사람이 죽은 뒤에는 아주 없다는 견해이다. 상견(常見)은
반대로 있다는 뜻으로 사람이 죽은 뒤에도 무엇인가 영원히 존재한다
고 보는 견해이다. 이 두 가지 견해를 초월하고 다시 두 가지를 수용하
는 중도적 견해도 있다.
　　지공 화상은 중도적 견해에도 집착하지 말라고 하였는데 그래야
당당한 대장부라 할 수 있다. 소요 자재하여 어디에도 걸림이 없다면,
무엇이 그를 해칠 수 있겠는가. 진정으로 자유롭다면 그야말로 정말
견고한 사람이다.

◉

십사과송 9-2

두 가지 치우침과 중도에도 집착하지 아니하면
홀연히 없는 것도 아니고 있는 것도 아님이라.
오욕락과 탐욕과 진심이 곧 부처요,
지옥이 천당과 다르지 않도다.

不着二邊中道 翛然非斷非常 五欲貪瞋是佛 地獄不異天堂.

【강설】 있음과 없음, 삶과 죽음, 그리고 모든 것에 치우치지도 않고 모든 것을 수용하는 중도마저도 멀리 벗어난 사람에게는 오욕락과 탐욕과 분노 그대로가 부처의 삶이다. 그야말로 탐욕이 즉시 도(道)이다. 그에게 천당과 지옥이 따로 있을 수 있겠는가. 모두가 부질없는 이름뿐이다.

◉

십사과송 9-3

어리석은 사람은 헛되이 분별하여
생사에 흘러 다니면서 미쳐 날뛰네.
지혜로운 사람은 사물을 통달하여 걸림이 없고
성문은 알지 못하여 혼란하고 두려워하네.

愚人妄生分別 流浪生死猖狂 智者達色無碍 聲聞不了恂惶.

 무비 스님의 직지 강설 ◉

◉

<h1 align="center">십사과송 9-4</h1>

법성은 본래 허물도 가리는 것도 없거늘
중생이 망령되이 푸르고 누른 것을 집착하도다.
여래는 미혹하고 어리석은 사람들을 인도하기 위하여,
혹은 지옥도 말하고 천당도 말하도다.

法性本無瑕翳 衆生妄執靑黃 如來引接迷愚 或說地獄天堂.

【강설】 불교의 관점은 크게 두 가지로 나눌 수 있다. 차별적 현상세계인 사(事)와 보편적 진리세계인 이(理)이다. 보편적 진리의 측면에서 보면 평등하고 공해서 아무런 허물이 없다. 그러나 차별적 현상에서 보면 천차만별하다. 보편적 진리를 볼 줄 아는 지혜로운 사람은 삶 그대로 문제가 없어 보이지만, 어리석은 사람은 모든 것이 차별되게 보이고 불평등하게 보인다. 그러므로 여래는 어리석은 사람을 인도하고 깨우쳐주기 위해서 지옥이니 천당이니 하는 이름을 지어 가르쳤다.

지공 화상 ◉

십사과송 9-5

미륵이 자신 속에 있는데
어찌 다른 곳에서 헤아리는가.
진여 불상을 버리면
이 사람은 곧 미친 것이로다.

彌勒身中自有 何須別處思量 棄却眞如佛像 此人卽是顚狂.

【 강설 】　『미륵하생경』에 의하면 미륵보살은 지금은 보살로 있지만, 미래에는 석가모니부처님을 이어 부처가 될 미래불로 되어 있다. 미래의 부처든 현재의 부처든 과거의 부처든 모두가 나 자신 속의 부처이다. 과거·현재·미래라는 시간도 역시 나의 현재 일념 안에 존재한다. 다른 시간과 다른 장소에서 찾을 일은 아니다. 모든 사람이 그대로 진여 불성이다. 중생이 그대로 세존이다. 이 엄연한 사실을 모른다면 그는 미친 사람이다.

성문은 마음에 있는 것을 알지 못하여
오직 말과 글귀만 쫓아다니네.
말이나 글은 본래 참다운 도가 아니니
더욱더 강하게 투쟁하도다.
마음은 독사와 같고 전갈과 같아서
물리기만 하면 곧바로 상처를 입네.
글 속의 옳은 뜻을 취할 줄 모르니
어느 때에 참답고 항상 함을 알게 되리오.
죽어서는 무간지옥에 들어가
영혼은 재앙을 받으리라.

聲聞心中不了 唯只趁逐言章 言章本非眞道 轉加鬪爭剛强
心裏蚖蛇蝮蠍 螫着便卽遭傷 不解文中取義 何時得會眞常
死入無間地獄 神識枉受灾殃.

【강설】　　성문은 본래 부처님의 말씀만 들을 줄 알고 자신의 깨달음
은 없는 사람을 가리킨다. 후대에 와서 부처님의 말씀이 또 다른 언어
와 문자로 기록되면서 수많은 이론이 분분하여졌다. 무슨 사상이니,
학설이니, 혹은 남돈 북점이니 하는 이론으로 쓸데없는 논쟁을 벌인
다. 말씀이 진리를 밝히는 훌륭한 도구도 되지만 때로는 사람을 해치
는 무기 노릇도 한다.
　　서로 다른 이론에 집착한 나머지 감정이 악화하여 지혜롭고 자비

로워야 할 불자가 독사가 되고 전갈이 되어 사정없이 사람을 물어서
상처를 입힌다. 말이나 문자는 껍데기만 보아서는 안 된다. 그 안의 진
정한 의미를 이해해야 한다. 의미를 이해하지 못하고 날뛰다가는 심
한 경우 무간지옥에 들어가는 일을 저지르기도 한다. 큰 재앙을 만날
수도 있다.

불교를 공부하여 지혜로워지면 그 지혜로써 다른 사람을 깨우치
는 자비를 베풀어야 하는데 엉뚱한 길로 간다면 불교를 만나지 않은
것만 못하다.

◉

십사과송 10-1

법사의 설법은 지극히 훌륭한데
마음의 번뇌를 떠나지 못하네.
입으로 문자를 말하여 다른 이를 교화하려고 하지만
더욱더 그들을 생사에 헤매게 하네.
진실과 허망은 본래 둘이 아니거늘
범부들이 허망을 버리고 도를 찾도다.

法師說法極好 心中不離煩惱 口談文字化他 轉更增他生老 眞妄本來
不二 凡夫棄妄覓道.

무비 스님의 직지 강설 ◉

【강설】　　십사과송의 그 열 번째는 진제와 속제가 둘이 아니라는 뜻을 밝혔다. 진제(眞諦)란 승의제, 또는 제일의제라고 한다. 궁극적 입장에서의 진리이다. 속제(俗諦)란 세속제라고도 하는데 세속적 입장에서의 진리이다. 그것이 둘이 아니라는 것은 진제가 속제이고 속제가 진제라는 것이다. 진(眞)과 망(妄)으로 표현하기도 하는데 본문에서 밝혔듯이 진과 망도 본래 둘이 아니다. 그런데 어리석은 범부들은 구태여 망을 버리고 참다운 도를 찾으려 한다. 망이 그대로 참다운 도인데.

◉

십사과송 10-2

사부대중이 운집하여 강의를 듣는데
훌륭한 강사는 그 논리가 흘러넘치어
남쪽 강사 북쪽 강사 서로 다투지만,
사부대중은 그 말이 훌륭하다 하네.
비록 입으로는 감로 법문을 말하면서도
마음은 항상 메말라 있네.
자기 자신은 한 푼도 없으면서
밤낮 남의 보물만 헤아리도다.
흡사 지혜 없는 어리석은 이가
진금을 버리고 풀을 짊어지고 가는 것과 같네.
마음에 삼독을 버리지 못하니
어느 때에 도를 얻을지 알지 못하겠네.

지공 화상 ◉

四衆雲集聽講 高座論議浩浩 南座北座相爭 四衆爲言爲好
雖然口談甘露 心裏尋常枯燥 自己元無一錢 日夜數他珍寶
恰似無智愚人 棄却眞金擔草 心中三毒不捨 未審何時得道.

【 강설 】　　불교를 공부하는 방법에는 여러 가지가 있다. 어떤 사람은 기도나 주문이나 염불이나 화두와 절과 같은 단순한 방법을 선택함으로써 최상의 불법이라고 생각한다. 또 다른 사람은 교리나 사상이나 역사나 불교문화를 깊이 연구하는 것으로써 최상의 불법이라고 생각하는 사람도 있다.

　지공 화상은 경학과 어록만 공부하여 뛰어난 언변으로 불법을 강설하면서 정작 신심도 없고 깊은 이치도 깨닫지 못하고 원력도 없는 사람의 폐단을 지적하였다. 두 가지 비유를 들었는데, 하나는 "종일수타보(終日數他寶)에 자무반전분(自無半錢分)이라." 하여 오늘날의 은행원처럼 자기 돈은 없으면서 남의 돈만 온종일 헤아리는 사람과 같다고 하였다.

　또 한 가지 비유는, 담마기금(擔麻棄金)이니, 전공가석(前功可惜)이니 하는 말로 흔히 알려진 이야기이다. 어리석은 사람이 풀을 짊어지고 가다가 금을 발견했는데도 지금까지 풀을 짊어지고 온 정성이 아까워서 금을 버리고 그대로 풀을 짊어지고 간다는 말이다. 몇 년 동안 자기 나름대로 익힌 불교가 저급하고 유치한 불교인 줄 알면서도 그동안 해 오던 습관과 공들인 것이 아까워서 평생을 그대로 신행 생활을 하는 사람이 있다. 그와 같은 사람들을 두고 하는 말이다.

율사는 계율로써 자신을 얽는다.
자신도 스스로 얽히고 또한 남도 얽음이라.
밖으로 위의를 차리는 것은 편안하고 고요해 보이지만
속마음은 흡사 큰 파도와 같네.

律師持律自縛 自縛亦能縛他 外作威儀恬靜 心內恰似洪波.

【강설】　십사과송 열한 번째는 해탈과 속박이 둘이 아니라는 뜻을
밝혔다. 앞에서는 강사가 경전을 강설하면서 자신의 수행에는 아무런
득이 되지 않음에 대해서 이야기하였다.

　여기에서는 율사가 계율에 대해 구속받고 있음을 꾸짖었다. 예의
와 도덕과 질서를 잘 지키고 행동거지가 점잖은 율사로서 밖으로 보
기에는 훌륭해 보이나 마음속으로 온갖 갈등과 시시비비와 남의 잘잘
못에 대한 생각이 들끓고 있다면 그것이 무슨 이익이 있겠는가.

　참다운 이치를 제대로 아는 사람은 겉과 속은 아무런 관계가 없
다. 그에게는 해탈과 속박이 둘이 아니기 때문이다.

생사를 건너는 배를 타지 않고
어떻게 애욕의 강물을 건너가리오.
참된 종지와 바른 이치를 알지 못하여
삿된 소견과 그 말이 매우 번거롭도다.

不駕生死船筏 如何度得愛河 不解眞宗正理 邪見言辭繁多.

【강설】   불교는 성인의 가르침이라는 생각에 먼저 탐욕과 애욕과 분노와 어리석음과 같은 번뇌를 잠재우거나 제거해야만 되는 것으로 안다. 그리고 인내하고 사양하고 겸손하고 점잖은 인격자가 되어야 하는 것으로 안다.

하지만 사실대로 말하자면 생사는 언제나 있는 것이며, 생사가 있으면 애욕의 강물은 항상 흐르는 것이 사람의 삶이다. 생사에서 열반을 알아야 하고 애욕과 번뇌에서 보리를 보아야 한다. 8만 4천 번뇌와 생로병사를 떠나서 달리 무엇이 있단 말인가.

이와 같은 이치를 알지 못하니 구구하게 설명이 많고 말이 많다. 아무리 말이 많고 조건이 많아도 거기에 정답은 없다.

두 비구가 계율을 범하고
곧바로 우바리 존자에게 가서 물으니
우바리는 계율에 의지하여 죄를 말하니
두 비구는 더욱더 죄악의 그물에 얽아매였네.
방장실에 계시는 거사 유마힐이 곧 와서 꾸짖으니
우바리는 묵묵히 말이 없는데
정명 거사는 허물이 없음을 설법하였다.

有二比丘犯律 便却往問優波 優波依律說罪 轉增比丘網羅
方丈室中居士 維摩便卽來呵 優波默然無對 淨名說法無過.

【강설】　『유마경』의 이야기를 이끌어 왔다.『유마경』은 좁고 편협한
소견을 가진 소승 불교인들의 안목을 열어주는 가르침이다. 설법과
걸식과 좌선과 논의와 천안통과 계율과 출가 공덕 등에 대해 이치에
맞는 올바른 견해를 유마 거사가 하나하나 밝힌 내용이다. 이 내용은
계율에 관한 이야기이다.

　　비구 두 사람이 한적한 숲 속에서 수행하고 있었는데 한 사람이
잠깐 자리를 비운 사이에 어떤 여자가 나무하러 와서 혼자 있는 비구
에게 다가가 음행 계율을 범하게 하였다. 그때 마침 수행처로 돌아온
한 비구가 그 사실을 알고 여자에게 크게 분노하였다. 여자는 겁이 나
서 도망가다가 잘못하여 낭떠러지에 떨어져 죽고 말았다.

　　두 비구는 수행을 열심히 하려다가 음행계와 살생계를 범한 처지

가 되고 말았다. 파계한 것을 참회하기 위하여 당시에 부처님 10대 제자 가운데 지계 제일로 알려진 우바리 존자에게 가서 사실대로 말하고 참회를 요청하였다. 지계주의자인 우바리는 참회가 통하지 않는다고[不通懺悔] 하며 두 비구를 크게 꾸짖어 쫓아냈다.

　이 사실을 알게 된 유마 거사가 편협한 소견의 소승비구를 크게 꾸짖으며 본 성품에는 본래로 아무런 죄과가 없는 이치를 설법하여 주었다. 우바리 존자의 말을 들었을 때는 수행을 포기하고 타락의 길로 갈 뻔했으나 유마 거사의 설법에서는 눈이 밝아지고 마음이 열려 새로운 세계를 보게 되었다는 내용이다. 영가 선사의 「증도가」에서도 이 내용을 인용하였다.

◉

십사과송 11-4

계율의 본성은 허공과 같아
안과 밖과 사바에 있지 않으니
생멸을 버릴 것을 권해도 따르지 않다가
홀연히 깨달음에 석가와 꼭 같이 되었도다.

而彼戒性如空 不在內外娑婆 勸除生滅不肯 忽悟還同釋迦.

【강설】　계율의 본성도 텅 비어 공하며 죄업의 본성도 텅 비어 공하다. 『천수경』에 죄무자성종심기(罪無自性從心起)라는 구절이 나온다. 죄업은 본래 자성이 없고 다만, 마음으로부터 일어난 것이라는 뜻이다.

　　무비 스님의 직지 강설　◉

마음 안에서나 마음 밖에서나 사바세계 그 어디에나 있는 곳이 없다. 이러한 이치를 제대로 알면 그대로 석가모니 부처님이다. 석가모니 부처님은 역사적인 부처님이지만, 누구나 이치를 알면 하늘처럼 받드는 석가모니 부처님과 다를 바 없다는 뜻이다.

◉

십사과송 12-1

선사의 본체는 무명을 떠나 있거늘
번뇌가 어느 곳에서 생기리오.
지옥과 천당이 한 가지 모양이며
열반과 생사가 헛된 이름이라.
탐·진·치를 끊을 것도 없고
불도도 이룰 것도 없네.
중생과 부처가 평등해서
저절로 성스러운 지혜가 성성하리라.

禪師體離無明 煩惱從何處生 地獄天堂一相 涅槃生死空名
亦無貪瞋可斷 亦無佛道可成 衆生與佛平等 自然聖智惺惺.

지공 화상 ◉

【강설】   십사과송 그 열두 번째는 대상인 경계와 주체인 비춤이 둘이 아니라는 뜻을 밝혔다. 눈이 사물을 보는 경우 눈과 사물은 둘이 아니다. 눈이 있어 사물을 보고 사물이 있어 눈이 본다.

한국 불교에서는 스님을 부르는 명칭이 여러 가지이다. 선사, 율사, 강사, 법사, 주지, 종사, 대종사 등등 아주 많다. 그중에서도 선사라는 말을 가장 좋아한다. 선원에서 한 철도 살지 않았으면서도 선사라고 부르면 흐뭇해 한다. 한국 불교는 선이 주류를 이루고 있기 때문이다. 그러나 그 책임도 적지 않다.

지공 화상의 말씀에 의하면, 선사는 무명과 번뇌를 떠난 이라고 하였다. 또한 천당도 지옥도 하나라고 하였다. 생사와 열반도 헛된 이름에 불과하다고 하였다. 탐욕도 진심도 어리석음도, 심지어 불도(佛道)마저도 없다고 하였다. 그리고 선사에게는 중생도 부처도 평등하여 성스러운 지혜가 저절로 늘 깨어 있어서 성성하다고 하였다. 이와 같은 경지에 이르러야 비로소 선사라고 부를 수 있다. 그렇지도 않으면서 선사라고 부른다면 그 빚이 적지 않으리라.

좀 더 설명하자면, 선사는 선불교의 여덟 가지 정신을 갖추어야 한다. 즉 간결하고 소박한[簡素] 삶이어야 하고, 탈속(脫俗)하여야 한다. 그리고 모든 생활이 자연(自然)스러워야 하고, 깊이[幽玄]가 있어야 하며, 고고(枯孤)하여야 한다. 몸도 마음도 언제나 고요[靜寂]하여야 하며, 틀에 매이거나 사고가 고정되지 않아야[變化] 한다. 그리고 부동(不動)해야 한다. 어디에도 흔들리지 않는 꿋꿋한 팔풍부동(八風不動)의 인격자라야 비로소 선사라고 할 수 있다.

　　　　　　　　　　　　　　　무비 스님의 직지 강설 　◉

육진에 물들지 않으니
구구절절 생멸이 없는데 계합하도다.
바로 깨달은 한 생각을 깊이 이해하니
삼세가 평탄하여 다 평등하도다.

不爲六塵所染 句句獨契無生 正覺一念玄解 三世坦然皆平.

【강설】　보통 사람으로서 성인의 가르침, 특히 불교역사에서 깨달은
분들의 가르침을 제대로 이해하지 못하는 까닭은 육근에 끌려다니고
육진에 깊이 빠져서 사람의 본성인 신령스러운 앎, 즉 영지(靈知)가 드
러나지 않아서이다. 신령스러운 앎만 확연하게 드러나면 말씀마다 모
두가 무생법인의 이치에 계합한다. 무생법인의 이치에 계합하면 과거
·현재·미래가 모두 평탄해져서 시간성을 초월한다.

◉

십사과송 12-3

법으로도 계율로도 제지할 바 아니어서
홀연히 원성(圓成)의 경지에 참으로 들어갔도다.
사구(四句)와 백비(百非)를 끊고
허공과 같이 조작도 없고 작위도 없다.

非法非律所制 翛然眞入圓成 絶此四句百非 如空無作無爲.

【강설】 　 "어떤 법률에도 제지할 바가 아니어서 원성(圓成)의 경지에 들어갔다."라고 하였다. 원성(圓成)은 원성실상(圓成實相)이라고도 하며 원성실성(圓成實性)이라고도 한다. 즉 원만성취이며 본래로 완전무결 이며 진실구족의 경지이다.

　그러므로 그 자리에는 유(有), 무(無), 비유비무(非有非無), 역유역무 (亦有亦無) 등의 사구(四句)도 끊어지고, 이 사구(四句)가 발전하여 온갖 잘못된 견해를 낳게 된 백 가지의 그릇된 소견도 모두 사라진 경지이 다. 그러므로 그와 같은 사람은 온종일 끊임없이 행하되 하나도 한 바 가 없는 무위의 삶이 된다.

◉

십사과송 13-1

나는 지금 모든 것이 흘러넘치고 자유자재하여
왕후장상도 부럽지 않네.
사계절이 흘러도 마치 금강과 같아서
고통과 즐거움에 마음은 항상 변화가 없다.

我今滔滔自在 不羨公王卿宰 四時猶若金剛 苦樂心常不改.

무비 스님의 직지 강설 　◉

【강설】　　십사과송 그 열세 번째는 운용에 걸림이 없다는 뜻을 밝혔다.
운용(運用)이란 사람이 움직이고 생활하고 활용하고 작용하는 일이다.
깨달은 사람은 무엇을 하든지 어디에도 걸림 없이 자유자재하다.

　　지공 화상은 자신의 심정과 생활을 스스로 "나는 지금 모든 것이
흘러넘치고[滔滔] 자유자재하여 왕후장상[三公六卿]도 부럽지 않다. 즉
왕이나 정승이나 판서와 같은 높은 벼슬에도 눈 하나 까딱하지 않는
다. 사시사철이 흘러가고 세월이 바뀌어도 나의 마음은 금강과 같아
서 고통과 즐거움에 항상 변화가 없다."라고 하였다.

　　얼마나 자신이 넘치는 소리인가. 이 말을 듣고 누가 비방한다 해
도 그것은 그 사람의 몫일 뿐이다. 누가 무어라 하든 상관이 없다. 지
공 화상은 아무런 영향을 받지 않는다. 그저 평상심으로 여여하다. 대
자유 그 자체이기에….

◉

<h1 style="text-align:center">십사과송 13-2</h1>

법보는 수미산과 같고
지혜는 강과 바다보다 넓네.
여덟 바람에 끌려갈 바 아니고
또한 정진도 게으름도 없다.

法寶喩於須彌 智慧廣於江海 不爲八風所牽 亦無精進懈怠.

지공 화상 ◉

【강설】　지공 화상이 자신의 삶의 경지는 무엇을 하든 걸림 없이 자유자재하다면서 스스로 법의 보배는 마치 수미산과 같이 우뚝하여 그 누구와도 견줄 수 없는 상태라고 하였다. 또 자신의 지혜는 도도히 흐르는 장강과 같고, 넓고 넓어 끝이 없는 것은 태평양 바다 같다고 하였다. 그러면서 여덟 가지 바람[八風]에 흔들리지 않는다고도 하였다. 도인이나 선지식을 시험하는 데 반드시 기준으로 삼는 것이 이 팔풍이다. 만약 팔풍에 조금이라도 흔들리면 도인이나 선지식과는 거리가 멀고 자격이 없다는 내용이다.

　　팔풍(八風)은 크게 사순(四順)과 사위(四違)로 나눈다. 내 마음에 맞는 것과 내 마음을 어기는 것이다. 사순은 이(利), 예(譽), 칭(稱), 낙(樂)의 네 가지이다. 사람들을 기쁘게 하는 바람이다. 사위는 쇠(衰), 훼(毀), 기(譏), 고(苦)의 네 가지로 사람들이 싫어하는 바람이다. 이와 같은 바람에 흔들리지 않는 사람이 성인이며 선사이며 도인이며 선지식이며 큰스님이다. 지공 화상은 이 여덟 가지의 바람에 흔들리지 않을 뿐만 아니라 열심히 정진하여 게으르지 않는다고 하였다.

◉

<h2 style="text-align:center">십사과송 13-3</h2>

마음대로 부침하는 것이 미치광이와 같고,
한가롭고 방종하며 종횡으로 자재하니,
막차 검이 머리에 닿더라도
나는 편안하여 상관하지 않네.

任性浮沈若顚 散誕縱橫自在 莫遮刀劍臨頭 我自安然不采.

　　역시 지공 화상이 자신의 정신세계를 표현한 내용이다. 보통의 상식으로 보면 마음 내키는 대로 움직이는 그의 일상생활은 마치 미치광이와 같지만, 자신은 너무나 자유롭다. 사회적 체면이나 부끄러움 같은 것은 아예 없다. 생사에 대한 두려움마저도 떠난 지 오래다. 지금 곧 시퍼런 칼날을 목에 댄다 하더라도 눈 하나 깜빡이지 않는 경지이다. 그저 한없이 편안할 따름이다. 이것이 지공 화상의 일상사다.

◉

십사과송 14-1

미혹할 때는 공으로써 물질을 삼고
깨달았을 때는 물질로써 공을 삼음이라.
미혹과 깨달음이 본래 차별이 없으며
물질과 공도 구경에는 같은 것이네.
어리석은 사람은 남쪽을 북쪽이라 하고
지혜로운 사람은 서쪽도 동쪽도 없음을 안다.
여래의 미묘한 이치를 찾고자 하는가.
항상 한 생각 안에 있느니라.

迷時以空爲色 悟卽以色爲空 迷悟本無差別 色空究竟還同
愚人喚南作北 智者達無西東 欲覓如來妙理 常在一念之中.

【 강설 】　　십사과송 열네 번째는 미혹과 깨달음이 둘이 아닌 이치를 밝혔다. 미혹과 깨달음은 불교에서 가장 중요하게 여기는 화두이다. 왜냐하면, 불교가 깨달음의 종교이기 때문이다. 부처님도 평범한 한 인간에서 깨달음을 성취하여 위대한 깨달음을 이룬 이, 즉 불타(佛陀)가 되었다. 그래서 불교인은 누구든지 자나깨나 깨달음을 얻으려고 갖가지 수행을 하는 것이다.

　　지공 화상의 법문은 그 깨달음과 미혹이 본래 차별이 없고, 물질과 공함도 같은 것이라고 하였다. 이 사실도 역시 미혹할 때는 알 수 없다. 깨닫고 난 뒤라야 미혹과 깨달음이 같은 것임을 알게 된다. 궁극적인 안목으로 보아야 두 가지가 혼연일체임을 알 수 있는 것이다. 미혹한 사람들은 항상 동서와 남북을 나누지만, 동서남북은 본래 없다. 사람 사람마다 자신이 서 있는 위치에서 그렇게 부를 뿐이다.

◉

십사과송 14-2

아지랑이는 본래 물이 아닌데
목마른 사슴이 미쳐서 바삐 쫓아가네.
자기의 몸도 거짓이라 진실이 아니거니
공을 가지고 다시 공을 찾고자 하는가.
세상 사람은 미혹하고 전도됨이 너무 심하여
마치 개가 천둥소리에 놀라 짖는 것과 같도다.

陽焰本非其水 渴鹿狂趁忽忽 自身虛假不實 將空更欲覓空 世人迷倒至甚 如犬吠雷吪吪.

【강설】 지공 화상은 십사과송을 끝내면서 존재의 실상을 알지 못하는 세속적 안목을 가진 사람들을 비유로 꾸짖었다. 사람의 육신과 아울러 모든 존재는 실로 텅 비어 공한데 그 사실을 모르고 온갖 부귀영화를 쫓아다니는 모습이 마치 목마른 사슴이 아지랑이를 물인 줄 잘못 알고 미친 듯이 달려가는 것과 같다고 하였다.

일체 존재로부터 해탈한 사람의 눈으로 볼 때 속된 인간들의 행태가 얼마나 가소롭겠는가. 또한, 천둥소리에 놀란 개가 이미 끝나버린 소리인데도 어디론가 무턱대고 짖어대는 것과 똑같다고도 하였다. 깨달은 사람이 볼 때 미혹한 사람들이 얼마나 가소롭고 불쌍하겠는가. 그러므로 하루빨리 존재의 실상에 대해서 밝은 눈을 뜨고 해탈을 누리며 살아야 할 것이다.

『직지』를 저술한 백운 화상은 수많은 경전과 조사의 어록들을 열람하고 마음에 드는 요긴한 법어들을 뽑아서 적었는데, 그 중에서 지공 화상의 가르침이 제일 가슴에 와 닿았던 것 같다. 대승찬송을 한 글자도 빼지 않고 다 옮겨 놓았으며, 십사과송도 역시 한 글자도 빼지 않고 모두 다 기록하였다. 다른 선지식들의 법어와 비교해 볼 때 수십 배가 넘는 대단히 많은 양이다. 그것으로 미루어 백운 화상의 수행 정신과 삶의 모습을 충분히 짐작할 수 있을 것이다. 즉 지공 화상의 안목이 곧 백운 화상의 안목이며, 백운 화상의 안목이 곧 지공 화상의 안목이리라.

지공 화상 ◉

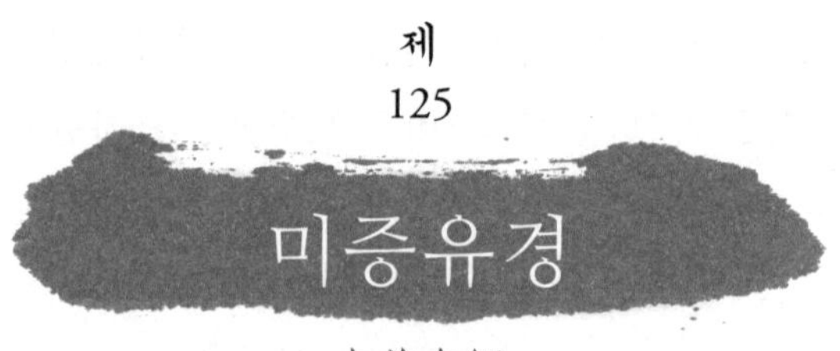

미증유경

未曾有經

동사섭(同事攝)의 방편

『미증유경』에 말하였다.

"묘길상 보살이 보니, 어떤 사람이 슬피 울면서 이처럼 말하였다.

'제가 살생한 업을 지어서 반드시 지옥에 떨어질 것인데 어떻게 해야 제도를 받겠습니까?'

보살이 그를 보니 인연이 성숙하여 교화를 받을 만하였다. 곧 한 사람으로 변화해 나타나서 자기도 또한 슬피 울면서 말하였다.

'저는 살생한 업을 지어서 반드시 지옥에 떨어지게 되었다.'라고 말하니 앞의 사람이 듣고 말하였다. '저도 또한 그렇습니다.'

다시 변화해 나타난 사람이 말하였다. '오직 부처님이 능히 구제하실 것입니다.' 하고 함께 부처님에게 나아갔다. 변화해 나타난 사람이 말하였다. '저는 살생한 업을 지어서 지옥에 떨어질까 두려우니 바라건대 부처님께서 제도하여 주소서.'라고 하였다."

未曾有經云 妙吉祥菩薩 因見一人 悲泣 發如是言 我造殺業 決墮地獄 如何救度 菩薩 見其緣熟堪化 卽化一人 亦復啼泣 謂曰我造殺業 決墮 地獄 前人 聞已 言我亦然 化人 告之 唯佛能救 相隨共詣 化人 白佛 我 造殺業 怖墮地獄 願佛救度.

【강설】　『미증유경』의 한 부분을 인용하였다. 사람을 선한 길이나 진리의 길로 인도하려고 할 때 대승경전에서는 네 가지로 포섭하여 가르치는 것[四攝法]을 이야기하고 있다. 보시섭(布施攝)과 애어섭(愛語攝)과 이행섭(利行攝)과 동사섭(同事攝)이다. 교화하려는 사람에게 무엇이든 보시하는 것으로써 섭수하며, 사랑스러운 말로써 섭수하며, 이로운 행위로써 섭수하며, 같은 일을 하여 섭수하는 것이다. 그중에서 같은 일을 하여 상대를 섭수하는 것을 가장 우수한 섭수 방법이라고 한다. 묘길상 보살은 살생하여 죄책감에 사로잡힌 사람을 제도하기 위해서 그 같은 경우의 사람으로 변화하여 부처님 앞으로 인도한 것을 밝힌 내용이다.

◉

죄상은 없다

부처님이 곧 말씀하셨다.

"그대가 말하는 살생한 업을 지었다는 것은 그대의 어떤 마음으로부터 죄상을 일으켰는가? 과거인가? 미래인가? 현재인가? 만약 과거의 마음에서 일으킨 것이라면 과거는 이미 소멸하였으니 그 마음을 얻을 수 없다. 만약 미래의 마음에서 일으킨 것이라면 미래는 아직 오지 않았으니 그 마음을 얻을 수 없다. 만약 현재의 마음에서 일으킨 것이라면 현재는 머물러 있는 것이 아니니 그 마음 또한 얻을 수 없다. 삼세를 함께 얻을 수 없으므로 곧 일으켜서 지은 것이 없다. 일으켜서 지은 것이 없으므로 그 죄상을 어떻게 보겠는가?"

佛卽告言 如汝所說造殺業者 汝從何心而起罪相 過去耶 未來耶 見在耶 若起過去心者 過去 已滅 心不可得 若起未來心者 未來 未至 心不可得 若起見在心者 見在 不住 心亦不可得 三世 俱不可得故 卽無起作 無起作故 於其罪相 何所見邪.

【강설】　죄상이란 마음으로부터 짓는 것이다. 그런데 마음이란 한순간도 가만히 있지 않고 작용하는 것이면서 정작 그 근본을 찾아보면 과거·현재·미래, 그 어디에도 존재하는 곳이 없다. 『금강경』에서도 "과거의 마음 찾을 수 없고, 현재의 마음 찾을 수 없고, 미래의 마음 찾을 수 없다."고 밝힌 바 있다. 죄상이란 근본이 없는 마음으로부터 짓지만, 근본이 없으므로 지엽(枝葉)인 죄상은 존재할 수 없다. 부처님은 이처럼 죄상의 근본을 파헤친 것이다.

무비 스님의 직지 강설 ●

◉

마음은 이와 같다

"선남자여, 마음은 머무는 바가 없어서 안에도 밖에도 중간에도 있지 아니하며, 마음은 색상이 없어서 청·황·적·백이 아니다. 마음은 짓는 바가 없으니 짓는 자가 없기 때문이다. 마음은 환화(幻化)가 아니니 본래 진실하기 때문이다. 마음은 끝이 없어서 그지없기 때문이다. 마음은 취하고 버리는 것이 없으니 선과 악이 아니기 때문이다. 마음은 움직임이 없으니 태어나고 사라짐이 아니기 때문이다. 마음은 허공과 같으니 방해가 없기 때문이다. 마음은 더럽고 깨끗함이 아니니 일체의 명수(明水)를 떠났기 때문이다.

선남자여, 모든 지혜 있는 사람은 응당히 이처럼 관찰하라. 이처럼 관찰하는 사람은 곧 일체 법 가운데서 마음을 구해도 얻을 수 없느니라. 왜냐하면, 마음의 자성이 곧 모든 법의 성품이요, 모든 법의 성품이 공한 것은 곧 진실한 성품이니라. 이러한 뜻을 말미암아 그대는 지금 응당히 망령되이 두려움을 내지 말지니라."

善男子 心無所住 不在內外中間 心無色相 非青黃赤白 心無所作 無作者故 心非幻化 本眞實故 心無邊際 非限量故 心無取捨 非善惡故 心無動轉 非生滅故 心等虛空 無障碍故 心非染淨 離一切數故 善男子 諸有智者 應如是觀 作是觀者 卽於一切法中 求心不可得 何以故 心之自性 卽諸法性 諸法性 空卽眞實性 由是義故 汝今 不應妄生怖畏.

【강설】　대승경전이나 선불교의 조사 어록에서 마음의 실체에 대해서 여러 가지로 밝혔다. 『미증유경』에서도 대단히 소상하게 밝히고 있다. 불교는 마음을 연구하고 마음을 알고 마음을 깨달아 마음을 잘 쓰자는 것에 목적을 두고 있기 때문이다. 이와 같은 불교를 바로 알아 지혜가 갖추어지면 어디에도 걸릴 것이 없는 대자유인이 된다. 대자유인이 된다면 무슨 두려움이 있겠는가.

죄업의 성품은 공하다

그때에 변화한 사람이 부처님께서 진실한 법에 대하여 설하신 말씀을 듣고 마음이 크게 환희하여 곧 부처님께 말씀드렸다.

"희유하십니다. 세존이시여, 법계의 자성이 청정함을 잘 설하셨습니다. 저는 지금 죄업의 성품이 공함을 깨달아 무서움과 두려움을 내지 아니합니다. 저는 지금 불법 중에서 즐겁게 출가하여 도를 닦고 청정한 행을 지키고자 합니다. 바라건대, 부처님께서는 섭수하여 주십시오."

부처님께서 말씀하시기를, "훌륭하구나."라고 하였다.

그때에 삽시간에 변화한 사람의 수염과 머리털이 저절로 떨어지고 가사가 몸에 입혀져서 곧 부처님께 말씀드렸다.

"저는 지금 열반에 들겠습니다." 하고 부처님의 위신력을 받들어 몸을 허공에 솟아올라 불을 일으켜서 스스로 태웠다.

是時化人 聞佛宣說眞實之法 心大歡喜 卽白佛言 希有世尊 善說法界
自性淸淨 我今 得悟罪業性空 不生怖畏 我今 樂欲於佛法中 出家修道
持於梵行 願佛攝受 佛言善哉 是時化人 於刹那間 鬚髮自落 袈裟披身
卽白佛言 我今涅槃 承佛威力 踊身虛空 化火自焚.

【강설】　묘길상 보살이 죄업을 지어 괴로워하는 사람을 교화하기 위
해 동사섭(同事攝)이라는 뛰어난 방편을 활용하여 보여 주고 있는 내
용이다. 변화한 사람이 죄업의 본 성품이 본래 텅 비어 공하다는 사실
을 깨달은 후 머리를 깎고 가사를 입고 스스로 열반에 들어 화장까지
하게 된 모습을 연출하였다.

　한 사람을 바른 불교의 세계로 인도하기 위해서는 이와 같은 공을
들여야 한다. 단순한 말 몇 마디로 권유한다고 해서 당장에 정법의 불
교에 귀의하게 되는 것은 아니다. 변화한 사람이지만 열반에까지 들
지 않았는가. 사람을 바르게 제도하려는 정성이 이와 같아야 한다.

무생법인을 얻다

그때에 실제로 업을 지은 사람이 이 변화한 사람을 보고 생각하기를, '나
와 더불어 같은 죄업을 지었는데 출가해서 법문을 듣고 그는 먼저 해탈하
였으니 나도 지금 또한 마땅히 부처님의 제도를 구하리라' 하여 부처님
께 말씀드렸다.

"앞에서의 인연과 같으니 바라건대 고통에서 구원해 주십시오."

부처님께서 말씀하셨다.

"훌륭하다. 그대가 악한 업을 지은 것은 어디에서 마음을 일으켰으며 죄업의 모양은 다시 어떠한가?"

그때에 이 사람이 선근이 성숙한 까닭에 부처님의 말씀을 듣고 나서 몸의 모든 모공에서 큰 불길이 솟아오르거늘 부처님이 금빛 손을 내밀어 그의 이마에 대니 이 사람은 즉시에 불이 소멸하고 고통을 여의고 큰 쾌락을 얻어 청정한 믿음을 내어 부처님께 말씀드렸다.

"저는 앞서 부처님께서 설하신 청정 법계의 상(像)을 떠난 법을 듣고 지금 죄업의 성품이 공함을 깨달아서 두려움에 대한 생각을 내지 않습니다."라고 하였다. 그리고 부처님께 출가하여 다시 사성제의 법문을 듣고 먼지와 때를 멀리 떠나고 생멸이 없는 진리를 깨달아 얻었다.

爾時 實造業者 見是化人 與我同罪 出家聞法 彼先解脫 我今 亦宜求佛 化度 前白佛言 如上因緣 願垂救苦 佛言善哉 汝所造業 於何起心 罪業 之相 其復云何 是時此人 以善根成熟故 聞佛說已 身諸毛孔 出大火焰 佛出金手於其頂上 此人卽時 身火得滅 離其苦惱 得大快樂 起淨信心 而白佛言 我先聞佛 廣說淸淨法界離相之法 我今 得悟罪業性空 而不 復生怖畏之想 投佛出家 復聞四諦之法 遠離塵垢 證無生忍.

【강설】　묘길상 보살이 만난, 죄업을 짓고 괴로워하던 실제의 사람이 비로소 부처님이 죄의 성품이 본래 공하다는 법문을 듣고 깨달음을 이루게 된 사연을 기록한 내용은 여기까지이다. 죄를 짓고 뻔뻔하게 사는 사람도 사회의 암적 존재이지만, 지나치게 소극적인 생각과 두려움으로 죄업에 짓눌려 나머지 인생을 포기하는 것도 사회적인 손실이라 할 수 있다. 착한 일이든 죄업이든 모든 의식의 세계도 물질의 중도성(中道性)을 이해하듯이 중도적으로 이해해야 바르게 이해하는 것이 된다.

　무비 스님의 직지 강설 ●

능엄경

楞嚴經

보리의 미묘하고 밝은 본체

『능엄경』에 말하였다.

"보는 것과 보는 인연과 생각하는 바의 모양이 마치 허공의 꽃과 같아서 본래 있는 바가 아니니 이 보는 것과 보는 인연이 원래 보리의 미묘하고 청정하고 밝은 체라."

[사사로이 말하면 "망령된 체가 원래 공하여 온전히 본각의 마음 자체이다."]

楞嚴經云 見與見緣 幷所想相 如空中花 本無所有 此見及緣 元是菩提 妙淨明體.[私曰妄體 元空 全是本覺心體]

【 강설 】　『능엄경』의 몇 구절을 이끌어 왔다. 『능엄경』의 원래 제목은 '대불정여래밀인수증요의제보살만행수능엄경(大佛頂如來密因修證了義諸菩薩萬行首楞嚴經)'이며, 줄여서 수능엄경이라고도 한다.

10권으로 되어 있으며, 제1권에서는 칠처징심(七處徵心)을 주제로 하여 마음을 어디에서 얻을 수 있는지에 대해 밝히고 있다.

제2권에서는 깨달음의 본성이 무엇인가를 밝히고 깨달음으로 나아가는 과정을 밝혔다.

제3권에서는 세간의 모든 법이 모두 여래장묘진여성(如來藏妙眞如性)이라 하여 마음의 영원 불멸성을 밝혔다.

제4권에서는 여래장이 무엇인가를 밝히고 업을 짓게 되는 근원과 수행의 마음가짐 등에 대해 설명하고 있다.

제5권에서는 수행할 때 풀어야 할 업의 근원을 밝혔다.

제6권에서는 사바세계에서 깨달음의 세계로 들어가는 가장 쉬운 방법이 관음보살의 수행문(修行門)임을 설명하고 있다. 이 부분은 『법화경』과 함께 우리나라 관음신앙의 유포에 크게 영향을 주었다.

제7권에서는 해탈에 들어가는 주문인 능엄다라니, 즉 능엄주를 설명하고 있다.

제8권에서는 보살의 수행하는 단계로 57위(位)를 설한 뒤 일곱 가지 중생의 생존 양상을 설명하고 있다.

제9권에서는 말세에 중생이 수행하는 도중에 나타나는 오십 가지 마(魔)에 관해 밝혔다.

제10권에서는 오음(五陰)의 근원을 설하고 경전을 마친 뒤 이 경전의 공덕에 관하여 덧붙여 말하고 있다.

경문에서 인용한 보는 것[見]은 사물을 보는 주관, 즉 눈이다. 보는 인연[見緣]은 보이는 대상, 즉 객관이다. 또 생각하는 바의 모양[想相]이란 보는 것과 보이는 것의 관계에서 일어나는 분별의식이다. 곧 사람

무비 스님의 직지 강설　●

의 활동 영역을 모두 말한 것이다. 그것을 교리적으로는 육근[見]과 육경[見緣]과 육식[想相]이라 한다. 이 모든 것이 본래 존재하지도 않은데 마치 눈에 홀연히 병이 나서 허공에서 헛꽃을 보는 현상과 같다고 하였다. 그리고 이것이 곧 원래 보리의 미묘하고 밝은 본체라고도 하였다. '보리의 미묘하고 밝은 본체'란 텅 비어 공한 것이다.

◉

한 사람이 진성을 발하여 근원에 돌아가면

또 『능엄경』에 이르되, "만약 어떤 한 사람이 진성을 발하여 근원에 돌아가면 시방의 허공이 모두 다 녹아 없어진다."라고 하였다.

　이를테면 미혹한 정염이 뒤덮인 바다. 깨달음에서 공을 봄이니 육진의 그림자가 이미 녹으면 공이 원래 이 깨달음의 나타남이다. 공이 녹으면 깨달음이 드러남을 말한 것이며, 망상이 다하면 마음이 열림을 말한 것이다.

又經云 若有一人 發眞歸源 十方虛空 悉皆消殞 謂迷情所覆 覺處見空 塵影旣消 空元是覺現 謂空消 覺現發 謂妄盡 心開也.

【강설】　『능엄경』에서 또 이끌어 왔다. "만약 어떤 한 사람이 진성을 발하여 근원에 돌아가면 시방의 허공이 모두 다 녹아 없어진다."라는 이 말은 내가 성불하면 일체 유정 무정이 일시에 성불한다는 이치이다. 깨닫지 못한 사람에게는 부처님이나 조사스님도 모두가 중생이다. 예를 들어 사람이 꿈을 꿀 때는 꿈속의 일과 일체 현상들이 모두

능엄경　◉

꿈이다. 거지도 정승도 꿈이며, 황금도 똥도 역시 꿈이다. 그러나 깨었을 때는 모든 것이 진실이며 사실이다. 이처럼 깨달은 사람에게는 일체 산하대지와 유정 무정이 깨달음 속의 일이다.

◉

<h1 style="text-align:center">일체법이 진실이 아니다</h1>

『능엄경』에 이르되, "안팎의 모든 법이 모두 실답지 못해서 의식으로부터 변화한 것이며 모두가 거짓 이름임을 아느니라."

　또 이르되, "의식의 본체도 본래 공하거니 변화한 것이 어찌 진실하리오."

經云 內外諸法 盡知不實 從識所變 悉是假名 又云 識體本空 所變何實.

【강설】 『능엄경』의 두 구절을 이끌어 왔다.

　"일체가 오직 마음이 지은 것이다[一切唯心造]."라는 말이 있다.

　불교에서는 모든 존재를 사람이 마음의 작용으로 만들었다고 본다. 마음의 작용 그 자체도 본래 공하여 실재하는 것이 아니다. 삼라만상의 근본이 되는 마음의 작용이 공하므로 그 공한 것에서 만들어진 삼라만상은 이중으로 공한 것이다. 한 번 공한 것이나 두 번 공한 것이나 공한 것은 마찬가지이지만 텅 비어 없는 부귀공명과 희로애락에 눈이 어두워 집착하고 괴로워하지 말라는 뜻이다.

대승기신론

大乘起信論

일체 경계가 망념으로 차별하다

또 『기신론』에 이르되, "일체 경계가 오직 망상을 의지해서 차별이 있다. 만약 망상을 떠나면 곧 일체 경계의 현상이 없다."

[마치 마음이 생기면 갖가지 법이 생기고 마음이 소멸하면 갖가지 법이 소멸한다는 것과 같다.]

又 起信論云 一切境界 唯依妄念 而有差別 若離心念 則無一切境界之相.[如云 心生種種法生 心滅種種法滅]

【강설】 『대승기신론(大乘起信論)』은 대승불교의 논서이다. 줄여서 기신론이라고도 한다.『대승기신론』의 문자 그대로의 의미는 대승(큰 수레) 또는 대승불교에 대한 믿음을 일으키는, 또는 일으키기 위한 논서이다.『대승기신론』은 전통적으로 인도의 마명보살(馬鳴菩薩, 100~160)이 기원후 2세기에 저술한 것으로 알려졌다. 중국 양(梁)나라 진제(眞諦, 499~569)와 당(唐)나라 실차난타(實叉難陀, 652~710)의 한역본만 2종이 존재한다.

『대승기신론』은 크게 서분(序分), 정종분(正宗分), 유통분(流通分)으로 구성되어 있으며, 이 중에서 논의 본문인 정종분은 다시 인연분(因緣分), 입의분(立義分), 해석분(解釋分), 수행신심분(修行信心分), 권수이익분(勸修利益分)의 5장으로 구성되어 있다. 내용은 일심(一心), 이문(二門), 삼대(三大), 사신(四信), 오행(五行), 육자(六字)로 요약된다.

『대승기신론』은 이론과 실천 양면에 있어서 여러 교리 사상을 받아들여 작은 책 속에 대승불교의 진수를 요약해 놓은 것으로서 높이 평가되고 있으며 중국, 한국, 일본을 비롯한 동아시아 불교의 발전에 큰 영향을 끼쳤다.

『기신론』에서 인용한 내용은『직지』를 편찬한 백운 화상이 덧붙여 말씀한 그대로이다. 일체 존재는 이 마음이 일어나면 갖가지 존재가 있게 되고, 이 마음이 사라지면 일체 존재가 다 사라지고 만다. 원효 스님이 중국으로 유학을 가던 길에서 해골에 고인 물을 마시고 나서 깨달은 내용의 말씀도 또한 같은 말이다. "일체가 오직 마음이 만든다."라는『화엄경』의 말씀도 이와 같은 뜻이다.

무비 스님의 직지 강설 ◉

깨달음이란 망상을 여읜 것이다

또 『기신론』에 이르되, "말한 바 깨달음의 의미란 이를테면 마음의 본체가 생각을 떠난 것이니, 생각을 떠난 모습은 허공계와 같다. 곧 여래의 평등한 법신이다."

又論云 所言覺義者 謂心體離念 離念相者 等虛空界 卽是如來平等法身.

【강설】　불교는 깨달은 사람에 의해서 사람들을 깨닫게 하는 깨달음의 가르침이다. 『기신론』에서도 이 깨달음의 뜻을 밝혔는데, '마음에서 생각을 떠난 것'이라고 하였다. 여기서 생각이란 모든 차별을 인식하는 작용, 차별을 분별하여 나름대로 선악과 시비를 일으키는 분별심, 사량심을 뜻한다. 그와 같은 생각들을 다 떠나면 마음이 텅 빈 저 허공처럼 된다. 허공 같은 마음자리를 여래의 평등한 법신이라고 하였다.

　그런데 허공이 어디 텅 비어 있기만 한가. 맑은 하늘에 구름이 일어나면 비도 오고 눈도 내린다. 바람도 불고 천둥과 번개도 친다. 이것이 하늘의 본색이다. 하늘은 언제나 그와 같은 여러 가지 면을 본래부터 다 갖추고 있다. 만약 늘 텅 비어만 있으면 그것은 하늘로서의 기능을 상실한 것이다. 이처럼 사람의 마음에도 선악과 시비와 희로애락과 자비희사와 같은 온갖 작용이 언제나 출렁거린다. 그것이 마음의 본색이다. 만약 그렇지 않으면 목석이나 다를 바 없는 쓸모없는 마음이 아닌가?

동산양개 화상

洞山良价 和尙

사친서(辭親書) 1

엎드려 들으니 모든 부처님이 세상에 출현하심에는 모두다 부모를 의지
하여 태어나셨고 만물이 생긴 것도 또한 천지의 덮어주고 실어줌을 빌렸
습니다. 그러므로 부모가 아니면 태어나지 못하고 천지가 없었으면 자라
날 수 없었습니다. 모두가 양육하여 준 은혜를 입었으며 실어주고 덮어
준 은덕을 받았습니다.

伏聞 諸佛 出世 皆托父母而受生 萬類興生 盡假天地之覆載 故 非父母
而不生 無天地而不長 盡霑養育之恩 俱受覆載之德.

【강설】　동산양개(洞山良价, 807~869) 화상은 운암 화상의 법을 잇고 조산본적(曹山本寂, 840~901) 선사를 제자로 두어 선종 5가 중의 하나인 조동종(曹洞宗)의 창시자가 되었다. 평소 효성이 지극한 동산양개 화상이 출가하여 승려가 된 뒤에 어머니에게 보낸 편지이다. 어머니를 이별하고 출가의 길을 걷겠다는 이 사친서(辭親書)는 명문으로 강원의 교과서인『치문(緇門)』에도 들어 있다.『직지』를 편찬한 백운 화상도 편지의 내용에 감동하여 전후 두 편과 어머니가 보낸 답서 전문을 다 실었다. 예부터 출가한 스님들은 집에서 몰래 도망치듯 하였으나 나중에야 편지를 보내는데 이 사친서를 모방하고 각색하여 보내는 경우가 많았다.

　"부모 없는 자식이 어디 있으며 천지 없는 만물이 어디 있으랴. 심지어 석가모니 부처님이라 하더라도 그 역시 부모의 몸을 의지해서 태어나지 않았던가. 그와 같은 이치를 알고 있는 저는 그 하늘같은 은혜를 입어 세상에 태어났음을 잘 알고 있습니다."라는 뜻으로 서두를 이끌어 왔다.

◉

사친서 2

슬프도다. 일체 중생과 삼라만상이 모두 다 무상에 예속되어 생멸을 떠나지 못합니다. 어려서는 젖을 먹은 정이 무겁고 양육하여 준 은혜가 깊습니다. 만약 재물로써 이바지한다 하더라도 마침내 보답하기 어려우며, 만약 혈식으로 봉양한다 하더라도 어찌 오래 살 수 있겠습니까. 그러므로 효경에 말씀하시기를, '비록 하루에 세 가지 희생물로써 봉양한다 하더라도 오히려 불효가 된다.' 하였습니다. 서로 이끌고 침몰하여 영원히 윤회에 들어갈 것입니다.

　　　　　　　　　　　　　　　동산양개 화상　◉

嗟夫 一切含靈 萬相形儀 皆屬無常 未離生滅 稚則乳哺情重 養育恩深
若把貨賂供資 終難報答 若作血食侍養 安得久長 故 孝經 云 雖日用三
牲之養 猶爲不孝也 相牽沈沒 永入輪廻.

【강설】　부모의 은혜가 무거워서 아무리 정성을 다하여 봉양하고 효
도한다 하더라도 그 은혜를 갚을 길이 없는 것이 사실이라고 먼저 밝
히고 있다. 또한 결국 인생은 무상하고 세상사도 무상하기 때문에 자
신도 부모도 오래 살 수 없는 일이라는 말씀을 드리면서 유교의 효경
을 이끌어 왔다. 효도를 위해서 하루에 세 가지의 희생물인 소고기, 돼
지고기, 양고기를 드시도록 한다 하여도 그것은 불교적 관점에서 보
면 결국 서로 죽이고 죽는 윤회의 굴레에 깊이 빠져드는 일이 될 뿐,
실은 효도가 아니라 불효가 된다는 것을 일깨워주고 있다.

◉

사친서 3

망극한 은혜를 갚고자 한다면 출가한 공덕과 같은 것이 없습니다. 태어
나고 죽는 애착의 강물을 끊고, 번뇌의 고통스러운 세상을 뛰어넘으며,
천생의 부모 은혜를 갚고, 지극히 오랜 시간의 자비로운 어버이에게 보
답하며, 세 가지 세상과 네 가지 은혜를 갚지 못할 것이 없습니다. 그러
므로 한 자식이 출가하면 구족이 천상에 태어난다 하였습니다.

欲報罔極之恩 未若出家功德 截生死之愛河 越煩惱之苦海 報千生之
父母 答萬劫之慈親 三有四恩 無不報矣 故云 一子出家 九族 生天.

　　　　　　　무비 스님의 직지 강설 ◉

【강설】 망극한 부모의 은혜를 제대로 갚으려면 출가하는 공덕과 같은 것이 없다고 하였다. 출가하여 여법하게 수행을 해서 자신이 태어나고 죽는 것에서 벗어나고 다른 사람도 태어나고 죽는 것에서 벗어날 수 있게 한다면 금생 부모님의 은혜만 갚는 것이 아니라 천생 만겁의 부모님 은혜를 모두 보답하는 길이 된다고 하였다.

세상에서는 정치적으로 반역의 죄를 범하면 구족(九族)이 멸문하는 화를 입지만, 반대로 불교에서는 자식이 한 명 출가하여 도를 이루면 구족이 천상에 태어나는 공덕이 된다고 하였다. 이러한 불교적 효도야말로 진정한 효도의 길이라는 뜻이다.

◉

사친서 4

양개는 금생의 신명을 버려서라도 맹세코 집에 돌아가지 않고 영겁의 육근과 육진을 가져서 반야를 몰록 밝힐 것입니다. 엎드려 생각하노니 부모님께서는 마음을 열어 기꺼이 버리시고 생각으로 반연하지 마십시오. 정반왕을 배우시고 마야 부인을 본받으십시오. 다른 때 다른 날에 부처님 회상에서 서로 만날 것입니다. 오늘은 우선 이별합니다.

良价 捨今生之身命 誓不還家 將永劫之根塵 頓明般若 伏惟父母 心開喜捨 意莫攀緣 學淨飯之國王 效摩耶之聖后 他時異日 佛會上 相逢 此日今時 且相離別.

동산양개 화상 ◉

 　한번 출가한 이상 다시는 집에 돌아가지 않고 깨달음을 성취하여 지혜를 밝히겠다는 내용이다. 그러면서 부모님에게 마음을 열어 기쁜 마음으로 아들을 버리고 더 이상 생각하지 말라고 하였다. 또한, 아버지는 석가모니 부처님의 아버지인 정반왕을 배우시고, 어머니는 부처님의 어머니인 마야 부인을 본받아서 역시 석가모니 부처님과 같이 다른 날 부처님 회상에서 서로 만날 것을 기약하고 금생에는 이것으로 영원히 이별하시기를 바란다고 하였다.

◉

사친서 5

양개는 부모에게 효도하려는 마음[甘旨]을 어기려는 것이 아닙니다. 시간은 사람을 기다리는 것이 아닙니다.

　그러므로 이르기를, "이 몸을 금생에서 제도하지 못하면 다시 어느 생을 기다려 제도하겠는가."라고 하였습니다. 엎드려 바라옵나니 어머니께서는 더 이상 기억하지 마십시오.

良价 非拒違於甘旨 盖時不待人 故云 此身不向今生度 更待何生度此身 伏冀尊懷 莫相記憶.

【강설】　세월은 흐르는 물과 같이 빠르고 인생은 무상하기 때문에 부모를 봉양하고는 싶지만 그럴 시간이 없다는 말이다. 그리고 유명한 게송을 인용하였다. 사람의 몸 받기 어렵고 불법을 만나기도 어려운데 소중한 불법을 만났을 때 이때에 제도하지 못하면 다시 어느 때에 제도할 수 있겠는가. 기약 없는 인생인지라 출가 수행의 길을 떠났으니 그만 자식을 잊어버리라는 내용이다.

게송으로 말씀드립니다.

마음의 근원을 알지 못하고 몇 년을 지냈으니
뜬세상 부질없이 우물쭈물 보냄을 슬퍼합니다.
슬한 사람들이 공문에서 도를 얻었거늘
저만 홀로 세상의 먼지 속에 머물러 있습니다.
삼가 편지를 올려서 깊은 사랑을 하직하고
큰 법을 밝히어 어머니께 보답하기를 원합니다.
부디 눈물을 흘리며 자주 생각하지 마시고
처음부터 저의 몸이 없었던 것처럼 여기소서.

頌曰

未了心源度數春 翻嗟浮世謾逡巡 幾人得道空門裏 獨我淹留在世塵
謹具尺書辭眷愛 願明大法報慈親 不須洒淚頻相憶 比似當初無我身.

【강설】　게송의 내용에 의하면 이 편지는 출가하고 몇 년 지난 후에
보낸 듯하다. 급한 마음에 벌써 몇 년이 흘렀으나 마음자리를 밝히지
못하고 허송세월만 보내게 된 것을 탄식하고 있다.
　불교를 공문(空門)이라고도 한다. 이 공문에서 기어이 큰 법을 밝
히어 그것으로써 부모의 깊은 은혜에 보답하겠다는 뜻을 밝혔다. 어
머니는 부디 눈물로 세월을 보내지 마시고 아예 없었던 아들로 생각
하라는 대단히 비정한 표현을 하였다. 출가하여 불도를 이루겠다는
굳은 결심을 한 사람의 마음이 잘 드러나 있다.

동산양개 화상

숲 속 흰 구름으로 항상 벗을 삼고
문 앞의 푸른 산으로 이웃을 삼습니다.
세상의 명예와 이익을 벗어나서
영원히 인간 세상의 애착과 성냄을 떠납니다.
조사의 뜻은 바로 언하에서 깨닫게 하고
현묘한 이치는 반드시 언구 속의 진리를 뚫어야 합니다.
집안의 친척들과 서로 보고자 한다면
앞날의 성불할 때[正果因]를 기다리십시오.

林下白雲常作伴 門前靑嶂以爲隣 免于世上名兼利 永別人間愛與嗔
祖意直敎言下曉 玄微須透句中眞 合門親戚要相見 直待當來正果因.

【강설】　산중에서 도를 닦는 일상의 삶을 그림처럼 그렸다. 숲 속을
거닐고 흰 구름 떠가는 것을 바라보며 문을 나서면 푸르고 푸른 산이
이웃이 된다. 세상의 이익과 명예란 이미 잊은 지 오래 되고 인간으로
서 애착도 분노도 영원히 떠났다. 다만, 깊고 높은 조사의 뜻을 깨달아
부처님이 되어 모든 일가친척을 만날 날을 기약하였으면 한다는 뜻을
밝히고 있다.

양개는 어머니 봉양하는 것을 떠남에 지팡이를 짚고 남쪽으로 노닐어 성상이 이미 10년이나 바뀌었고 갈림길이 문득 만 리나 떨어졌습니다. 엎드려 생각하오니 자모께서는 마음을 거두어 도를 사모하시고 뜻을 섭수하여 공에 돌아가시어 이별의 정을 생각하지 마시고 문에 기대어 기다리지 마십시오. 집안의 일들은 다만 인연을 따를 뿐입니다. 일이 있을수록 더욱 많아서 날로 번뇌만 더합니다. 형님은 부지런히 효도하여 반드시 얼음 속의 고기를 구하고 아우는 힘을 다하여 받들어 섬기어 또한 울음으로써 서리 속의 죽순을 얼음이라.

良价 自離甘旨 策杖南遊 星霜 已換於十秋 岐路 俄隔於萬里 伏惟慈母 收心慕道 攝意歸空 休懷離別之情 莫作倚門之望 家中家事 但且隨緣 轉有轉多 日增煩惱 阿兄 勤行孝順 須求氷裏之魚 少弟 竭力奉承 亦泣 霜中之筍.

【강설】　양개 화상이 출가하고 십여 성상이 지난 뒤에 다시 한 통의 편지를 보낸 것이다. 만행을 위해서 또는 선지식을 찾아서 드넓은 중원천지를 돌아다니다 보니 어머니가 계시는 고향 집과는 만 리가 넘게 떨어진 곳에 있다. 어머니께도 이제는 마음을 거두고 도를 닦아 모든 존재가 텅 빈 공의 이치로 돌아가라고 하였다. 집안의 일은 모두 인연을 따라서 하기를 바라며, 일이란 할수록 더욱 많아지며 일이 많아지면 번뇌만 더할 뿐이라고 하였다. 그리고 형님과 아우는 자신을 대신해서 효도를 지극히 하여 옛 사람들이 행한 효행을 본받기를 바란

다는 내용이었다.

옛사람들이 행한 효도 중에 "얼음 속의 고기를 구한다."라는 이야기가 인구에 회자되고 있다.

옛날에 왕상(王祥)이라는 사람이 있었다. 어머니가 일찍 돌아가시고 계모 밑에서 살았다. 계모는 성질이 사나워서 왕상을 괴롭히고 어려운 일만 시키고 학대하였다. 그러나 왕상은 항상 지극한 효심으로 봉양하였다. 한번은 계모가 동지섣달에 잉어가 먹고 싶다며 잉어를 구해 오라고 하였다. 왕상은 잉어를 구하기 위하여 강에 나아가서 꽁꽁 얼어붙은 얼음을 깨고 울면서 하늘에 대고 어머니를 위해서 잉어가 필요하다고 고하였더니 갑자기 잉어가 두 마리 물속에서 나왔다. 그 잉어를 거두어서 어머니에게 드렸다는 고사가 전해진다.

또한 "울음으로써 서리 속의 죽순을 얻었다."는 것도 효심을 비유할 때 자주 인용되는 이야기이다. 옛날 맹종(孟宗)이라는 이름난 효자가 있었는데, 노모가 동지섣달에 죽순 나물을 먹고 싶다고 하자 대밭에 가서 대나무를 붙잡고 울었더니 갑자기 땅속에서 큰 죽순이 몇 개가 올라와서 어머니에게 드렸다는 이야기이다. 즉 효성이 지극하면 천지도 감동한다는 것이다. 형님과 아우는 그와 같이 부모님께 효도하기를 바란다는 뜻으로 두 가지 고사를 들었다.

무비 스님의 직지 강설 ●

◉

후서 2

대저 사람이 세상에 살면 자기 자신을 닦고 효도를 하여 천심에 합하고, 승려는 공문에 있으면서 도를 사모하고 선을 참구하여 부모의 은덕을 갚는 것입니다. 지금은 천산과 만수에 아득히 두 길이 나뉘었음이라. 한 장의 종이에 여덟 줄로 부족하나마 작은 마음을 써 보냅니다.

夫人居世上 修己行孝 以合天心 僧在空門 慕道叅禪 而報慈德 今則千山萬水 杳隔二途 一紙八行 聊書寸懷.

【강설】　세상에 사는 사람의 도리와 출가한 사람이 갈 길을 간단히 밝혔다.

　세상에 사는 사람은 수신(修身)하여 제가(齊家)하고, 제가하여 치국(治國)하고, 치국하여 평천하(平天下)하는 것이다. 수신에는 반드시 효도를 해야 한다. 효도를 잘하면 천심에 합한다는 뜻이다.

　그리고 출가한 사람은 불법을 잘 배워 여법하게 수행하고[學法修行], 중생을 제도하는 일이 본분사이다. 그것을 다른 말로 하면 상구보리하고 하화중생이라고도 한다. 곧 자리이타의 삶에 충실한 것이다. 그것으로써 부모의 은혜를 갚는 것이다. 이제는 두 가지의 길이 확연하게 나뉘었으니 이 작은 한 통의 편지에 양개 화상의 작은 마음을 써서 보낸다는 뜻이다.

동산양개 화상 ◉

게송으로 말씀드립니다.

명예와 이익을 구하지 않고 선비도 되지 않으며
공문을 즐기고 세속의 길 버리기를 원합니다.
번뇌가 다할 때에 근심의 불이 꺼지고
사랑의 정이 끊어지는 곳에 애욕의 물이 마릅니다.
육근은 선정과 지혜의 향기로운 바람이 이끌어 오니
한 생각 일어나면 지혜가 붙들어 줍니다.
어머니에게 알리노니 슬퍼하며 바라지 마시고
마치 죽은 자식처럼, 없는 자식처럼 여기소서.

頌曰

不求名利不求儒 願樂空門捨俗徒 煩惱盡時愁火滅 恩情斷處愛河枯
六根定慧香風引 一念才生慧力扶 爲報北堂休悵望 比如死子比如無.

【강설】　인간으로 세상에서 사는 길은 명예를 추구하고 재산을 모으
며 선비가 되고 학자가 되는 것인데 그 모든 것을 다 버리고 텅 빈 세
계를 즐기고 세속의 길을 버리는 일이다. 그 길은 "번뇌가 다할 때에
근심의 불이 꺼지고 사랑의 정이 끊어지는 곳에 애욕의 물이 마른다."
는 것에 있다. 가슴이 저미어오는 절절한 말이다. 인간사를 다 끊고 포
기함을 다짐하고 또 다짐하는 사람만이 느낄 수 있는 감정이다. 최고
운 선생이 가야산에 들어가면서 읊은 '일입청산갱불환(一入靑山更不

還)'이라는 시를 읽고『반야심경』보다도 더 많이 중얼거리며 가슴에 새기고 또 새기던 사람이나 알까?

　인간의 삶은 육근·육경으로 뒤범벅되어 살아가는 것이거늘 그 육근의 꿈틀거림을 선정과 지혜의 향기로 달래며 어쩌다가 육욕의 감정이 일어나면 슬기로운 지혜의 힘으로 다스린다. 이것이 출가인의 씨름과 같은 삶이다. 수행자의 인생은 이와 같으니 이제는 절대로 기다리지 마시고 이미 죽은 자식처럼, 아니면 본래 없었던 자식처럼 생각하시기를 바란다는 매우 처절한 내용을 담은 편지이다.

◉

어머니의 답장[娘廻答] 1

내가 너와 더불어 숙세에 인연이 있어서 비로소 모자로 맺어져 은애의 정을 나누었구나. 자식을 품으면서부터 신과 부처님과 하늘에 기도하며 남자 낳기를 발원했었다. 태중에서 달이 차니 생명이 실에 매달린 듯하였으나 드디어 원하던 마음을 이루고는 보석처럼 아끼어 똥오줌의 더러움과 그 악취를 싫어하지 않았으며, 젖을 먹이는 것은 부지런하여 게으르지 않았다. 조금씩 사람이 되어길 때는 서당에 보내어 글을 익히게 하였는데 혹 때가 넘어도 돌아오지 아니하면 곧 문에 기대어 바라보고 있었단다.

　보내온 편지에 굳이 출가할 것을 요하니 아버지는 돌아가시고 어미는 늙었으며 형은 박복하고 아우는 빈한하니 내가 누구에게 의지하리오. 아들은 어미를 버릴 뜻이 있으나 어미는 자식을 버릴 마음이 없다. 한번 네가 타향에 가면서부터 밤낮으로 항상 슬픔의 눈물을 뿌렸으니 괴롭고 괴롭구나. 이미 고향에 돌아오지 않기를 맹세하였으니 곧 너의 뜻을 따르겠다.

　　　　　　　　　　　　　　　　　　　동산양개 화상 ◉

吾與汝 夙有因緣 始結母子恩愛情分 自從懷孕 禱神佛天 願生男子 胞胎月滿 命若懸絲 得遂願心 如珠寶惜 糞穢 不嫌於臭惡 乳哺 不倦於辛勤 稍自成人 送令習學 或暫逾時不歸 便作倚門之望 來書 堅要出家 父亡母老 兄薄弟寒 吾何依賴 子有抛母之意 娘無捨子之心 一自汝往他方 日夕 常洒悲淚 苦哉苦哉 旣誓不還鄉 卽得從汝志.

【강설】 　양개 화상이 두 통의 편지를 보내고 어머니가 다시 한 통의 편지를 보냈는데 그 어머니에 그 아들임을 실감하게 한다. 어머니로서 자식을 낳고 키우면서 서당에 보내어 공부를 시키는 과정에서 아들에 대한 애틋한 정을 잘 표현하였다.

　"아버지는 돌아가시고 어미는 늙었으며 형은 박복하고 아우는 빈한하다."라는 말로 양개 화상에 대한 기대가 얼마나 컸던가를 느끼게 한다. 이렇듯 출가하면서 그 집안의 기운을 다 가지고 나가게 되어 집안이 별로 번성하지 못한다는 말도 있다. 그리고 형제 중에서도 가장 잘난 사람이 출가하는 예도 많아서 그 뒤를 따라 집안의 많은 권속이 출가하기도 한다. 석가모니 부처님이 그 대표적인 사례이다.

어머니의 답장 2

나는 감히 너에게 왕상이 얼음에 누운 일과 정란이 나무로 조각한 일과 같기를 바라지는 않는다. 다만, 목련 존자와 같이 나를 제도하여 침륜에서 해탈케 하고 불과에 오르게 하기를 바랄 뿐이다. 만약 그렇지 못하다면 깊은 허물이 있을 것이다. 간절히 바라노니 모름지기 잘 알아서 하며, 간절히 바라노니 모름지기 잘 알아서 하여라.

무비 스님의 직지 강설　◉

我不敢望汝如王祥臥氷 丁蘭刻木 但望汝如目連尊者 度我解脫沈淪
上登佛果 如其未然 幽愆 有在 切須體悉 切須體悉.

【강설】   이왕 출가한 자식에게 어머니로서 바라는 바는 효성이 지극
하여 세상의 역사에 길이 남는 아들이 되는 것이 아니라 출가인으로
서 목련 존자와 같이 부모를 위해 천도할 수 있다면 더 바랄 것이 없다
고 하였다.

세상의 효자에 대하여 왕상(王祥)과 정란(丁蘭)의 예를 들었다.

정란이라는 사람은 어려서 부모를 잃고 힘들게 살면서 부모가 너
무나 그리워서 나무로 부모님을 조각하여 형상을 모시고 살았다. 마
치 살아 계시는 부모님처럼 생각하여 아침저녁 문안도 드리고 음식도
살아계실 때처럼 올리고 출입할 때는 반드시 보고하였다.

어느 날 이웃집에서 농기구를 빌리러 왔기에 부모님께 말씀드렸
더니 얼굴을 찡그리는 듯하여 빌려주지 않았다. 그 일로 이웃집 사람
이 화를 내고 큰 소리를 지르므로 문제가 확대되어 관가에까지 그 사
실이 알려졌다. 관가에서 문책하니 정란이 자신의 부모님에 대한 마
음과 나무로 조각하여 실재하는 부모님처럼 모신다는 등등의 이야기
를 듣고 그 효성이 세상에 알려지게 되었다.

또한, 목련 존자는『목련경』의 내용과 같이 출가한 사람으로서 지
옥에 떨어진 어머니를 제도한 사람이다. 양개 화상의 어머니는 세속
의 효도는 하지 않더라도 출가한 사람으로서의 효도를 하기를 바란다
는 뜻과 이왕 출가하였으니 반드시 불과(佛果)에 오르기를 바란다고
하였다. 아들의 편지도 출중하거니와 그 어머니의 편지도 천하의 명
문으로서 불교계에서는 널리 알려진 글이다.

동산양개 화상 ●

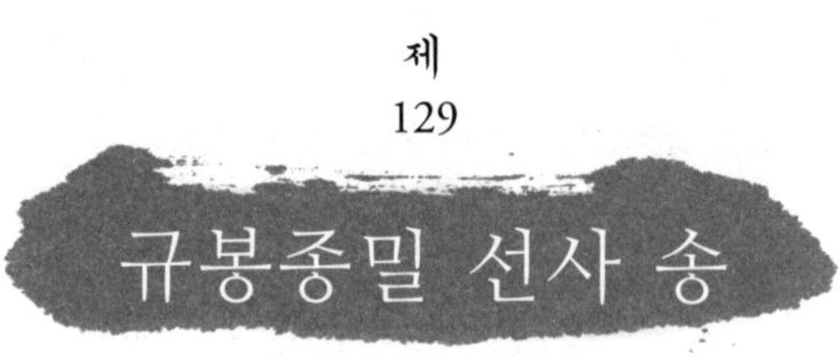

규봉종밀 선사 송

圭峯宗密 禪師 頌

진심과 망념

본각의 참 마음이 허망한 생각에 가려진 것이
마치 밝은 거울에 먼지가 낀 것과 같네.
지금 사마타를 작용하여 망념을 맑히니
객진 번뇌가 이미 소멸하고 마음은 텅 비네.
이것으로 말미암아 시방의 모든 부처님이 나타나고
범부와 성인이 본래 원융하도다.
나의 마음이 원래 부처님 마음속에 있거니
부처님이 나의 마음에 나타남을 어찌 의심하랴.
몸과 마음을 너그럽게 놓아서 혈맥을 따르고,
면면히 출입함이 고요해서 소리가 없다.
여기에서 저절로 마음은 쉽게 안정되고
부처님과 조사는 무생을 깨달아 얻네.

 무비 스님의 직지 강설

本覺眞心妄念翳 猶如明鏡被塵蒙 今用奢摩澄妄念 客塵已滅卽心空
由是十方諸佛現 由來凡聖本圓融 我心元在佛心裏 何疑佛現我心中
寬放身心隨血脈 綿綿出入寂無聲 於此自然心易定 於此佛祖證無生.

【강설】　규봉종밀(圭峯宗密, 780~841) 선사의 글은 앞에서도 있었는데, 뒤에 따로 게송을 발췌했다. 진심과 망념의 문제에 대해서 밝힌 내용이다. 불교에서는 학설에 따라 진심과 망념을 완연하게 나눠놓고 설명하기도 한다. 그러면서 한편 진심과 망념이 다른 것이 아니라 같은 것으로 보는 예도 있다. 즉 우리가 사용하고 있는 마음 작용을 진심이라고 보는 경우와 망념이라고 보는 경우이다.

　규봉 선사는 진심을 가리는 망념이 있어서 마치 거울에 먼지가 끼는 일과 같다고 하였다. 그래서 사마타라는 움직이는 망념을 멈추고 그치게 하는 노력으로 그 망념이 맑아진다는 것이다. 맑아진 마음은 곧 텅 비어 공한 자리이다. 그와 같이만 되면 시방의 모든 부처님이 나타나고, 범부와 성현이 본래 원융한 경지가 되며, 나의 마음이 원래 부처님 마음 안에 있기 때문에 내 마음에서 부처가 나타나리라는 것이다. 곧 "내 마음 부처님 무량공덕 생명" 그대로다. 그리고는 몸과 마음을 턱 놓아 혈맥이 통하게 되면 면면히 소리가 없는 경지에까시 이르게 된다고 하였다.

　　　　　　　　　　　　　　　　　　　　　규봉종밀 선사 송 ◉

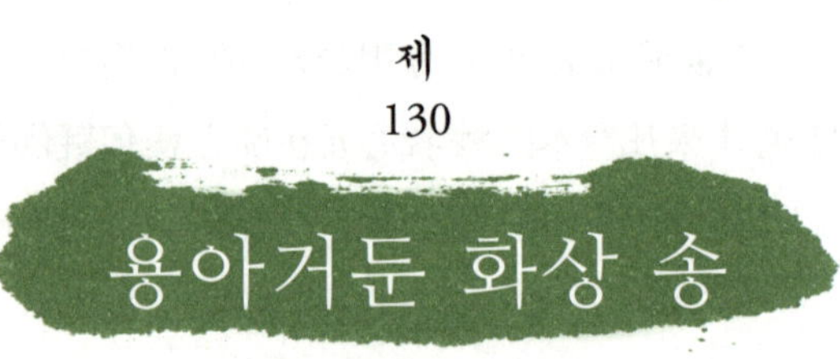

용아거둔 화상 송

龍牙居遁 和尙 頌

무심이 곧 도다

한번 무심을 얻으면 곧 도의 정취요
여섯 문이 쉼에 형상을 수고롭게 하지 않네.
인연이 있어도 나의 벗이 아니고
쓸모없는 두 눈썹이 도리어 형제구나.
깨닫고 나면 도리어 깨닫지 못한 사람과 같고
승부에 무심하면 저절로 마음이 편안하도다.
옛날의 큰스님이 가난한 도인이라고 하였으니
이 문중에 있는 사람 몇 사람이던가.

一得無心便道情 六門休歇不勞形 有緣不是余朋友 無用雙眉却弟兄
悟了還同未悟人 無心勝負自安神 從前古德稱貧道 向此門中有幾人.

【강설】　선불교에서는 무심을 대단히 중요하게 여긴다. 무심만 얻으면 그대로가 도(道)라 할 수 있다. 육근도 편안히 쉬어져서 이 몸을 수고롭게 할 일이 없다. 그와 같은 경지에서 보면 인연이 깊은 사람이라도 그것은 친구가 아니고, 쓸모없다고 생각하던 것들이 진정한 친구라는 것을 깨닫게 된다.

　깨닫지 못했을 때는 깨달은 사람과 깨닫지 못한 사람이 다른 것으로 여겨지지만 깨닫고 보면 상반되는 두 사람이 결국은 같은 사람이라는 사실을 알게 된다. 불교에서는 깨달은 사람과 깨닫지 못한 사람과의 관계를 큰 싸움에서 이기고 지는 일과 같이 생각한다. 그런데 이와 같은 사실을 알고 보면 설사 깨닫지 못했다 하더라도 마음은 저절로 편안해진다.

　빈도(貧道), 이 얼마나 멋진 말인가? 용아 화상의 말씀처럼 이 빈도의 경지에 이른 사람이 과연 몇이나 될까?

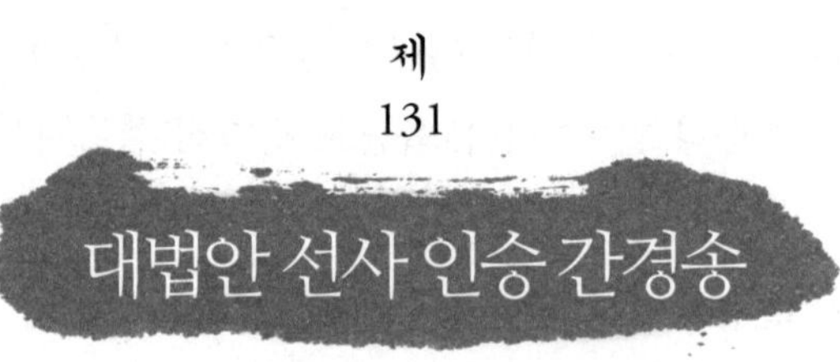

대법안 선사 인승 간경송

大法眼 禪師 因僧 看經頌

마음이 어지러우면 경을 읽어라

대법안 선사가 어떤 스님이 경을 읽는 것을 보고 게송하였다.

요즘 사람이 옛날의 가르침을 보면서
마음속의 시끄러움을 면하지 못하네.
마음속의 시끄러움을 면하고자 한다면
다만 옛날의 가르침을 볼 줄 알아라.

今人看古教 不免心中鬧 欲免心中鬧 但知看古教.

【강설】　　불교 수행의 한 가지 목적은 마음의 시끄러움을 없애는 것이다. 마음의 시끄러움이란 달리 말하면 번뇌다. 탐·진·치 삼독과 팔만 사천 가지의 번뇌들이다. 그것을 제거하는 것이 불교 수행이라고 한다. 번뇌는 마치 태양을 가리는 구름으로 비유되기도 한다.

번뇌를 제거하는 방법으로 무엇이 좋을까?

염불, 참선, 간경, 주력, 기도, 절 등등 여러 가지가 있는데 대법안 선사는 간경을 권하였다. 간경을 해도 마음에 시끄러움은 여전하다. 그렇다면 달리 무엇으로 방편을 삼을 것인가? 역시 간경뿐이다. 우리가 할 수 있는 최고의 방법은 번뇌가 일어나더라도 오직 간경을 열심히 하는 것뿐이다.

대법안 선사 인승 간경송　◉

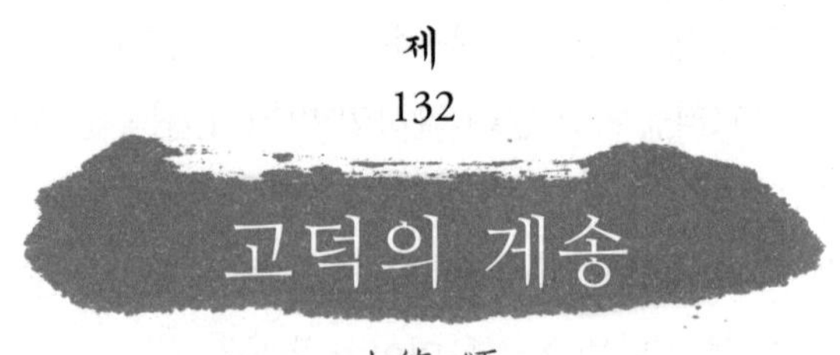

고덕의 게송

古德 頌

◉

반야심경의 요약

고덕이 게송으로 말하였다.

오온이 모두 공한 것을 비추어 보는 곳이
반야를 깊이 행하는 시절이라.
고통과 액난을 초월할 뿐만 아니라
반드시 생멸이 없는 이치를 증득하리라.

古德 頌曰 照蘊皆空處 深行般若時 不唯超苦厄 決定證無生.

【강설】　반야심경의 내용을 하나의 게송으로 집약하여 표현하였다.
모든 일은 나로부터 생기고, 고통도 즐거움도, 미혹도 깨달음도 다 내가 있기 때문에 존재하는 것이다. 만약 내가 텅 비어 없음을 알면 그것이 곧 깨달음의 지혜인 반야의 삶을 실천하는 길이다. 반야의 삶이란 어떤 고통도 문제도 없으며 그뿐만 아니라 생사가 없는 경지까지 깨달아 얻은 자리이다.

◉

견성을 하려면 아상을 꺾어라

또 게송으로 말하였다.

만약 바른 성품을 보고자 한다면
먼저 아상을 꺾어서 없애야 한다.
형용이 어느 곳에 있겠는가?
육혈이 본래 온 곳이 없도다.
신령스럽고 밝은 성품이 활연해지면
홀연히 세계가 통하리라.

又 若欲見正性 先摧我相亡 形容何處有 六穴本無從 谿爾靈明性 倏然
世界通.

【강설】　선불교에서는 수행의 목표를 견성성불에 두고 있다. 견성을 하면 성불이고, 성불을 하면 곧 견성이라고 본다. 견성성불은 아상을 꺾어서 없애야 이룰 수 있는 것이다. 아상이 없어지면 인상도 없어지고 중생상, 수자상도 따라서 없어진다. 법상(法相)도 없어지고 비법상

(非法相)도 없어진다. 그렇게 되면 생김새나 모습도 없고 생김새나 모습이 없으니 6근도 없다. 온 법계에 신령한 밝은 성품 하나뿐이다.

◉

불은 나무에서 나와 나무를 태운다

고덕이 게송으로 말하였다.

불은 나무에서 나와 다시 나무를 태우고
지혜는 정식에서 일어나 다시 정식을 제거한다.
바른 마음으로 망념을 관찰하는 것이 지혜요,
지혜가 능히 깨달음으로 들어가는 것이 불가사의이다.

古德頌曰 火從木出還燒木 智因情起却除情 正心觀妄名爲智 智能入
覺不思議.

【강설】   옛날에 불을 얻으려고 나무와 나무를 서로 비비면 먼저 연기가 나고 다시 불이 일어나고, 그 불이 본래의 나무는 물론 다른 나무까지 다 태운다. 이러한 이치와 같이 깨달음의 지혜라는 것도 사실은 어디 먼 곳에서 오는 것이 아니라 바로 우리의 정념이나 정식, 망정과 같은 평범한 생각에서 일어난다. 지혜가 일어나면 그 다음부터는 모든 마음의 작용이 다 지혜가 된다. 그러므로 사람의 정념이나 망정을 소홀히 여겨서는 지혜도 있을 수 없다. 망정이 곧 지혜이기 때문이다. 그래서 사람의 마음이 참으로 불가사의한 존재라는 것을 알게 된다.

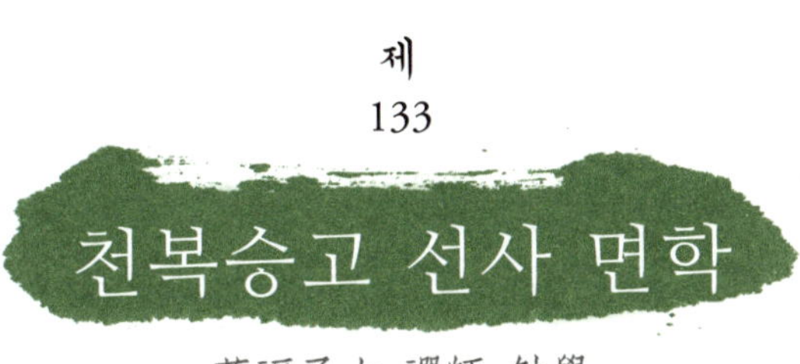

천복승고 선사 면학

薦福承古 禪師 勉學

◉
늦어도 십년이면 깨친다

승고 선사가 항상 여러 사람에게 권하였다. "불법을 배우지 말고 다만 스스로 무심하여라. 영리한 근기는 한나절에 해탈하고, 둔한 근기는 혹 3년·5년 걸린다. 멀어야 10년을 넘지 않는다. 만약 깨닫지 못하면 노승이 그대들을 대신해서 혀를 뽑는 지옥에 들어가리라."

承古禪師 常勸諸人 莫學佛法 但自無心去 利根人晝時解脫 鈍根人或三五年 遠不過十年 若不悟去 老僧 替你入拔舌.

【강설】　고인들의 글에는 면학(勉學)이나 권학(勸學)과 같은 내용이 많다. 열심히 정진하기를 권한다는 뜻이다. 선불교에서는 정진을 하다가 어느 한 순간에 깨닫는 것을 설정해 두고 있다. 화두를 들더라도

고요히 좌선하는 중에도 한결 같아야 하고[靜中一如], 다음으로는 움직이거나 고요히 앉아 좌선을 하거나 역시 한결 같아야 하고[動靜一如], 그 다음으로는 꿈속에서도 한결 같아야 하고[夢中一如], 끝으로는 잠속에 깊이 들어갔을 때도 한결 같은 뒤[寤寐一如]에 다시 깨달아야 한다고 하였다. 아무튼 이와 같은 과정을 설정해 두고 이 과정을 밟아 나아가야 진정한 공부라고 본다.

그래서 참선을 주로 수행하는 사람들은 하루에 한 시간도 일여가 되지 않는다고 고백하면서 수십 년을 해도 되지 않는 둘이 아닌 하나를 꿈꾸며 살아간다. 아니 평생을 그렇게 살아간다. 그리고 그 업으로 수많은 생을 또 그렇게 살아간다.

무비 스님의 직지 강설

백운 화상의 발문

대지는 이름이 없다

성인의 경지에 들어가서 범부를 초월하는 데는 위엄을 부리지 아니하나
누운 용은 푸른 못이 맑은 것을 두려워한다. 만약, 평생 오래도록 이와
같기를 원한다면 대지가 어찌 일찍이 이름 하나 남겼겠는가.

入聖超凡不作威 臥龍長怖碧潭淸 平生若欲長如此 大地何曾留一名.

【강설】　　발문은 책의 끝에 본문 내용의 대강(大綱)이나 간행 경위에
관한 사항을 간략하게 적은 글이다. 백운 화상이 부처님과 조사들이
곧바로 마음을 가리킨 말씀들을 발췌해서 기록한 것을 후인들을 위하
여 한 권의 책으로 남기면서 그 경위를 아주 간단하게 기록한 글이다.

　　드문 일이기는 하지만, 가끔 불교 수행자들이 공부하고 수행하는
것을 소영웅심리에서 하는 경우를 볼 때가 있다. 깨달음을 얻거나 도
를 이루어서 다른 사람에게 큰소리나 치고 특이한 신통력이나 있는
것처럼 자랑하려는 이들이 있다.

하지만 성인이 되는 것은 위엄을 부릴 일이 아니다. 오히려 자신의 공부가 알려질까 숨기는 경우가 많다. 그래서 백운 화상은 물속에 숨은 용이 물이 너무 맑아서 남의 눈에 뜨일까 염려한다고 한 것이다. 자신의 밝은 안목으로 이 『직지』처럼 뛰어난 책을 세상에 전하는 선사로서 당연한 마음이리라. 평생 저 대지와 같이 이름 없이 묵묵히 살고자 하는 것이 백운 화상의 본마음이다. 결코, 이름을 남기고 세상에 자랑하기 위해서 이 책을 전하는 것이 아니다.

기특한 일

생각에는 생주이멸이 있고 몸에는 생로병사가 있고 국토에는 성주괴공이 있다. 이 열두 가지 일이 매우 기특하도다.

念上生住異滅 身上生老病死 國土成住壞空 此十二種事 甚能奇特.

【강설】 생각은 일어나고 머물고 달라지고 소멸한다. 그 누구의 생각이라 할지라도 이러한 과정을 거치면서 변하고 흘러간다. 나쁜 생각도 좋은 생각도, 사랑하고 미워하는 마음도 역시 그렇게 변하고 흘러간다. 옛날 사람들도 지금 사람들도 또 미래의 사람들도, 석가와 달마도, 공자와 맹자도, 그리고 평범한 보통 사람들도 모두 그렇게 변하고 흘러간다.

또 우리의 몸은 태어나서 늙어가고 병들고 죽는다. 이 몸을 가진 사람으로서는 누구나 생로병사의 과정을 밟으며 왔다가는 가고, 왔다가는 또 간다. 사람뿐만 아니라 국토나 산천초목이나 삼라만상이나

무비 스님의 직지 강설 ●

일체의 사물은 생겼다가, 머물러 있다가, 파괴되면서 나중에는 텅 빈 공으로 돌아간다. 풀 한 포기, 나무 한 그루에서부터 저 높은 빌딩이나 그 어떤 견고한 구조물도, 심지어 금이나 다이아몬드 등 이 지구에 존재하는 모든 것, 저 태양까지도 성주괴공의 과정을 밟으며 생겼다가는 사라지고 또 생겼다가는 사라지고 하는 것이 모든 존재의 당연한 이치이며 법칙이다.

봄·여름·가을·겨울, 계절은 물론이고 하루하루 해가 뜨고 지는 시간도 자세히 살펴보면 하루에 5초나 10초 정도씩 뜨고 지는 시간이 달라지면서 사계절이 순환한다. 봄이 오고, 여름이 오고, 가을이 오고, 겨울이 오고, 또 봄이 오는 것이 계절의 변함없는 철칙이다. 사람이 세상을 살아가면서 누구나 다 겪는 이러한 이치만 제대로 이해하고 납득한다면 그 어떤 어렵고 힘든 문제도 다 해결할 수 있다. 세상 모든 사람은 이러한 이치로써 일체 문제로부터 해탈이다. 대자유다.

이러한 이치야말로 참으로 신기하고 신기하다. 이보다 더 신기하고 신기한 일은 없다. 석가와 달마의 가르침도, 공자와 맹자의 가르침도, 노자와 장자의 가르침도 이러한 이치를 능가하는 것은 없다. 부처님과 조사스님들의 주옥같은 법어를 채집하고 나서 백운 화상 자신이 보고 깨달은 바를 이렇게 소개하여 결론지었다.

말 밖의 이치를 보라

법린 선인이 정성껏 법어를 찾아 나의 일을 조심스럽게 도와주었다. 부득이해서 노안을 비비고 부처님과 조사스님들이 바로 깨달아 얻은 심체의 요긴한 조목들을 초록하여 모아서 두 권을 만들었다. 그 온 정성에 다리를 걸어 부치고 부촉하여 말하였다.

　　　　　　　　　　백운 화상의 발문 ◉

"천연으로 태어난 석가와 저절로 생긴 미륵은 없다. 요컨대 모름지기 정신을 바짝 차려서 말 밖의 이치를 보아야 옳으리라."라고 하였다.

세재 임자년 9월 성불산에 사는 늙은 비구 경한 백운은 손수 쓰노라. 이때의 나이는 75세니라.

法隣禪人 投誠索語 警助余事 不獲已 燃老眼而抄錄佛祖直證心體要節 集爲二卷 裏其來誠 囑曰未有天生釋迦 自然彌勒 要須快著精彩 見之言外 可也 歲在壬子年九月 成佛山居 老比丘 景閑白雲 手書 時年七十有五矣.

【강설】 『직지』를 저술하게 된 동기가 다름 아닌 법린 선인이라는 선객이 백운 화상에게 법어를 물어 와서 이루어진 것이다. 자고로 훌륭한 일은 저절로 되기보다는 필요에 따라 이루어진다. 빼어난 법어는 묻는 사람이 있은 뒤에야 뛰어난 가르침이 있게 된다. 법린 선인은 법어를 물으면서 직지를 저술하는 일을 조심스럽게 돕기도 하였다. 그래서 부득이 두 권의 직지를 서술하게 되었다.

"천연으로 태어난 석가와 저절로 생긴 미륵은 없다. 요컨대 모름지기 정신을 바짝 차려서 말 밖의 이치를 보아야 옳으리라."라고 한 말은 법린 선인에게 한 말이지만 만고의 명언이다.

임자년은 서기로 1372년이다. 연세가 75세이므로 백운 화상의 공부 안목과 학덕이 무르익고 무르익어서 절정에 이르렀을 무렵이다. 필자도 또한 2012년이면 나이 70에 이 강설서를 완성한 셈이다.

무비 스님의 직지 강설 ◉

옛 가르침으로 마음을 비추다

옛 사람이 말하기를, "뜻을 세우고 서원을 발원하는 것은 반드시 얕고 얕은 지견 사이에 있지 않다. 고인들이 친히 증득한 곳에 바로 이르러야 바야흐로 능히 이에 쉬고 쉰다."라고 하였다. 또 이르기를, "옛 가르침으로 마음을 비춘다."라고 하였다.

古人云 立志發願 必不在淺淺知見之間 直到古人親證處 方能乃休去歇去 又云 古敎照心.

【강설】 　백운 화상이 발문을 마치면서 고인의 말씀을 이끌어 왔다. 즉 자신의 뜻과 서원은 결코 얕은 곳에 있는 것이 아니고 옛사람들이 깨달아 얻은 경지에 이르고 나서야 자신도 편히 쉬리라는 마음을 밝혔다. 그리고 마지막으로 "옛 가르침으로 마음을 비춘다."라는 글을 이끌어 왔다. 언제나 옛사람들의 가르침을 열심히 공부하고 그 가르침을 따르는 것으로써 수행의 지침으로 삼는 것이 가장 옳은 일이라는 뜻을 밝혀두었다.

직지 금속활자본과 목판본의 간행기록〔刊記〕

1.

홍덕사 금속활자본 하권 간기(프랑스 국립도서관 소장)

白雲和尙抄錄佛祖直指心體要節 卷下

宣光 七年 丁巳 七月 日 淸州牧外興德寺鑄字印施

緣化

門人 釋璨 達湛

施主 比丘尼 妙德.

2.

취암사 목판본 상하권 간기(한국정신문화연구원 소장)

白雲和尙抄錄佛祖直指心體要節 卷上 卷下

宣光 八年 戊午 六月 日 刊

書員 壹菴禪和 天亘

刻字 宗幹 昆如 信明

募緣 法隣 自明 惠全

助緣門人

比丘尼 妙德 妙性 靈照 性空

鈴平郡夫人 尹氏

北原郡夫人 元氏

駒城郡夫人 李氏

正順大夫判通礼門事 金繼生

留板 川寧 鷲嵒寺.

名然智朕入盡不思議

承古禪師常勸諸人莫學佛法但自無心

利根人盡時解脫鈍根人或三五年遂不過十年

悟去老僧替你入黃泉

白雲和尚抄錄佛祖直指心體要節卷下

宣光七年丁巳七月　日　清州牧外興德

寺鑄字印施